노모켄 특별편 노모켄

궁극의 자동차 모델 제작법

CONTENTS

궁극의 자동차 모델의 세계에 오신 걸 환영합니다! ·· 4

CHAPTER 1 그것은 끝없는 정열의 결정체

"THE PRIME" 1/12 TYRRELL 008 FULL VIEW 1/12 티렐 008 1978 모나코 GP 위너 ················ 8

CHAPTER 2 왜 만드는가~최고의 1/12 모델 완전 자작의 전모

DOCUMENTARY OF TYRRELL 008 BUILDING UP ·· 19
- 01 제작 동기와 준비 ··· 20
- 02 플라스틱 재로 공작 ··· 22
- 03 부품 유용과 가공 ··· 36
- 04 금속 소재와 가공 ··· 46
- 05 3D CAD+출력으로 부품 제작 ··· 60
- 06 부품 다듬기 ··· 68
- 07 컬러링 ··· 74
- 08 데칼 자작과 붙이기 ··· 80
- 09 피니시 워크 ··· 86

CHAPTER 3 2대의 티렐 "궁극"으로 가는 여정

"THE CHAMP" 003 & "SIX WHEELER" P34 ·· 94
- 1/12 티렐 003 1971 모나코 GP 위너 ·· 96
- 1/12 티렐 003 키트 철저 개수와 디테일업 ·· 100
- 1/12 티렐 P34 1977 모나코 GP 버전 ·· 104
- 1/12 티렐 P34 작품의 세월에 의한 변화와 수복 ·· 108

궁극의 자동차 모델의 세계에 오신 걸 환영합니다

모형을 만드는 것을 취미로 삼는 '모델러' 분이라면 「언젠가 만들어보고 싶다」고 생각하는 대상이 있을 겁니다. 「그런 모형을 구하고는 싶지만, 실제로 만들려면 힘들겠지」라고 생각하는 아이템이 말이죠.

제 경우에는 그 중 하나가 바로 이 「1/12 스케일 티렐 008」이었습니다.

프라모델이 없어서 부품부터 하나하나 전부 다 만드는 '스크래치 빌드'로 제작했습니다.

1/12라는 사이즈, 게다가 그에 맞는 밀도로 스크래치 빌드를 하려면 실물을 알아보고, 이해하고, 크기를 줄여서 만든다는 스케일 모델 제작의 기본으로 돌아가야 합니다. 하나부터 열까지 전부 만들기 위해, 재현에 철저하기 위해, 강도를 유지하기 위해서 등등, 소재 선택과 공작 방법 등도 다양한 테크닉을 구사해야 합니다.

이 책에서는 이렇게 만든 1/12 F1 머신의 제작 과정을 소재나 공법별로 자세히 소개합니다. 권말에는 여기까지 오게 만들어준 프라모델 작품에 대해서도.

목표로 삼은 완성도에 도달하기 위해서 어떻게 만들지 아이디어를 짜내고, 가지고 있는 모든 테크닉은 물론 더욱 배워나가며 완성으로 이끄는 것은 그야말로 '궁극의' 모델링 체험입니다.

노모토 켄이치

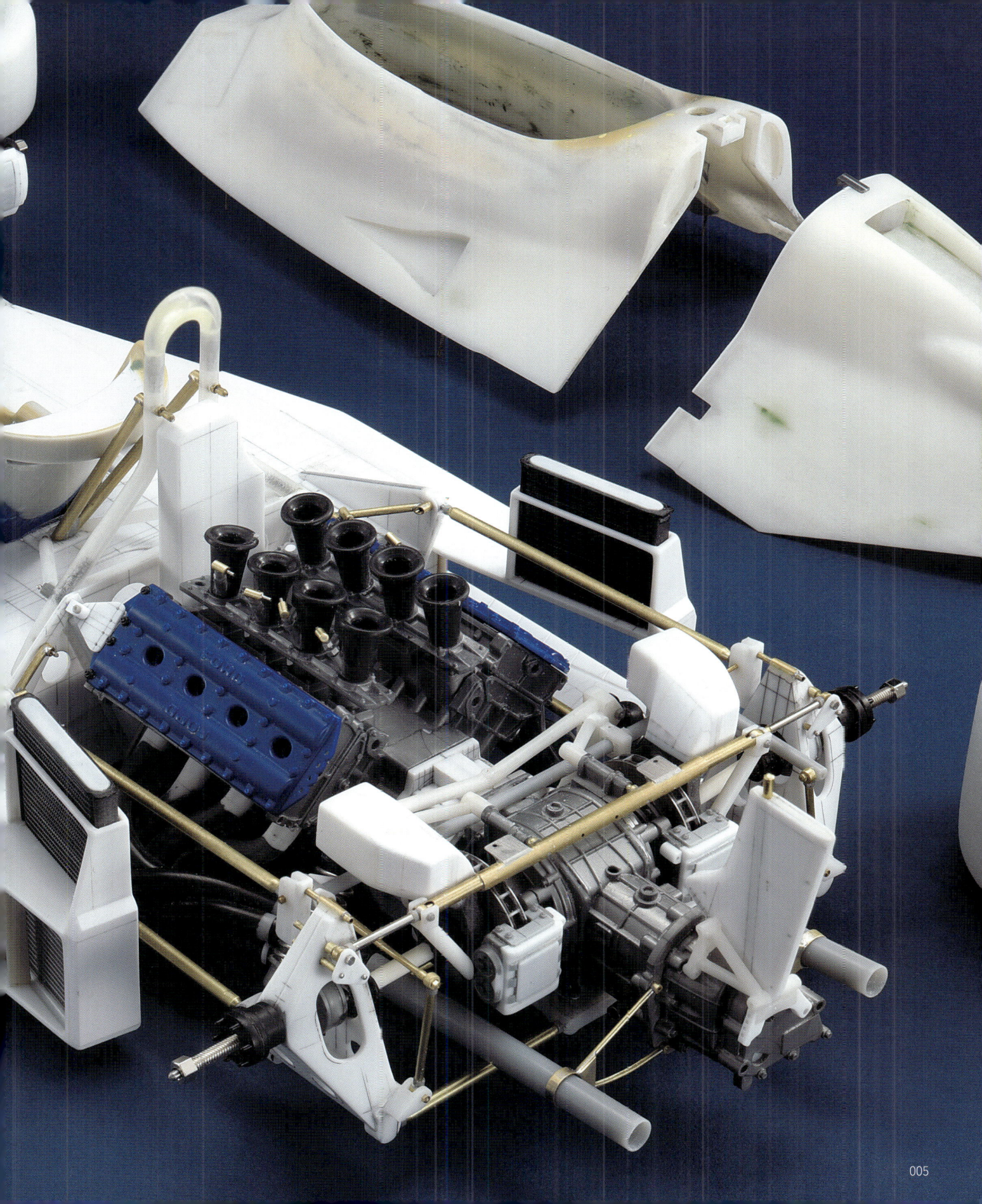

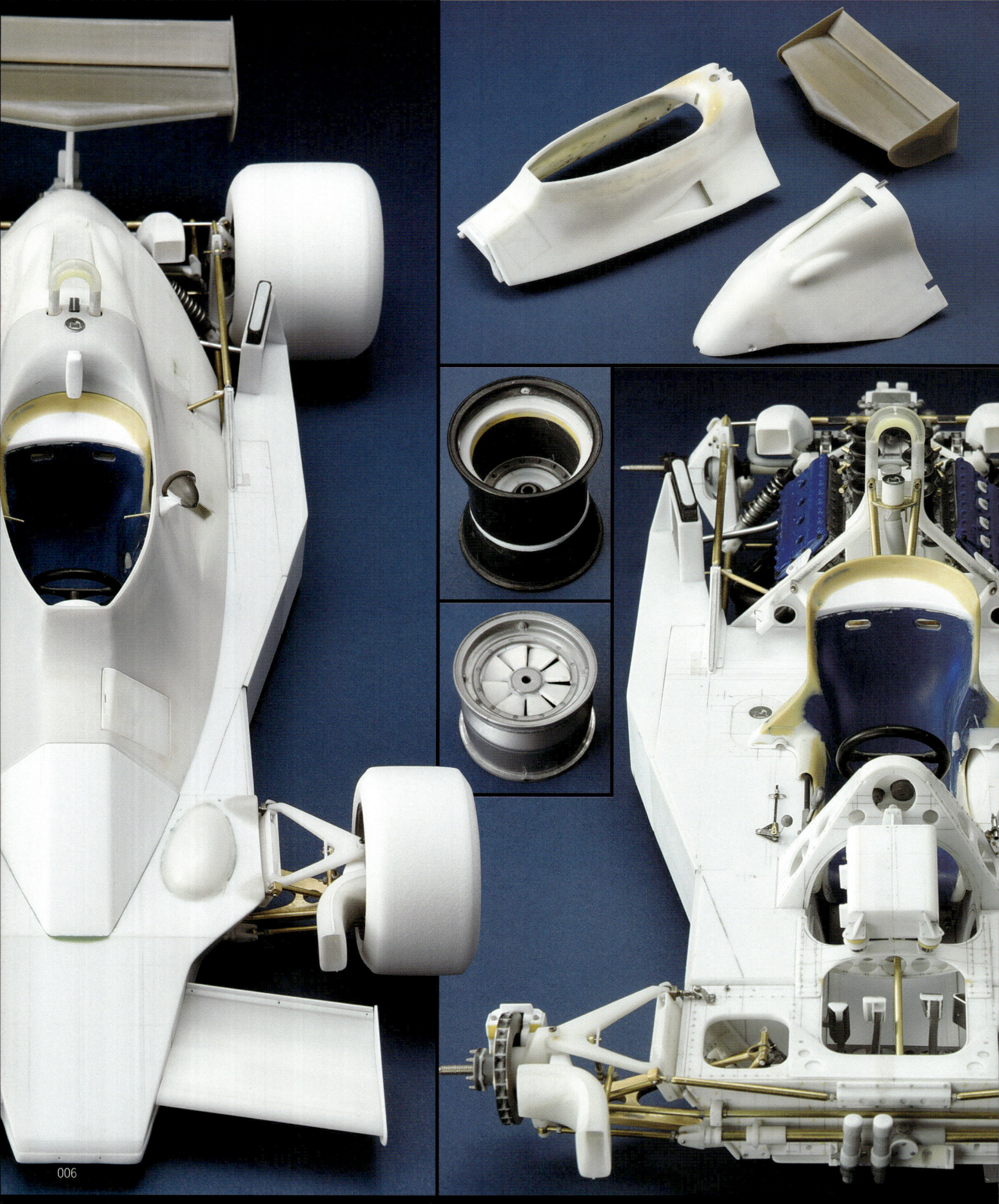

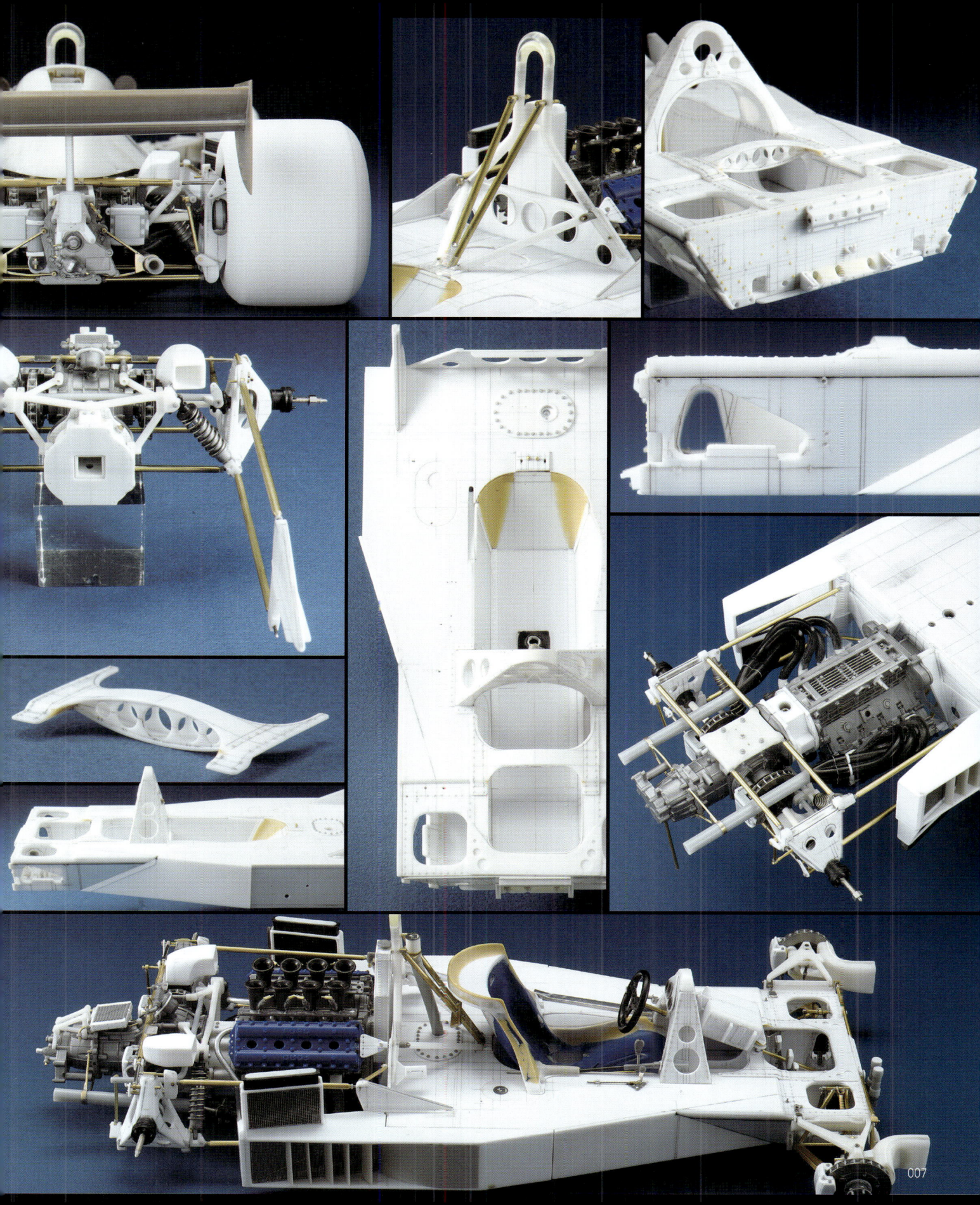

CHAPTER 1
"THE PRIME"
1/12 TYRRELL 008 FULL VIEW

그것은 끝없는 정열의 결정체

블루와 화이트로 꾸며진 F1 머신을 동경했고, 그것이 또 승리하기를 바라던 시절이 있었습니다. 어느새 팀이 없어진 지도 20년이 다 돼가지만, 이루지 못한 꿈이 있기 때문에 아직까지도 그 모습을 추구하는 것인지도 모르겠습니다. 이것을 만들면서 그 팀과 활약이 생각나고 기억에 남았으면 싶어서.

1/12 스케일 티렐 008.

1978년 모나코 GP, 패트릭 데파예의 드라이브로 우승했던 모습을 스크래치 빌드로 철저히 재현한 이 작품. 틀림없이 역대 최대의 정열과 기량과 시간을 들여서 만들었습니다. 어째서 이렇게까지 하는 것일까, 그런 생각도 들었습니다만, 답은 이 모습을 세상에 보여주고 싶다는 일념뿐입니다. 긴 세월동안 간직했던 마음을 표현한 이 모습을 감상해보세요!

1/12 스케일 스크래치 빌드
티렐 008 1978 모나코 GP 위너
전장 355mm / 폭 170mm
제작 / **노모토 켄이치**

다양한 소재로 제작

스크래치 빌드라고는 해도 구체적으로 뭘 이용해서 만드는 걸까. 차체의 모노코크 등 평면으로 구성된 부분은 주로 플라스틱. 하얀 카울과 앞뒤의 윙은 3D 프린팅으로 만든 ABS 수지. 타이어도 3D 프린팅으로 만든 나일론 소재. 서스펜션 암과 스테이 등의 가느다란 봉 모양 부분은 금속선이나 파이프. 엔진이나 휠 림 등 이미 존재하는 부품을 활용할 수 있는 부분에는 같은 스케일 프라모델의 부품, 그리고 마킹은 레이저 프린터로 인쇄하는 등의 방법으로 자작.

Tyrrell 008
1978 Monaco Grand Prix Winner
1:12 scale scrach build modeled by Ken-ichi NOMOTO

008과 1978년의 F1

티렐 008은 명차 로터스 72를 맡았던 모리스 필립이 만든 머신. 티렐 001부터 P34까지 역대 머신을 설계한 데릭 가드너가 모리스로 교체되면서 기존의 머신들과는 그 만듦새가 크게 달라졌다.

모노코크는 극단적으로 낮아졌고, 돌출된 드라이버와 엔진은 높이가 높은 카울로 덮었다. 콕피트 옆의 NACA 덕트는 엔진 흡기구이며, 카울 안쪽에서 위쪽으로 틀면서 뒤쪽으로 연결된다. 팬 모양의 프론트 휠, 전진익의 프론트 윙 등의 외관상 특징을 지녔으며, 처음으로 전자 계측 시스템을 탑재한 F1 머신이기도 했다. 이것으로 댐퍼의 스트로크를 계측해서 세팅에 활용했다고 한다.

전적은 모나코에서의 우승 1회 외에 2위 2회, 3위 2회(전부 데파예). 시즌 초반을 중심으로 활약하면서, 팀은 연간 랭킹 4위. No.4 패트릭 데파예는 5위, No.3 디디에 피로니는 15위의 성적.

이 해의 라이벌은 로터스 78, 79, 페라리 312T3, 브라밤 BT46, 울프 WR1 등.

008이 우승한 모나코 GP 이후로 윙카, 로터스 79가 제 실력을 발휘하면서 압도적인 성능으로 시즌을 석권. 다른 머신들은 시대에 뒤처지고 말았다. 그리고 다음 해, 로터스 79와 똑같이 생긴 파란 머신이 등장한다.

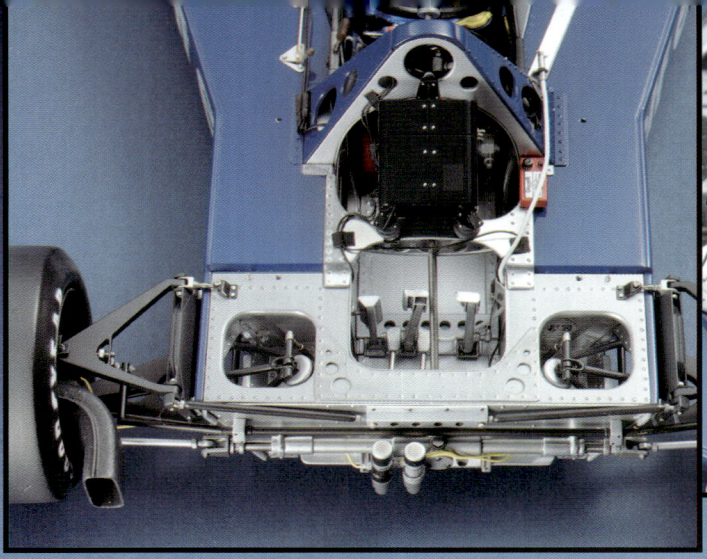
▲암 종류가 밀집된 프론트 부분. 열린 부분 사이로 보이는 모노코크 안쪽 면도 재현했다.

▲각종 계기판과 스위치가 잔뜩 달린 롤후프. 오른쪽의 시프트 레버 옆에 리어 스태빌라이저용 레버가 보인다.

Tyrrell 008
1978 Monaco Grand Prix winner

철저한 디테일 재현

유려한 보디 카울을 벗기면 드러나는 메카니컬한 모습. 이렇게 '두 가지 얼굴'을 함께 지닌 것이 이 시대 F1 머신의 매력. 카울 속에 숨겨진 그 모습들을 빠짐없이 재현했다. 서스펜션 주변은 각 조인트 부분에 핀이나 극소 나사를 사용하여, 외관 손상 없이 구현해냈다.

▼엔진과 기어박스는 현실에서 '키트 카'가 기존의 부품을 이용하듯 타미야 1/12 스케일 F1의 부품을 바탕으로 만들었다.

▼카울의 패널을 열어서 블랙박스에 액세스할 수 있다.

◀ 엔진 본체는 1/12 P34에서, 캠 커버를 003에서 유용하고 가공했다.

▲ 프론트 노즈 끝부분에는 얇은 판의 립이 달려 있다. 눌린 모습까지 재현.

▶ 금속의 빛과 무광 질감을 표현한 엔진 룸. 약간의 웨더링을 더해서 더욱 실감나게.

▼ 리어 윙은 3D 프린팅으로 제작. 날개 끝의 판까지 일체 성형.

▼ 미러는 키트의 부품을 가공. 나무 부품을 이용해서 카울에 연결.

▼ 라디에이터 위에 오일 쿨러가 서 있다.

▲차체 전방에서 본 모습. 카울 측면의 변화를 알 수 있다. 를바의 정점은 덧붙인 것처럼 2중으로 되어 있다.

▶얇고 평평한 모노코크. 뒤쪽 끝에 서스펜션을 마운트하는 돌기가 있다.

◀엔진과 모노코크를 가접속한 모습. 이것들을 흔들림 없이 고정하기 위해, 위해 내부를 관통하는 축을 이용

▲냉각 팬이 달린 프론트 휠. 샤프트 끝부분의 캐치 핀도 달아줬다.

▼타이어는 나일론으로 3D 출력. 거친 표면을 살려서 고무의 질감을 표현.

▲차체를 부감해보면 주요 브품들이 대부분 전후 차축 사이에 들어가 있다는 걸 알 수 있다.

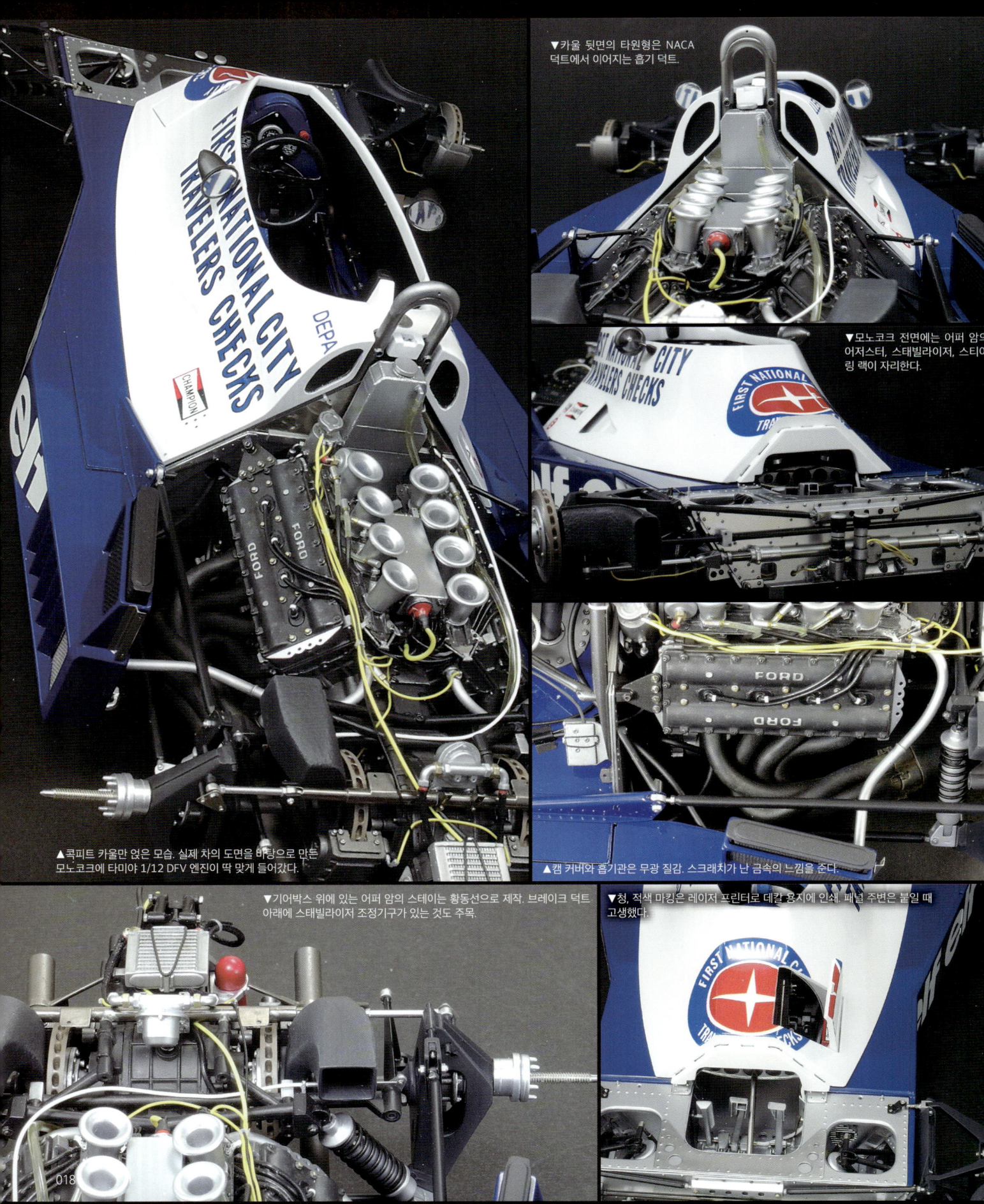

▼카울 뒷면의 타원형은 NACA 덕트에서 이어지는 흡기 덕트.

▼모노코크 전면에는 어퍼 암의 어저스터, 스태빌라이저, 스티어링 랙이 자리한다.

▲콕피트 카울만 얹은 모습. 실제 차의 도면을 바탕으로 만든 모노코크에 타미야 1/12 DFV 엔진이 딱 맞게 들어갔다.

▲캠 커버와 흡기관은 무광 질감. 스크래치가 난 금속의 느낌을 준다.

▼기어박스 위에 있는 어퍼 암의 스테이는 황동선으로 제작. 브레이크 덕트 아래에 스태빌라이저 조정기구가 있는 것도 주목.

▼청, 적색 마킹은 레이저 프린터로 데칼 용지에 인쇄. 패널 주변은 붙일 때 고생했다.

CHAPTER

2

왜 만드는가
최고의 1/12 모델 완전 자작의 전모

DOCUMENTARY OF TYRRELL 008 BUILDING UP

지금부터가 이 책의 핵심입니다. 지금까지 보신 작품을 실현하기 위해서 어떤 과정을 거쳤는지 상상할 수 있으신 지요. 뜸 들이는 게 아닙니다. 도색해서 완성된 모습만 보면, 거기에 도달하기까지의 과정은 전해지지 않으니까요.

이 챕터에서는 방대한 제작 공정을 부우 와 제작 순서가 아니라, 사용한 소재와 작업에 따라서 소개합니다. 부품 제작에서는 기존에 사용한 플라스틱과 금속 소재를 사용한 기법에, 3D CAD와 3D 프린팅까지 활용했습니다. 또한 컬러링에서는 마킹을 자작하기 위해서 몇 가지 방법을 시도했습니다. 그 중에는 제반 환경이 갖추어져야 하거나 비용이 소모되는 것도 있습니다만, 모형을 제작하는 길은 하나만 있는 것이 아니므로, 이 제작 과정도 그 예 중의 하나로 공유해서 여러분의 모형 제작에 도움을 드리고 싶습니다.

01 제작 동기와 준비

모형을 만들기 위해서는 테크닉은 물론이고 그 의욕을 지탱해주는 동기와, 제작 과정을 진행하기 쉽게 해주는 준비도 중요합니다. 구체적인 제작에 들어가기 전에 그런 이야기부터 시작하겠습니다.

시공을 뛰어넘은 F1 모델링

무엇보다 왜 이 「티렐 008」을, 그것도 1/12 스케일로 만들게 됐을까. 시간을 거슬러 올라가서 1990년대. 현실에서도 모형의 세계에서도 F1이 인기였던 시절이 있었습니다. 어린 시절에는 손대지 못했던 빅 스케일 프라모델도 그럭저럭 만들 수 있게 된 저는, 월간 하비재팬에서 1/12 스케일 「타이렐 P34 1977 모나코 GP」(1993년 9월호)와 「타이렐 003 1971 모나코 GP」(1995년 7월호)를 발표. 그 경험들을 통해서 실제 차량을 탐구해서 만드는 재미와 그것을 표현할 수 있는 1/12 스케일이라는 크기에 매력을 느꼈습니다. 그리고 그 두 대와 함께 1978년 모나코 GP에서 우승했던 「008」을 같이 진열하고 싶다는 망상을 하고 말았습니다. 청백 컬러링을 좋아하고, 오랫동안 티렐 머신을 탔던 데파예가 처음으로 우승했고, 이 머신부터 디자이너가 바뀌면서 머신의 느낌도 달라져서 재미있고, 그런 세 대를 나란히 놓으면 좋겠다는 생각이 들었습니다.

하지만 이 스케일의 스크래치 빌드는 쉽게 손댈 수 있는 게 아닙니다. 자료 부족해서, 모델러라면 누구나 갖고 있는 '언젠가 만들고 싶은 비밀의 야망 상자' 안에 넣어뒀습니다. 자료 수집은 계속 하면서. 그러다가 어느새 긴 시간이 지났고, 팀이 없어진 뒤로 강산이 두 번이나 변하려고 하고 있습니다.

지금은 인터넷 시대다 보니 자료를 모으기도 쉬워졌고, 히스토릭 레이스에서 실제 차량의 영상도 볼 수 있고, 게다가 당시의 모습을 알 수 있는 사진집이 발매되는 등, 드디어 때가 왔다는 생각에 제작하기로 결심했습니다.

꽤 오랜 시간이 지났지만, 그만큼의 성숙 기간이 있었기에 시작할 수 있었던 것 같습니다.

예전에 1/12 모델을 만들었던 때보다 모형 제작 환경도 진보했으니, 그런 요소들까지 포함해서 지금 할 수 있는 것들을 전부 담아봤습니다.

TYRRELL FORD P34/7
타미야 1/12 스케일 키트 사용
1993년 제작(P.104 참조)

TYRRELL 003 FORD
타미야 1/12 스케일 키트 사용
1995년 제작(월간 하비 재팬 1995년 7월호 게재)

자료 찾기, 재료 모으기

그렇게 '다가올 그 날'에 대비해서 잡지 기사와 사진을 스크랩하고, 눈에 띄는 외국 서적을 구입한 세월이 몇 년. 비싼 책에 딱 한 장 실린 사진을 보고 「얼씨구 좋구나~」춤을 추면서 구입했었는데, 지금은 인터넷에서 간단히 찾을 수 있으니 격세지감. 어쨌거나 최근에 자료 수집이 많이 진척된 것은 사실입니다.

인터넷에서 히스토릭 레이스에 참가하는 머신의 사진이나 동영상을 찾을 수 있어서 그것들을 참고했는데, 머신을 손본 경우도 있어서 그 차이를 구분하는 것도 중요합니다.

제작에 있어 중요한 자료가 된 책이 두 권. 하나는 「HISTORY OF THE GRAND PRIX CAR 1966-91」(Motorbooks Intl). 008의 모노코크 도면이 게재돼 있고, 이것을 살리고 싶다는 생각이 1/12 제작을 결정한 요인 중 하나.

그리고 또 한 권은 모델 팩토리 히로(MFH)의 F1 사진집 「그랑프리 1978 '인 더 디테일'」. 모나코 GP에서의 티렐 008을 찍은 선명한 사진이 게재돼 있고, 이를 손에 넣은 것이 제작의 결정적인 요인이 됐습니다.

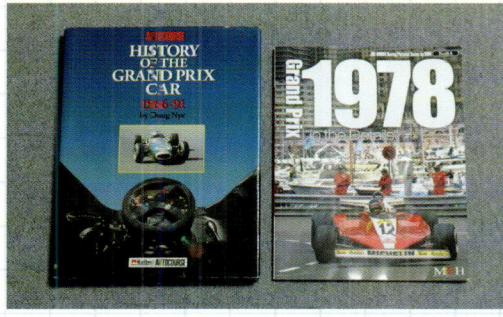

▲특히 도움이 된 서적 2권. 모노코크의 도면이 실려 있는 「HISTORY OF THE GRAND PRIX CAR 1966-91」(Motorbooks Intl). 008의 디테일을 알 수 있는 「그랑프리 1978 '인 더 디테일'」(MFH).

▲참고 서적과 자료를 모은 파일 등. 머신에 대해 조사하면서 당시의 F1 씬 등, 시대 배경을 알게 되는 것도 재미있다.

▶부품 유용과 비교를 위해서는 같은 스케일의 키트가 필수. 비싼 키트지만 어쩔 수 없다.

사진이나 자료 외에 필요한 것은 비슷한 시대의 F1 머신 프라모델. 차종은 달라도 그것 자체가 입체 자료가 돼서, F1 머신의 시스템이나 구조를 아는 데 도움이 됩니다. 또한 같은 DFV 엔진이나 기어박스를 사용했으니까 그 부품을 유용할 수 있고, 완전히 똑같지는 않아도 역할이 같은 부품은 가공해서 사용할 수도 있습니다. 그래서 준비한 것이 타미야 1/12 「타이렐 P34」와 「로터스 78」. 그 외에도 몇 개의 키트에서 부품을 유용했습니다.

전체 그림을 그리자

제작하기 전에 전체와 세세한 부분에 대한 정보를 정리하고, 부품을 만들기 위해 윤곽을 잡는 작업이 필요합니다. 형태나 구조를 검토하기 위해 스케치를 그리거나, 러프하게 조형해보는 경우도 있습니다. 이번에는 1/12의 실물 크기 도면을 그리면서 전체와 각 부분의 형태를 파악했고, 전체적인 배치와 치수를 도출했습니다. 각 부품의 상세는 나중에 생각하기로.

치수를 알고 있는 모노코크와 레귤레이션이나 스펙으로 판단할 수 있는 곳을 기준으로, 차체 쪽 도면을 먼저 제작. 차고(최저 지상고)는 다른 키트 등을 참조해서 6mm로 설정. 이것에 따라서 보디와 타이어의 관계, 서스펜션 암의 각도가 달라지기 때문에 꽤 중요한 포인트. 서스펜션은 그것에서 이 위치를 유지.

도면은 컴퓨터로 adobe 일러스트레이터를 이용해서 그렸고, 각 부분의 레이어를 구분해서 변경하기 쉽게 하고, 스캔한 자료 사진(이나 이미지 파일)을 겹쳐가며 검토하는 등등. 사진을 참고할 때는 원근감에 주의하면서, 복수의 자료와 앵글을 비교하며 검증했습니다.

전체 도면은 윗면, 측면고·전후면. 그 다음 부품의 두께와 강도를 고려하면서 각 부분의 제작에 들어갑니다.

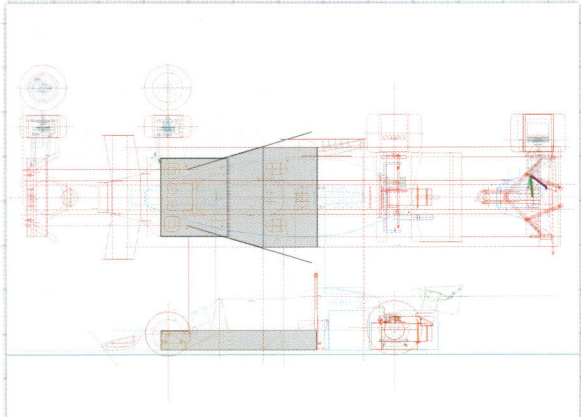

▲전체 도면에서는 각 부분의 형상과 함께 곡선의 중심점 등을 기입했다. 회색으로 표시된 범위가 모노코크. 전후 길이는 35.5cm가 된다.

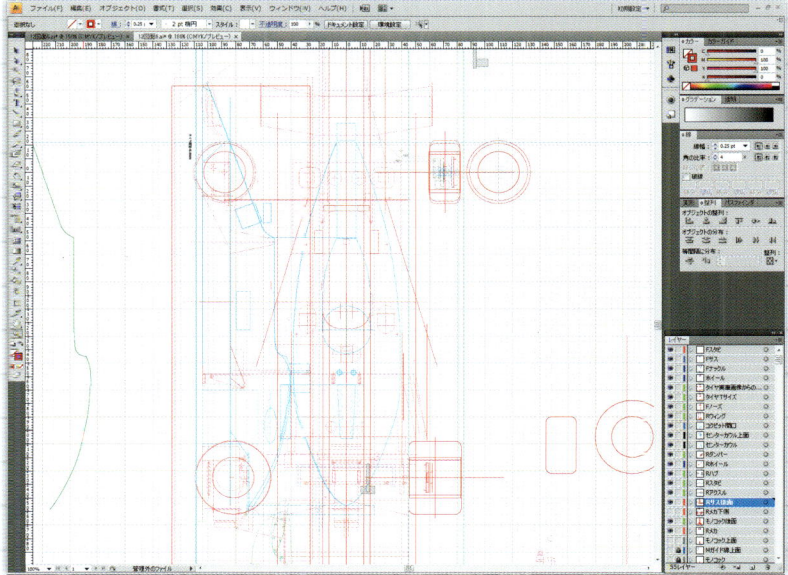

▶드로잉 소프트로 그리는 작업 중. 참고할 자료를 스캔해서 왜곡 등을 수정하는 등에 이용했다.

02 플라스틱 재료 공작

차체의 중심이 되는 모노코크 등의, 실물에서도 판재로 만들어진 부분은 플라스틱 공작이 적합. 접착이나 정형 등의 가공성이 좋고, 복수의 두께나 단면을 조합해서 부품을 만드는 과정을 설명합니다. 형태의 재현과 함께 다음 작업을 고려한 부품 분할과 강도에 대한 배려도 포인트입니다.

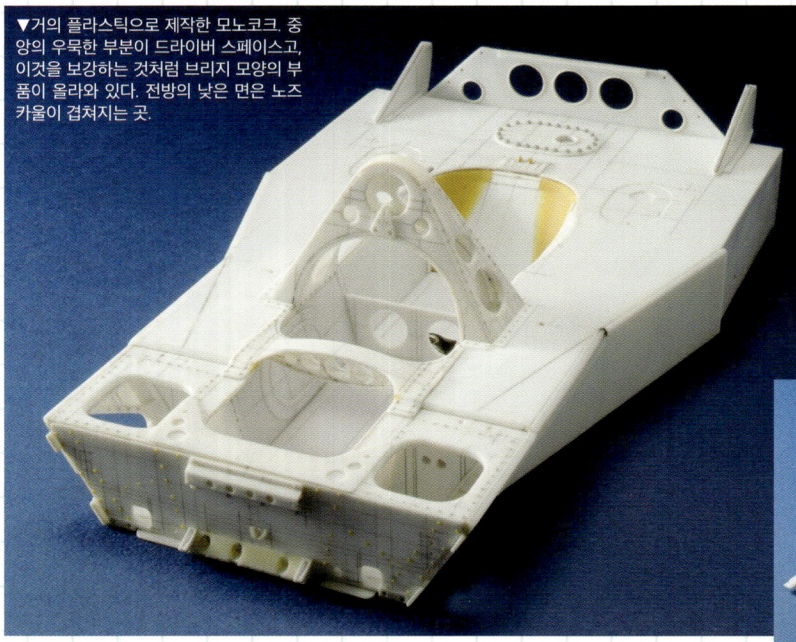

▼거의 플라스틱으로 제작한 모노코크. 중앙의 우묵한 부분이 드라이버 스페이스고, 이것을 보강하는 것처럼 브리지 모양의 부품이 올라와 있다. 전방의 낮은 면은 노즈 카울이 겹쳐지는 곳.

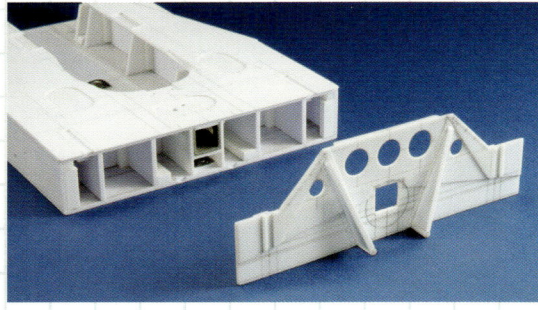

▲뒷면에는 엔진 뒤쪽을 확실하게 고정하기 위한 '축'을 넣기로 했다. 실제 차량에서는 여덟팔자(八)를 뒤집은 모양의 리브 정점 네 곳으로 엔진을 고정한다.

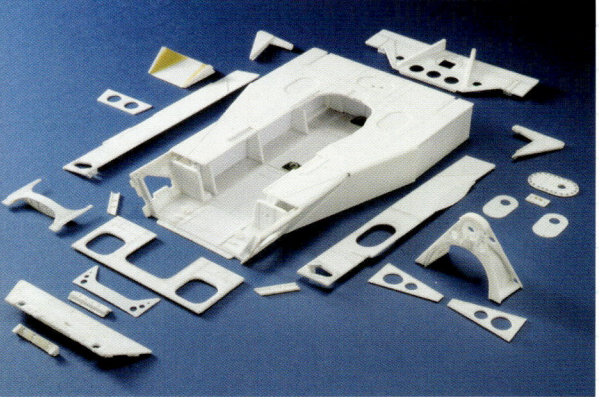

▲모노코크를 구성하는 부품들. 분리된 곳은 도색한 뒤에 연결할 부분. 부품은 홈과 요철로 접합하며, 딱 들어맞게 만들었다.

모노코크 전체

차체의 골격이 되는 모노코크. 당시에는 알루미늄 판을 조합했고, 이 키트에서는 특히 평평한 상자 모양인 점이 특징. 주의했던 부분은 상자를 완전히 닫아버리면 구분 도색이나 내부에 부품 달기가 힘들다는 점. 리얼한 느낌을 해치지 않도록 각 부분의 부품을 분할했습니다. 이런 것들은 프라모델 제작의 '후조립 가공'과 같은 방식.

프라판 절단과 겹치기

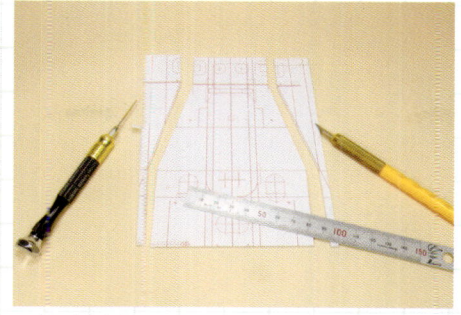

모노코크 전체는 각 면을 붙이는 것이라서, 프라판을 정밀하게 자르는 것이 중요합니다. 그 부분은 사전에 그린 도면을 붙여서 가이드로 삼았습니다. 강도를 확보하기 위해서 두꺼운 프라판을 사용했지만, 절단면이 그대로 노출되지 않게 궁리. 얇은 판을 겹치견 테두리 부분에서 판의 얇은 느낌을 표현할 수 있고, 마이너스 몰드와 패널 라인 가공이 편해집니다.

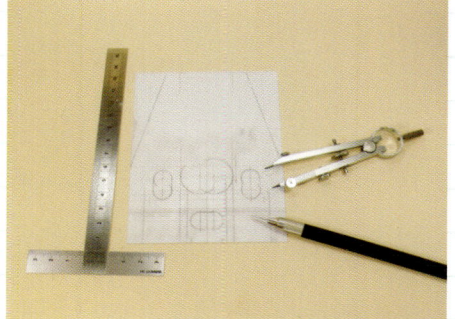

▲도면에 맞춰서 모노코크 윗면을 자르는 작업. 프린트한 도면을 스프레이 접착제로 프라판에 붙인다. 이 뒤에 직선이나 원의 중심점 등에 나이프로 칼자국을 내준다.

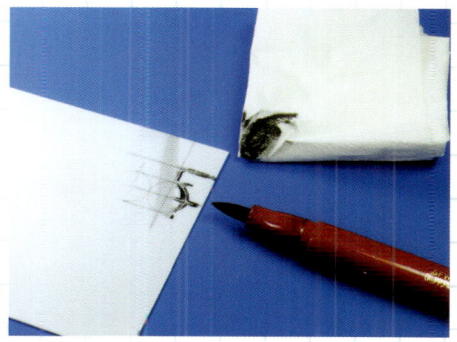

▲얇은 판이라면 도면에 맞춰서 그대로 칼집을 낸 다음에 절단. 또한 중심선이나 ㄴ-중에 추가할 몰드, 가이드가 되는 기준선에도 살짝 칼집을 내준다. 그리고 프라판은 단단한 게 좋아서 기본적으로 타미야제를 사용.

▲모노코크 윗면의 타원형 구멍을 표시. 원형 부분을 디바이더의 바늘로 표시해준다. 여기는 0.5mm 프라판에 타원형 모양을 파서 단차를 형성하는 가공을 한다.

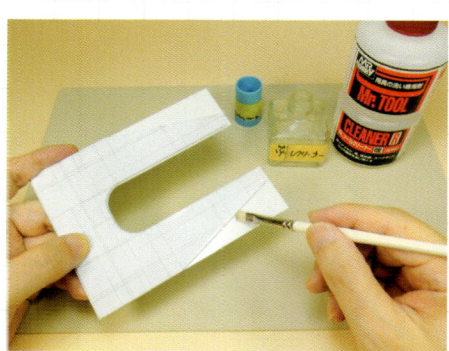

▲칼집이나 바늘로 그은 자국에 붓펜으로 '먹선'을 넣어서 알아보기 쉽게 해준다. 이렇게 해두면 표면이 쓸리거나 어느 정도 깎여도 지워지지 않는다. 서페이서를 뿌리면 도색에는 영향이 없다

▲윗면에 사용할 두꺼운 1.5mm 프라판을 자르는 중. 두꺼운 프라판을 자유자재로 자르려면 초음파 커터가 편리. 자른 부분이 틀어질 수 있으니, 여백을 남기고 자른 뒤에 사포로 다듬어준다.

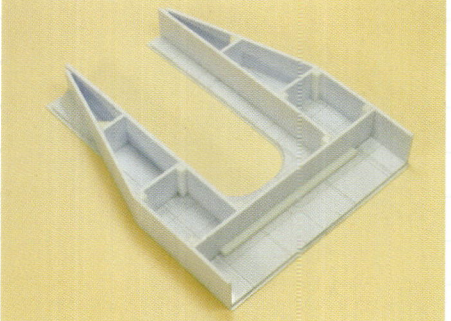

▲모노코크 위판은 0.5mm와 1.5mm 프라판을 겹쳐서. 넓게 흘려 넣는 접착을 하고 싶으니, 여기서는 툴 클리너를 접착제로 사용했다.

▲겹쳐 붙이고 타원형 주위에 리벳 위치를 표시해준다. 세 곳 모두 같은 패턴이라서, 투명 프라판으로 만든 가이드를 위에 겹쳐 줬다

▲위판 안쪽을 두껍게 해준 모양. 이곳은 열정한 폭의 판을 붙여서 측면과 안쪽을 보강했고, 모퉁이는 각봉으로 보강. 위판 각 테두리의 단차도 보인다.

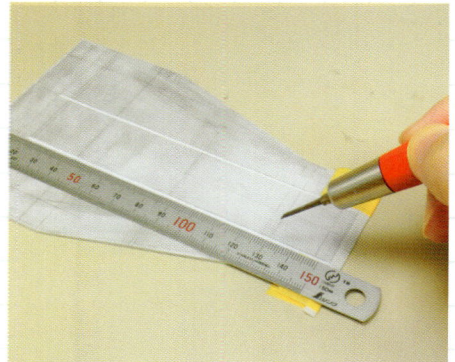

▲이쪽은 밑판. 콕피트 내벽을 붙일 위치에 홈을 새긴다. 하얗게 보이는 곳이 홈.

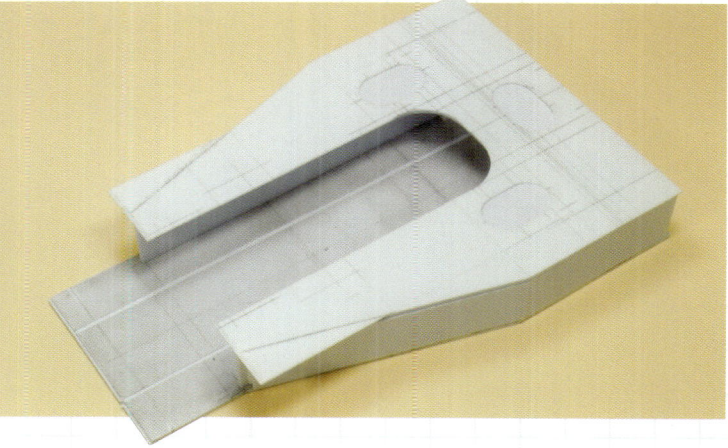

◀위판과 밑판을 겹친 모습. 대략적인 형태는 나왔지만, 아직 접착하지는 않았다. 접착은 다른 요소들이 잘 됐는지 확인한 뒤에.

부품을 물려서 접합

계속해서 모노코크 내벽과 앞면을 만듭니다. 이것들은 별도의 부품으로 만들어 붙이는 방법, 분할 라인이 눈에 띄지 않는 처리를 고려했습니다. 그리고 엔진 쪽의 결합과 베이스에 연결하기 위한 기구도 들어갔습니다.

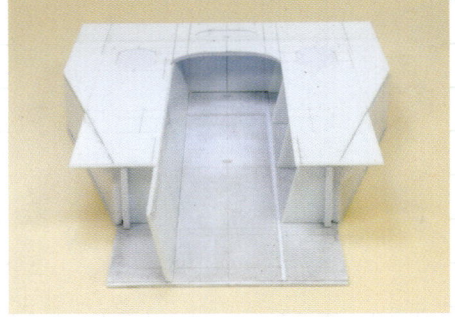

▲콕피트 측면의 판을 넣은 모습(한쪽). 이곳은 별도 부품이 되기 때문에, 그 안쪽이 되는 부분도 보강했습니다(반대쪽).

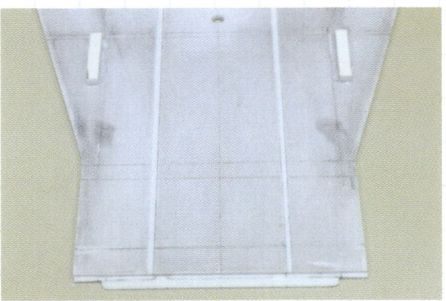

▲모노코크 앞부분 아래쪽에는 얇은 판이 튀어나와 있다. 그 부분을 표현해주기 위해 아래쪽에 프라판을 이어붙였다. 면과 면을 바로 붙이면 쉽게 떨어질 수도 있기 때문에 요철(凹凸)을 만들어서 서로 맞물리게 했다.

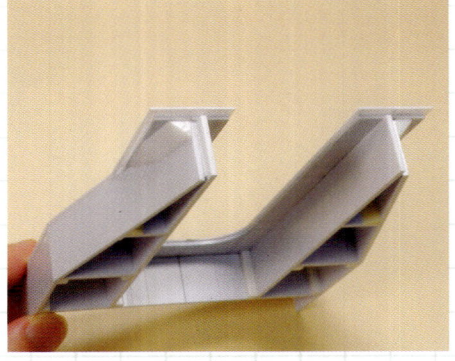

▲위판 부분을 아래쪽에서. 위판 테두리가 얇게 튀어나온 것과, 그 아래의 수직판도 앞쪽으로 약간 튀어나온 점에 주목.

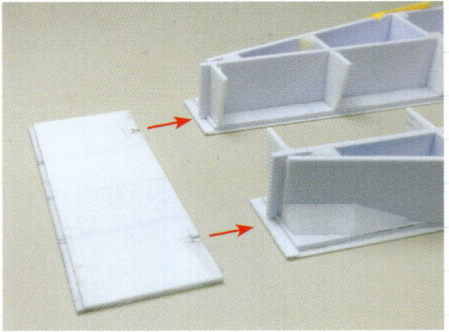

▲단차가 있는 모노코크 윗면의 연결은, 그 형태에 홈을 맞추는 모양으로 판을 끼워준다. 이 판도 겹쳐서 홈 가공을 하고 가장자리를 얇게 처리했다.

▲그리고 앞면 패널도 맞춰봤다. 빨간 선으로 표시한 것처럼 겹쳐지는 부분을 확실하게 맞추면서, 접합부에서는 얇게 보여주고 판의 두께도 확보했다.

▲그리고 그 옆에 달리는 비스듬한 판을 검토 중. 여기는 서스펜션이 달리는 부분이라서 강성이 필요하지만, 윗면과 앞면을 별도 부품으로 만들면 힘들어진다. 그 접합면을 어떻게 만들지도 고민이다.

▲모노코크 뒷면 제작 중. 엔진 쪽에 연결하기로 한 축의 형태와 높이에 맞춰서 구멍을 만들었다. 엔진 쪽에도 위치를 잘 잡아야 한다. 그 부분은 나중에 소개한다.

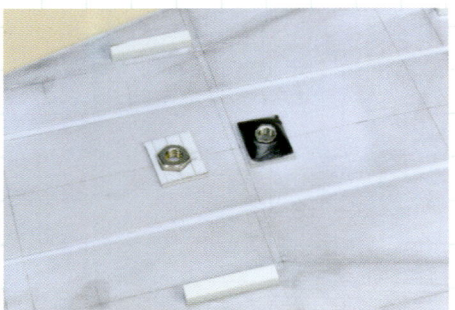

▲완성한 뒤에 전시 베이스에 고정하기 위한 너트도 모노코크 밑면에 달았다. 프라판으로 틀을 만들고, 너트를 넣은 뒤에 순간접착제를 잔뜩 발라줬다.

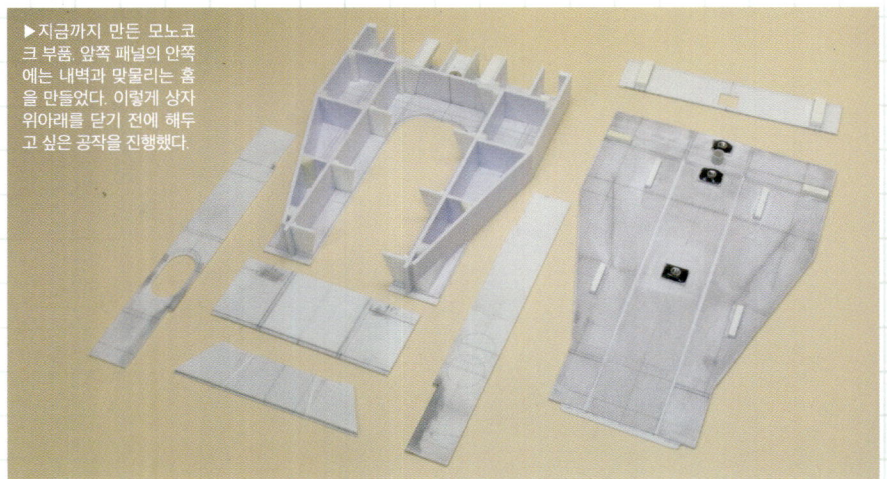

▶지금까지 만든 모노코크 부품. 앞쪽 패널의 안쪽에는 내벽과 맞물리는 홈을 만들었다. 이렇게 상자 위아래를 닫기 전에 해두고 싶은 공작을 진행했다.

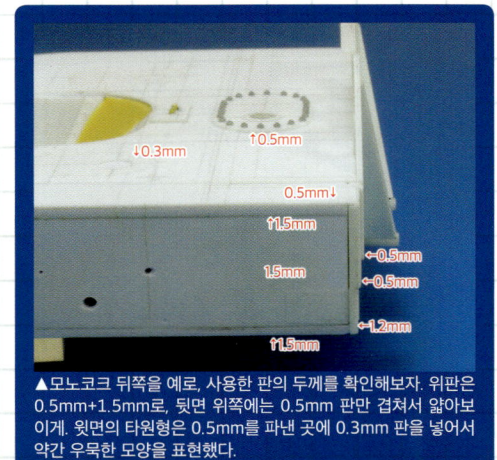

▲모노코크 뒤쪽을 예로, 사용한 판의 두께를 확인해보자. 위판은 0.5mm+1.5mm로, 뒷면 위쪽에는 0.5mm 판만 겹쳐서 얇아보이게. 윗면의 타원형은 0.5mm를 파낸 곳에 0.3mm 판을 넣어서 약간 우묵한 모양을 표현했다.

플라스틱 재료 공작 **02**

모노코크 앞쪽 제작

미뤄뒀던 코노코크 앞쪽. 윗면을 확실하게 연결하고, 주변의 강도를 확보해야 합니다. 여기서는 플라스틱을 L모양으로 짜는 방법을 사용했습니다.

◀각 부분을 완성한 모습. 분할한 패널을 앞에서 슬라이드해서 윗면 아래로 약간 들어가는 것은 앞서 소개한 대로. 그 양쪽 가장자리가 가이드레일 모양으로 된 점에도 주목.

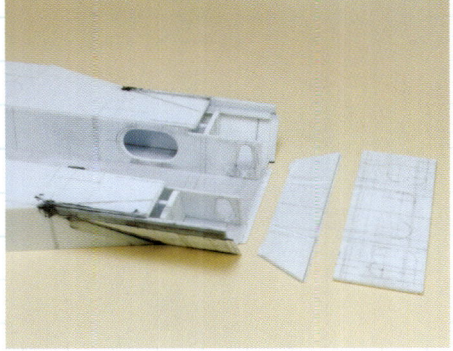

▲L모양 자재 아래에 비스듬하게 자른 프라판을 붙인다. 강도가 필요한 부분이라 흘려 넣는 접착제를 사용한 다음 검은색 순간접착제를 발랐다.

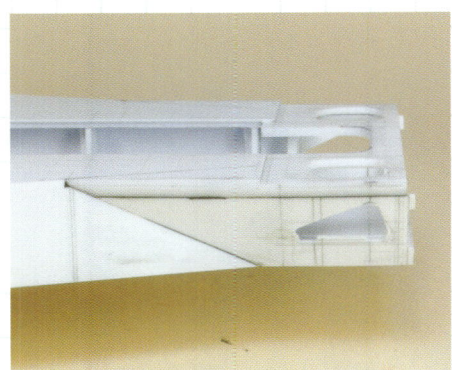

▲앞쪽 제작. 위판에 「L」모양 자재를 접착해서 프레임 역할을 하도록 했다. 사용한 것은 타미야 5mm L형 봉. 튼튼하고 두께가 균일하다는 점이 좋았다.

▲안쪽에도 보강을 하지만, 뚫린 부분 사이로 보이기 때문에 이쪽도 실제 차량에 맞춘 형태로.

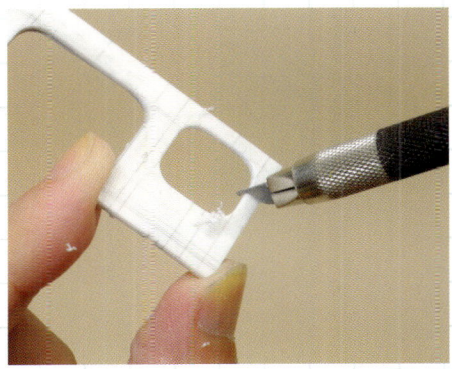

▲이렇게 위치를 맞춘 뒤에 측면과 윗면의 구멍을 뚫어준다. L자재와 아래에 붙인 판의 표면도 이어지는 평면으로 마감했다.

▲구멍의 각진 부분을 깎아서 둥그스름하게. 아트나이프 날을 가공해서 사용했다.

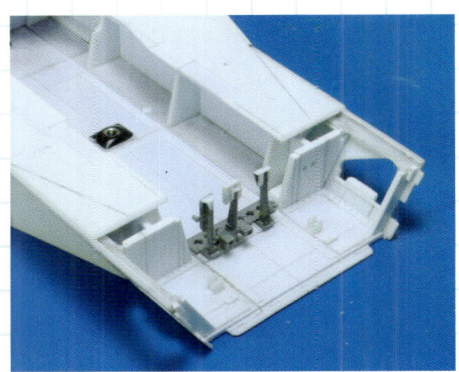

▲안쪽에 댐퍼용 다보와 리벳 등의 몰드를 추가했다. 손이 가는 작업이지만 패널을 분할한 덕분에 재현도를 높였고, 페달과 서스펜션을 장착하기 쉬워졌다.

모노코크 내벽 제작

콕피트를 둘러싸는 모노코크 내벽 부분. 이곳은 별도 부품으로 만들어서 나중에 끼워줬습니다. 이것들을 보디의 색과 알루미늄이 드러난 부분의 경계에서 분할 했습니다.

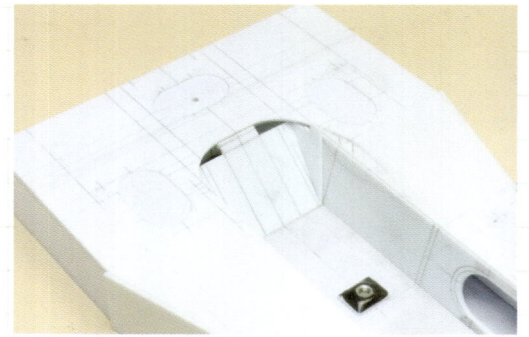
▲좌우 내벽 사이의, 시트의 뒤쪽 면이 될 곳. 이 부분은 위쪽으로 올라가면서 곡면이 되는 부분이지만 우선은 프라판을 기본 각도로 붙였다.

▲곡면 부분은 에폭시퍼티를 발라서 매끄럽게 이어지도록 다듬었다. 프라판 가장자리에는 리벳 가공도 하였다.

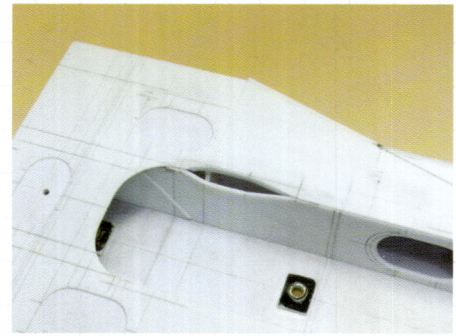
▲드라이버의 왼팔이 닿는 부분일까. 이 위치는 비스듬하게 잘라 줬다. 위판, 내벽 쪽도 거기에 맞춰서 잘라냈다.

▲이 공간을 메우는 면은 내벽 쪽에 접착해서 제작. 패널을 이어 붙인 표현을 위해 몰드도 추가했다. 주변의 리벳 표현도 추가해서 분위기를 연출했다.

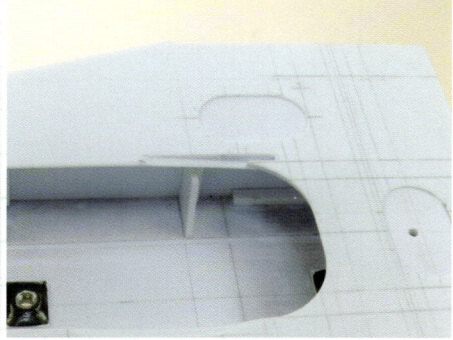
▲오른쪽에는 시프트 링키지가 들어가는 홈을 만들었다. 위판에 가늘게 구멍을 뚫은 뒤에, 아래쪽을 비스듬히 막도록 안쪽에서 막아줬다.

모노코크 뒷면 제작

여기서는 얇은 판 겹쳐 붙이기와 둥근 구멍 가공이 포인트입니다. 테두리 형태도 꼼꼼하게 만들었습니다.

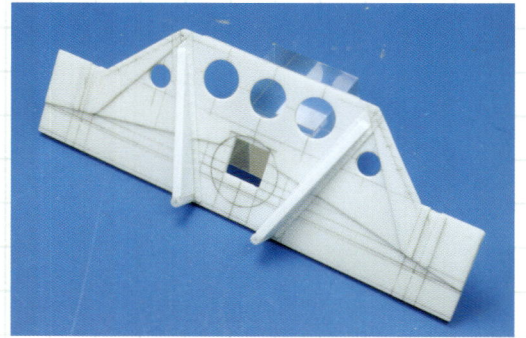
▲모노코크 윗면보다 더 위쪽이 되는 얇은 면은 0.5mm 프라판을 겹쳐 붙였다 뒤집힌 여덟팔자(八) 모양으로 붙은 빔은 두께 2mm. 위쪽 끝에 롤바와 엔진 브라켓을 접합한다. 리벳 띠에 대해서는 다음 페이지 참조.

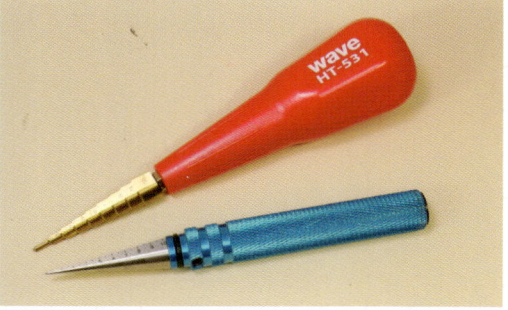
▲지름 3~10mm 정도 구멍을 뚫을 때는 리머가 편리. 깔끔하게 뚫리고 깨끗하게 가공할 수 있는 것으로 고르자. 구경별로 단차가 있는 「HG 스텝 드릴」(웨이브)와 눈금이 있는 「보디 리머 메모리」(이글 모형)을 사용했다.

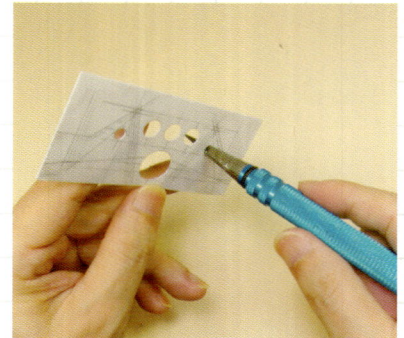
▲리머로 구멍을 내는 중. 바로 깊이 찌르면 찌그러지면서 원이 뭉개지니까, 힘을 잘 조절해서 테두리를 조금씩 갈아낸다는 느낌으로 사용한다.

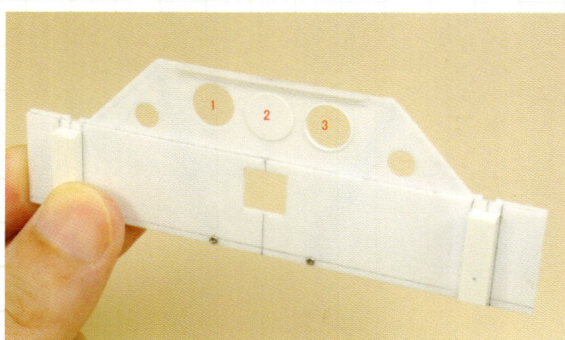
▲구멍 테두리가 약간 두꺼운 모양을 표현했다. 1:구멍만. 2:지름이 약간 큰 프라판을 붙였다. 3:겹친 판의 테두리만 남기고 다시 뚫어줌. 모서리를 둥글게 해주면 더 리얼한 느낌이 된다.

▲이렇게 덧붙이는 데 편리한 것이 「잘려 있는 플라스틱 자재」(인터 얼라이드). 자르기 힘든 작은 원형이 세세한 사이즈별로 여러 장 들어 있다. 두께 0.3mm, 0.5mm가 있다.

플라스틱 리벳 가공

모노코크 각 부분에 들어간 리벳 자국. 위치나 모양에 따라 다양한 방법으로 표현했는데, 여기서 정리해 보자.

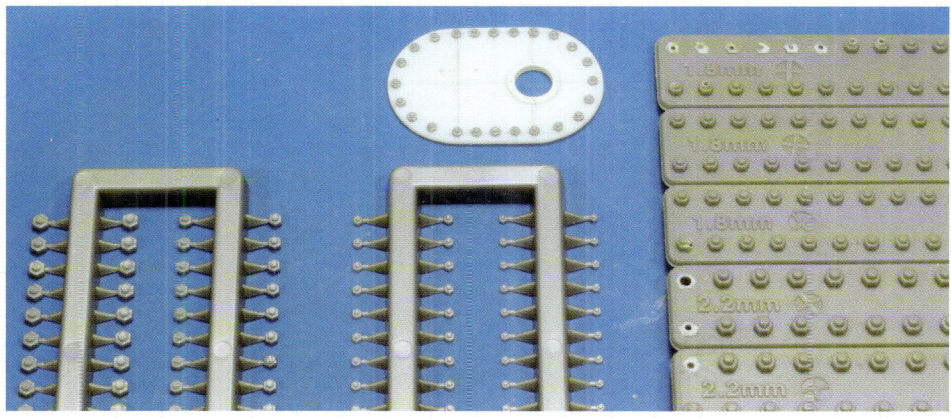

▶시판 플라스틱 리벳(육각)을 붙인 예. 종류도 풍부하고, 가격이 싼 데다 개수도 많아서 좋다. 게이트가 달린 것은 자를 때 주의하자. 판 도양 위에서 따내는 경우에는 접착면이 기울어지지 않게, 나이프 등으로 여러 방향으로 돌려가며 잘라주거나, 아주 얇은 톱으로 잘라내면 좋다.

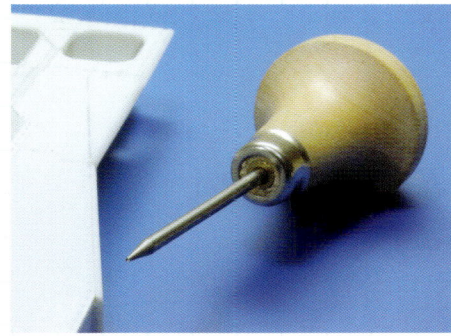

▲머리가 튀어나오지 않는 리벳의 표현에는 극소형 펀치를 사용했다. 끝부분이 반구형으로 들어가 있고, 그것으로 눌러서 자국을 만든다. 이 도구는 '빈딩 툴'이나 '리벳 펀치'라는 이름으로 유통된다.

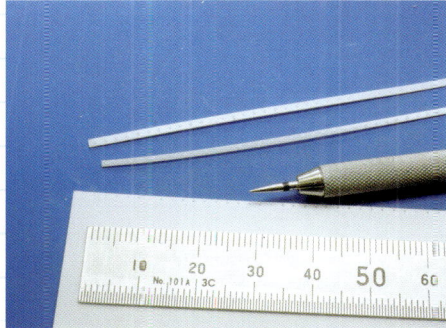

▲얇은 프라판을 니들로 눌러서, 뒷면에 리벳 머리가 튀어나오게 하는 방법. 니들 끝부분을 약간 평평하게 깎아주면, 구멍이 나지 않고 리벳 같은 모양이 된다. 모노코크 각 부분의 가느다란 띠에 리벳이 줄지어 있는 부분은 이렇게 만들었다.

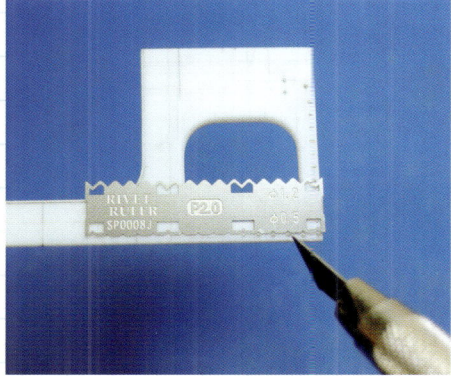

▲리벳을 같은 간격으로 찍어주려면 가이드를 쓰는 게 좋다. 여기서 사용한 것은 히트펜용 옵션.

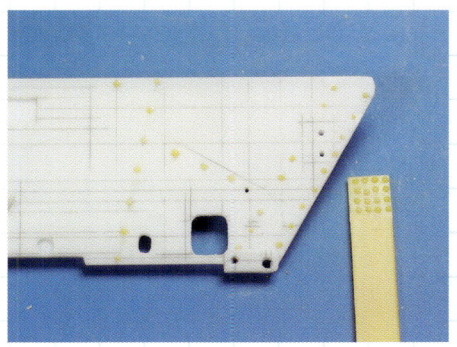

▲0.5mm 정도의 둥근 리벳을 자작했다. 프라판을 틀에 찍어서 표면에 리벳 머리를 만들고, 그것을 떼어내서 사용했다.

▲이 단의 리벳은 금속 블록 표면을 드릴 등으로 우묵하게 판 틀을 이용해서 만들었다. 다른 모양을 만든 흔적도 보인다.

▲예전에는 런너 끝부분을 달구고 틀에 찍어서 만드는 방법이 일반적이었다. 이것을 진화시킨 것이 초음파 커터와 프라판을 이용하는 방법.

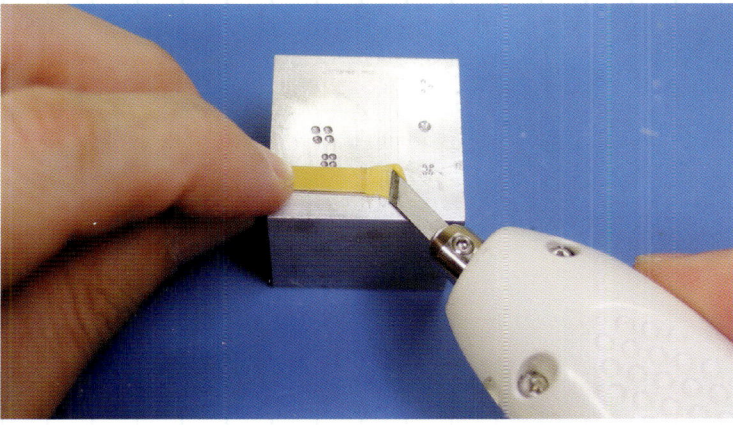

◀성형 방법. 얇은 프라판 위쪽을 초음파 커터 칼날로 눌러주면 미세 진동 효과로 부드러워지면서 리벳 자국이 생긴다.

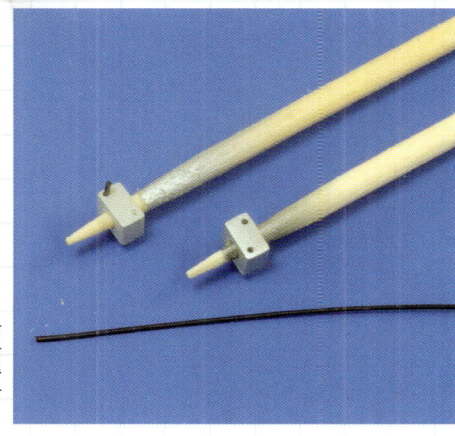

▶구멍에 검은 런너 늘린 것을 끼워서 리벳을 표현. 끼운 뒤에 잘라주면 된다. 이러면 도색할 필요가 없다.

브리지 부분 제작

다시 모노코크 주변 부품 제작. 콕피트 앞쪽 좌우에 걸치는 브리지 모양 부품을 만듭니다. 얇은 판으로 되어 있고 안쪽이 빈데다 곡면까지 있는 복잡하고 어려운 형태. 이것을 어떻게 만들지가 포인트입니다.

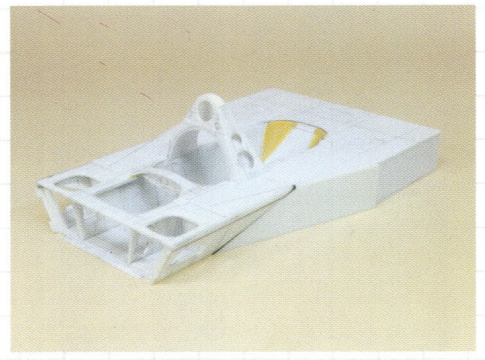
▲앞쪽의 구멍이 뚫린 브리지와 삼각형으로 튀어나온 롤후프를 여기서 제작. 먼저 대략적인 형태를 확인.

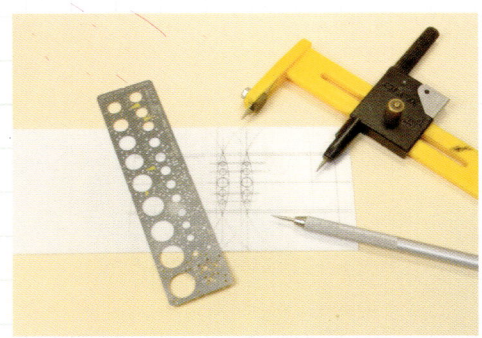
▲앞쪽 브리지의 파인 면 모양을 프라판에 새기고 있다. 작은 원은 히트펜용 템플릿을 가이드로 사용해서, 큰 곡선은 컴퍼스 커터로. 그 다음에 잘라준다.

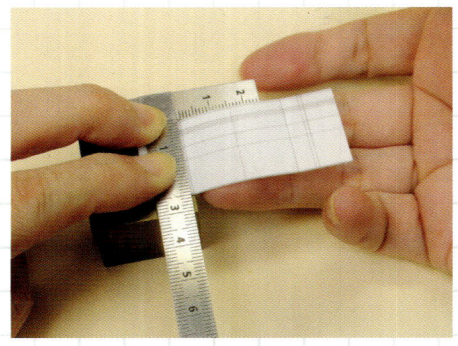
▲위아래에 붙이는 완만한 커브면 제작. 0.5mm 프라판 끝을 금속 블록과 자 사이에 끼워서 평평하게 잡아주고, 가운데를 구부려준다.

▲잘라낸 각 면을 붙여서 모노코크에 얹어봤다. 앞쪽의 단차는 아래에 프라판을 덧붙여서 맞췄다. 모양이 잡힌 뒤에 작은 구멍과 여백을 다듬는다.

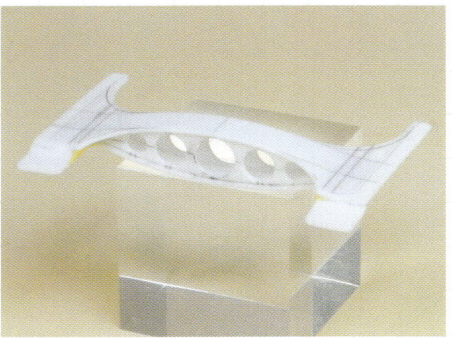
▲구멍들은 드릴과 리머로. 가장자리를 약간 둥글게 다듬었다. 안쪽에도 찌꺼기나 접착제 자국이 남지 않도록 조립할 때부터 조심스럽게 작업했다.

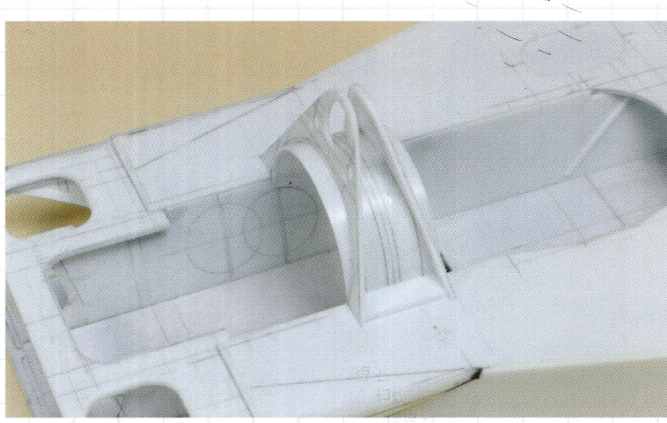
◀롤후프 부분에서 모노코크 윗면에 이 부품이 들어가는 홈을 만들어두고, 거기에 맞추면서 제작. 아래쪽 곡면 부분은 프라판을 구부리고 앞뒤의 판이 그 위에 올라가도록 제작.

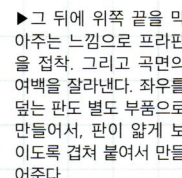
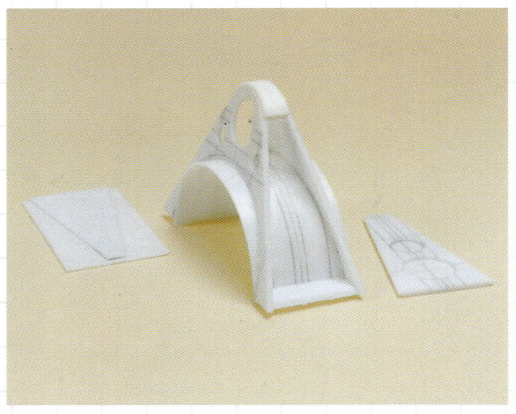
▶그 뒤에 위쪽 끝을 막아주는 느낌으로 프라판을 접착. 그리고 곡면의 여백을 잘라낸다. 좌우를 덮는 판도 별도 부품으로 만들어서, 판이 얇게 보이도록 겹쳐 붙여서 만들어준다.

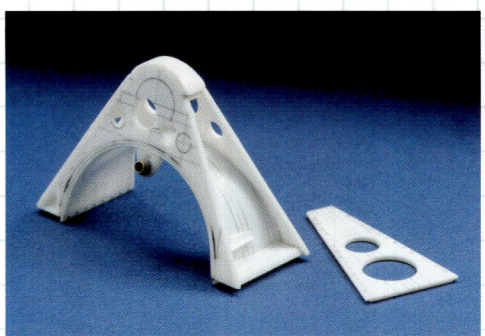
▲핸들 쪽에서 본 완성품. 세 개의 구멍은 계기판이 들어갈 곳인데 왼쪽으로 몰려 있다. 중앙은 스티어링 샤프트가 들어가는 구멍. 아치의 오른쪽 아래에는 링키지의 마운트 부분을 추가했다. 측면 패널이 별도 부품인 것은 내부의 도색과 케이블을 넣기 위해서.

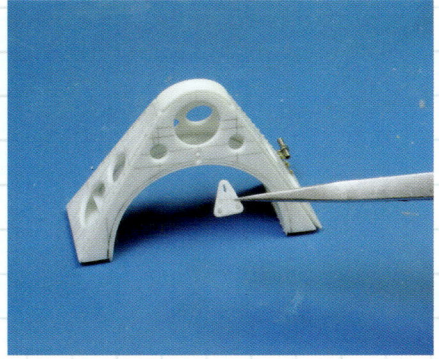
▲이번에는 전방에서 본 모습. 큰 구멍 아래쪽에는 블랙박스 마운트가 되는 삼각형 판이 달린다. 이것도 배선 작업에 방해가 될 것 같아서 별도 부품으로.

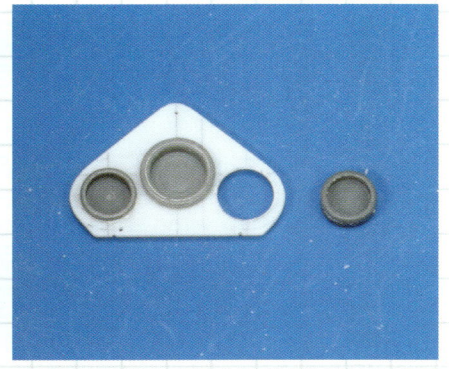
▲각종 계기판 부분은 프라판과 유용한 원형 플라스틱 부품을 조합해서 제작. 판 위에 붙이는 게 아니라 구멍에 끼워 넣었다.

블랙박스 제작

브리지 위에 놓이는 네모난 상자. 제작을 위해 우선 더미를 만들어서 크기를 검토한 다음 프라판을 재단했습니다. 각 모서리의 모양이 똑같아지도록 1/4 둥근 봉을 조합했습니다.

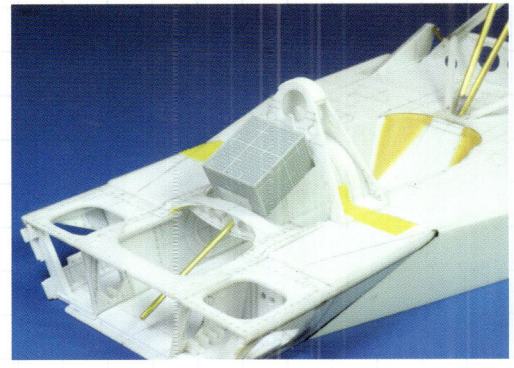
▲부품의 크기와 수납 상태를 확인하기 위해, 프라판을 대충 조합해서 판을 제작. 사용한 것은 웨이브 「눈금 프라 플레이트」.

▲그리고 카울과의 간섭이나 억세스 패널을 열었을 때 보이는 모습도 확인. 처음 가제작 했을 때는 더 작았고, 이것이 두 번째인데 적절한 크기가 됐다.

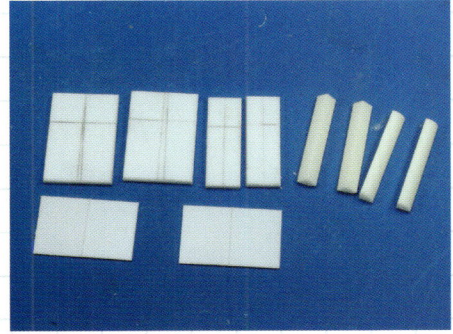
▲측정한 치수를 참고하여 실제 부품용으로 잘라낸 플라스틱 재료. 상하좌우 네 면과 모서리용 둥근 봉 부품을 같은 길이로 자른 다음 앞뒤를 사각판으로 막는다.

▲재료들을 평평한 판 위에서 금속 블록을 이용해 수직을 맞추면서 접착한다.

▲앞뒤를 막아서 상자로 만들었다. 튀어나온 부분은 곡면에 맞춰서 둥글게 잘라준다.

▲주위에 패널라인 몰드를 새기기 위해, 서피스 게이지를 이용해서 일정 높이에 금을 그러준다. 끝을 뾰족하게 만들었기에, 그대로 몰드를 새길 수도 있다.

▲앞뒷면 주위에 얇은 판을 감은 것처럼 보이기 위한 몰드를 넣는다. 테두리 약간 안쪽에 넣기 위해, 아트나이프 날 두 개를 약간 어긋나게 붙여서 사용. 한 장은 측면에 대서 가이드로 삼고, 다른 날로 몰드를 새긴다.

▲블랙박스 측면에는 완충장치 같은 마운트 부위가 달려 있다. 그곳의 고무 부싱처럼 보이는 부품은 플라스틱 재료를 모터 툴로 회전시키며 가공했다.

▲연결 부분도 플라스틱 재료 등으로 제작하고 브리지 위에 올린 상태. 이것도 분리할 수 있게 만들었지만, 마지막에 케이블을 넣었더니 분리할 수 없게 됐다. 스위치를 붙일 위치도 드릴로 파줬다.

▲앞쪽 마운트 부분. 판 모양으로 튀어나온 부분에 부싱과 링 모양 부품을 겹쳤다. 박스 오른쪽 면에는 튀어나온 케이블과 안쪽으로 들어간 곳이 있어서, 그것도 몰드로 만들어줬다.

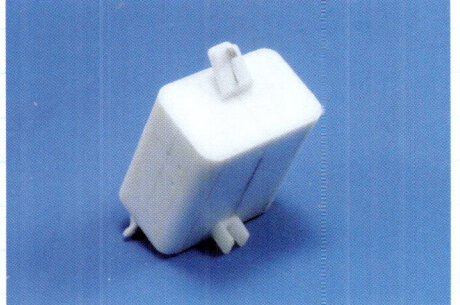
▲뒷면 마운트 부분. 롤후프 쪽의 얇은 슬릿에 끼울 수 있도록 양철판을 끼워줬다. 그것을 감싸는 모양으로 프라판을 붙여서 마운트를 만들었다. 뒷면 바깥쪽을 따라서 새긴 몰드에도 주목.

모노코크 뒤쪽의 서스펜션 마운트

차체 좌우에 삼각형으로 튀어나온 서스펜션 마운트. 실제 차량에서는 모노코크에 고정돼 있지만, 그러면 부품을 다듬거나 도색할 때 모노코크 윗면을 매끄럽게 만들기가 힘들어지니까 이것도 별도 부품으로 만들었습니다. 가장자리의 리벳이 있는 면도 이쪽에 붙여줬습니다.

▲뒤쪽에서 본 서스펜션 마운트 부분. 위아래에 리어 업라이트에서 나온 레이디어스 암이 달린다. 거기에 볼 조인트가 들어간 것처럼 몰드를 새겨준다.

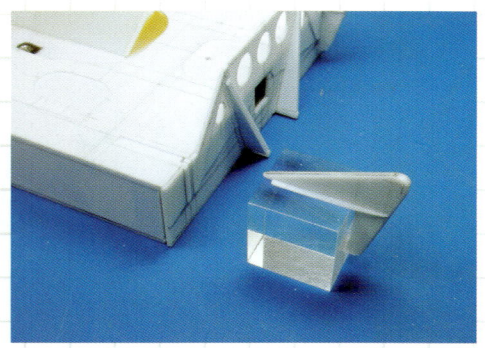

▲부품의 모양. 모노코크 쪽에 홈을 만들어서, 기울지 않고 딱 맞게 만들었다.

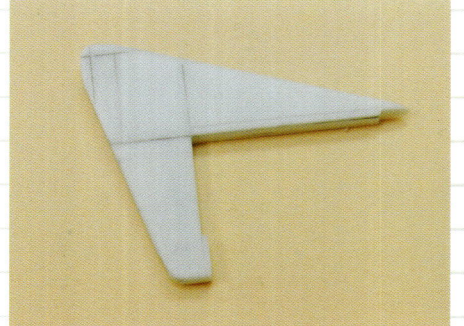

▲기본적 형태를 제작 중. 모노코크 윗면보다 위쪽이 두꺼워지기 때문에, 1.2mm 프라판으로 기본 모양을 자른 다음에 윗면에 0.5mm를 붙이고, 아래쪽에는 0.3mm를 붙여서 두께 차이를 표현했다.

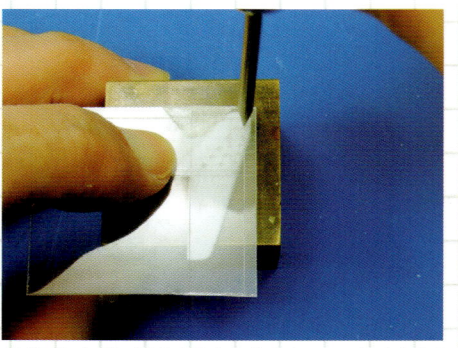

▲부품이 평평한 상태에서 측면에 리벳 자국을 추가. 리벳 펀치를 이용해서 둥근 몰드를 찍어준다. 줄을 맞추기 위해 프라판 가이드를 사용했다.

▲측면에 판을 맞추기 위해 홈을 새기는 작업. 프라판을 대서 모노코크에 붙인 상태처럼 만들고, 그 높이에 0.3mm 패널라이너로 홈을 새긴다.

◀모노코크 위에서 홈 위치를 확인. 거기에 리벳 몰드를 찍은 프라판을 댄다. 이로써 0.3mm 두께의 판으로도 확실히 고정할 수 있다.

▶리벳 면까지 다듬어서 가조립한 서스펜션 마운트. 이어서 주변에 있는 부품도 살펴보자. 안쪽에 있는 상자는 드라이버와의 통신용 커넥터. 프라판으로 제작한 롤바와 함께 핀으로 고정.

▲롤바 아래에서 전방으로 이어지는 스테이. 롤바와 함께 체결되는 부분을 튼튼하게 만들기 위해, 런너의 L모양 부분을 이용해서 롤바 파이프 안으로 들어가게 했다. 이렇게 만들기 위해서 플라스틱 재료를 사용했다.

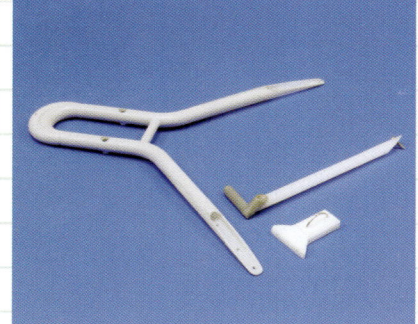

▲롤바 오른쪽 부품. 이쪽에는 아치 모양 손잡이가 달린 킬스위치가 달린다. 이것도 플라스틱 재료로 제작. 파이프 모양 내면에 접하기 때문에, 곡면에 맞춰서 만들었다.

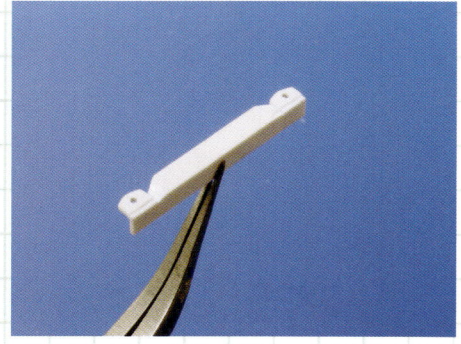

▲리어 카울 고정용 브라켓을 만들었다. L모양 금속 부품이라서 L모양 플라스틱 재료를 잘라서 만들었는데, 가공하기 쉬운 상태에서 구멍을 뚫고 조각을 새긴 뒤에 분단했다. 킬스위치 아래에 달리니까, 장착한 상태는 완성품을 참조. 이걸로 모노코크는 종료!

프론트쪽 부품

○ 어서 스티어링 기구와 프론트의 서스펜션 주변 부품을 제작합니다. 파이프와의 조합 및 깎아내기, 붙인 뒤 잘라내기 등의 방법으로 가공했습니다.

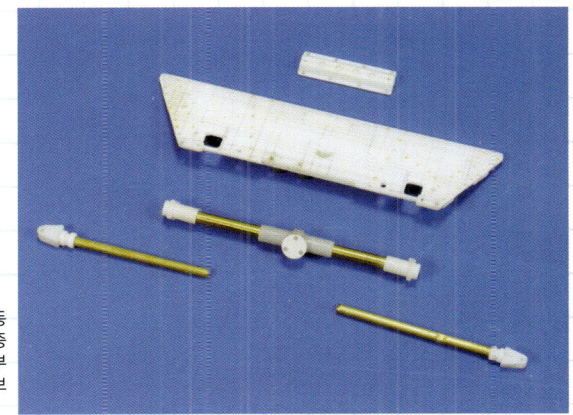

▶모노코크 앞면에 붙는 스티어링 기구는 황동 파이프와 플라스틱 재료로 만든 부품을 조합. 중심부와 좌우 마운트, 그리고 암 끝의 조인트 부분의 포인트 모양에 주목. 프라 파이프는 웨이브(그레이), 에버그린(흰색)을 사용했다.

▲그 전에 프라 파이프 절단에 대해. 절단면이 기울지 않게 자르려면 클램프로 잡고 칼집을 내는 파이프 커터가 편리하다. 파이프가 얇아서 뭉개질 때는 안에 심을 넣어주면 된다.

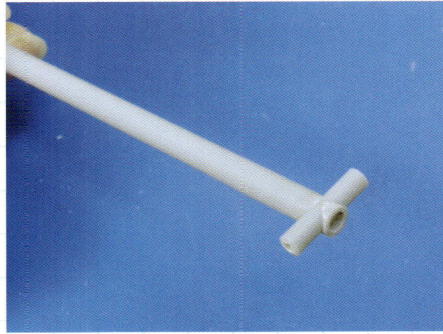

▲스티어링의 기어박스 부분은 원통이 교차된 모양. 중심이 약간 어긋난 모양이고, 굵은 파이프 쪽에 구멍을 내서 서서히 벌리다 거기에 교차하는 파이프를 넣는 모양으로 접착했다.

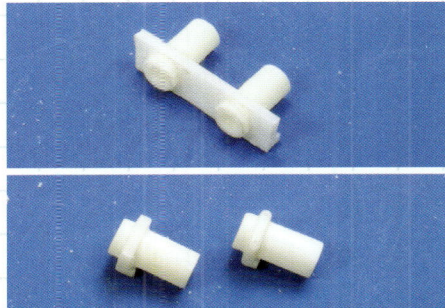

▲스티어링 좌우 마운트 부분에는 파이프 모양 부품을 평면에 고정시키기 위한 요소를 추가했다. L모양으로 붙인 판에 구멍을 뚫어서 파이프를 접착하고, 그 뒤에 주위를 다듬었다.

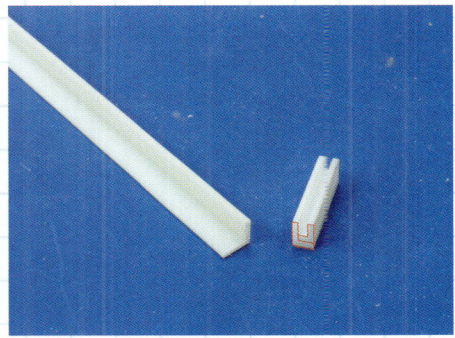

▲스티어링 암 끝부분의 凹모양을 만들었다. 단순히 붙이기만 하면 약하니까, L을 마주보게 붙이고 두꺼운 아래쪽에 파이프 끝부분을 끼웠다.

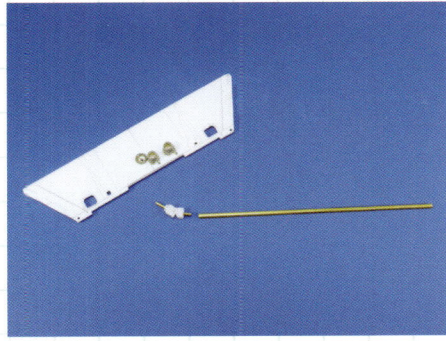

▲스티어링 기구 안쪽 면에 달리는 스티어링 샤프트 끝부분. 유니버설 조인트도 자작했다. 이 부분은 작동하지는 않고, 겉보기 중시.

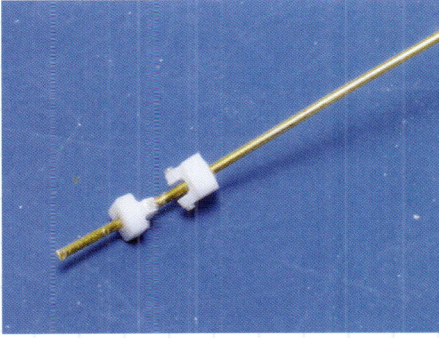

▲각봉을 凸모양으로 다듬은 것 두 개를 황동선을 구부린 곳에서 맞물리게 하면 그럴듯하게 보인다.

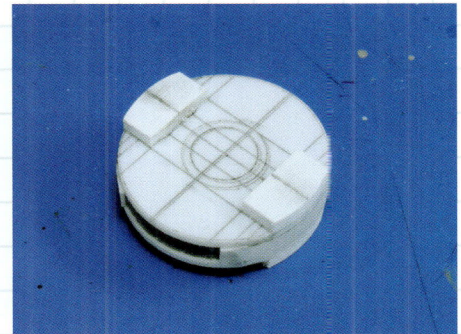

▲프론트 브레이크 캘리퍼는 적당한 부품이 없어서 자작하기로 했다. 디스크를 감싸는 모양으로 만들기 위해, 먼저 프라판을 드럼 모양으로 겹친다.

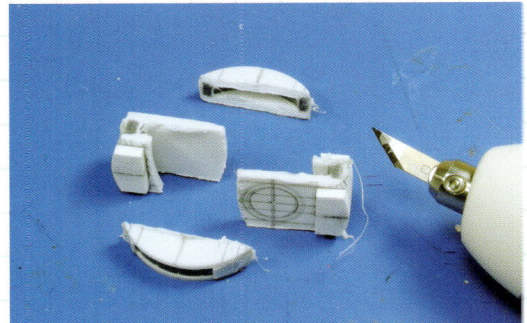

▲그걸 잘라서 대략적인 캘리퍼 모양을 두 개 만든다. 양쪽 원 중심을 남긴 것은 회전축의 위치를 맞추기 위해. 드럼 모양을 만들 때는 적당한 원 모양 부품을 사이에 끼워서 가이드로 삼았다.

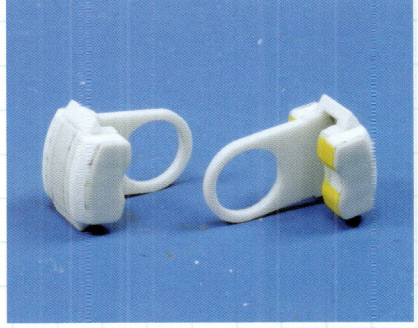

▲다듬어서 캘리퍼 형태로 만들었다. 업라이트와 연결되는 부분은 가조립 상태에서는 원형 구멍을 뚫었다. 노란 부분은 폴리퍼티로 수정한 곳.

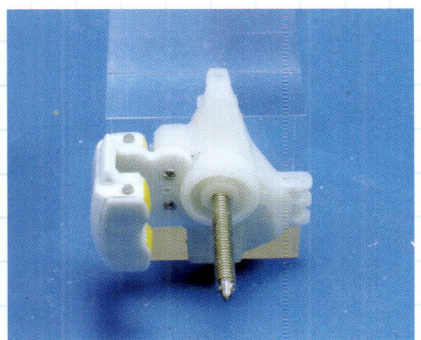

▲볼트 등의 몰드도 다듬고 업라이트에 장착한 상태. 극소형 나사로 고정했다.

리어 업라이트 제작

서스펜션이 장착되고 차축의 방향을 지탱하는 부품. 이곳은 중요하고도 어려운 부분이었습니다. 삼각추 모양에 안쪽이 비어 있는 까다로운 형태의 부품을 순서에 따라 차근차근 만들어 보았습니다.

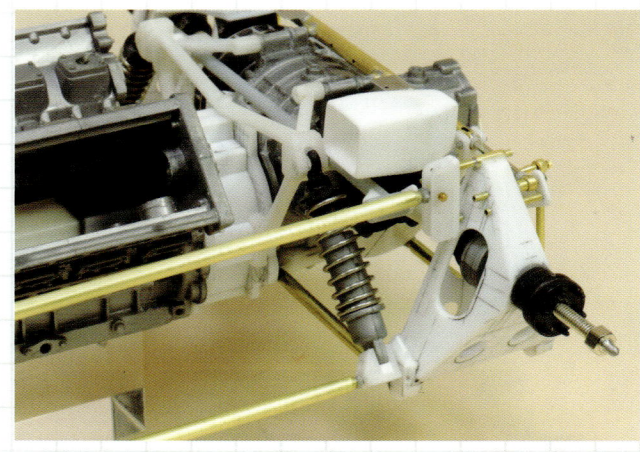

◀업라이트 주변을 가조립한 모습. 내부에 드라이브 샤프트와 조인트가 들어가고, 바깥쪽에 휠 허브가 달린다. 위아래에는 서스펜션 암을 접속. 차축의 방향을 계속 유지, 고정해주는 정밀도와 강도가 필요하다.

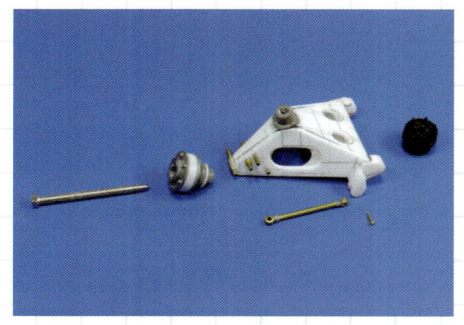

▲업라이트와 주변 부품. 차축에 나사를 끼우는 부분은 단차가 있는 플라스틱 부품을 끼웠다. 상단의 서스암 연결 부분은 황동 파이프. 아래쪽은 플라스틱 재료로 구성했다. 허브와 조인트 부분은 키트의 부품을 가공.

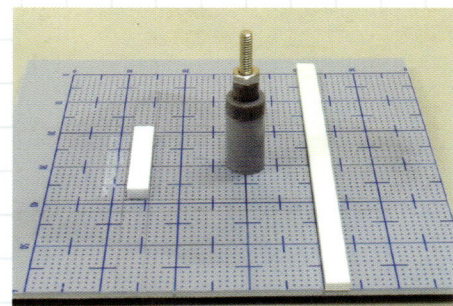

▲삼각추를 조립하기 위해 먼저 가이드를 준비. 단차가 있는 원통 부품(프라사포)을 일정한 높이로 유지하기 위해 스페이서를 끼우고 평면 위에 나사를 고정. 평면에 붙인 플라스틱 재료는 삼각추 아래쪽 면의 위치 가이드.

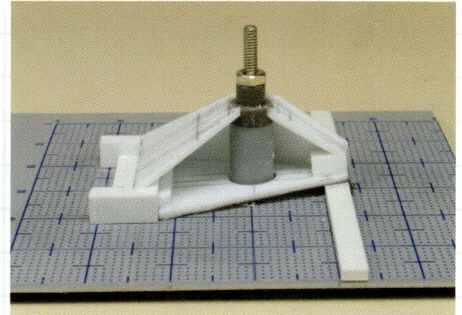

▲밑면 쪽을 배치하고 삼각추를 구축할 수 있도록 주위의 면을 맞춰간다. 두께와 보강이 필요한 곳에는 안쪽에 플라스틱 재료를 넣어둔다.

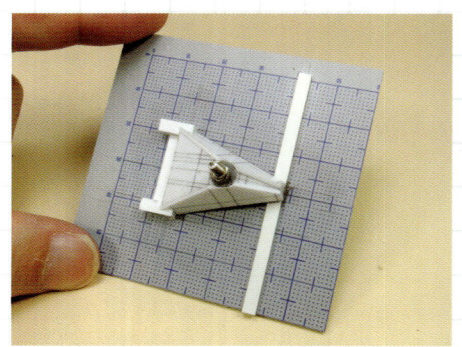

▲세 면을 붙인 모습. 튀어나온 판은 이 뒤에 다듬는다. 기본 모양은 좌우가 같으니, 이것을 다시 한 번 반복.

▲가이드를 분리하면 업라이트의 기본 형태가 완성. 여기서는 차축 방향과 서스펜션 마운트 부분을 갖추는 게 중요.

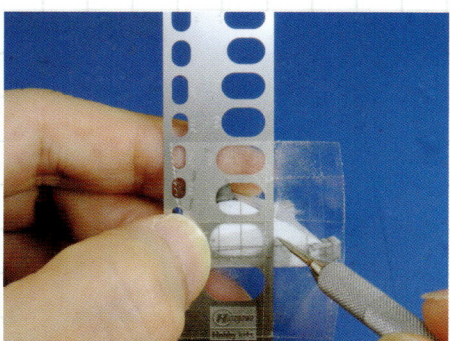

▲주위에 구멍을 내기 위해 에칭 템플릿을 써서 둥근 구멍과 타원을 표시한다.

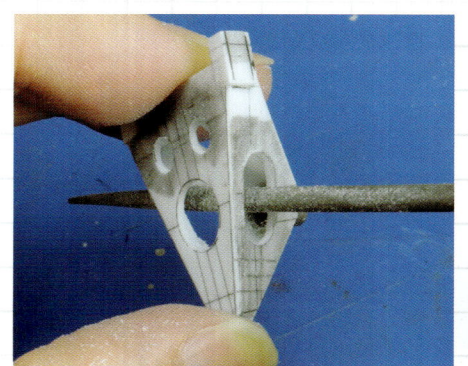

▲구멍을 낼 때는 내부 면 손상에 주의. 또한 구멍 가장자리와 안쪽에 찌꺼기가 남지 않도록 잘 정리하자.

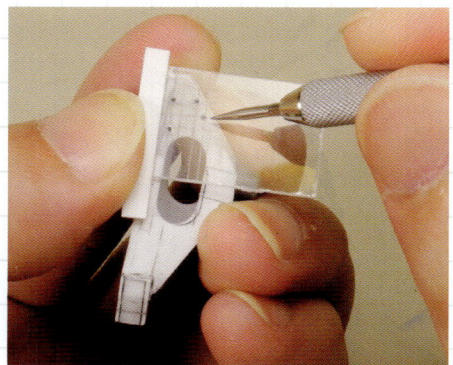

▲황동 파이프를 넣을 부분을 표시. 투명 프라판 가이드를 사용하면 부품 면이 보여서 좋다.

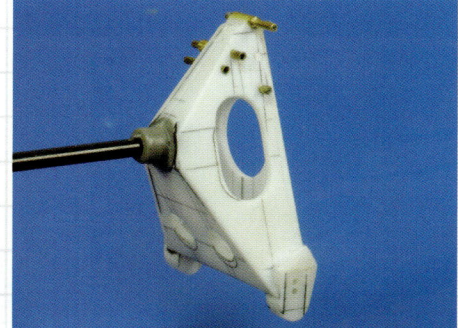

▲완성된 업라이트. 정점에 달린 황동 파이프의 강도가 걱정돼서, 접착면을 확보할 수 있게 절반을 플라스틱 면에 심어 넣고 주변에 프라 리페어를 발랐다.

뒤쪽 주변 부품 제작

난관을 뛰어넘었으니, 계속 주변 부품을 제작합니다. 여기서는 플라스틱 재료와 다른 유용 부품의 조합도 활용했습니다.

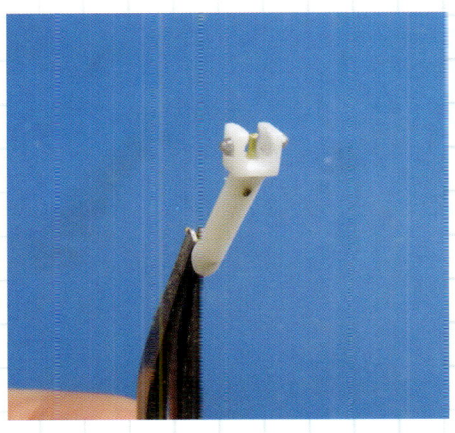

▶이것은 브레이크 캘리버 부근에 달리는 리어 어퍼 암의 스테이. 어퍼 암과의 조인트 부분을 아래쪽에서 지탱하는 부품(P.5 등을 참조). 凹단면의 플라스틱 자재와 프라봉을 연결하고 황동선으로 보강했다.

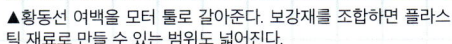

▲황동선 여백을 모터 툴로 갈아준다. 보강재를 조합하면 플라스틱 재료로 만들 수 있는 범위도 넓어진다.

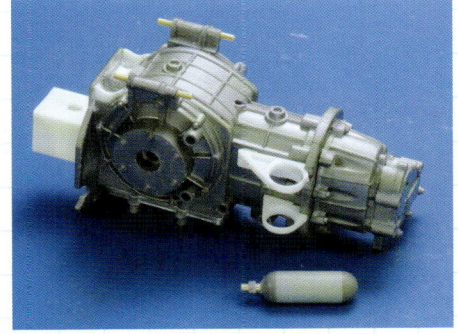

▲기어박스 왼쪽 옆에 탱크 모양 부품이 달린다. 탱크는 프라 파이프와 원형부품을 조합해서. 스테이는 프라판으로 만들었고 파인 부분은 작은 끌로 깎았다.

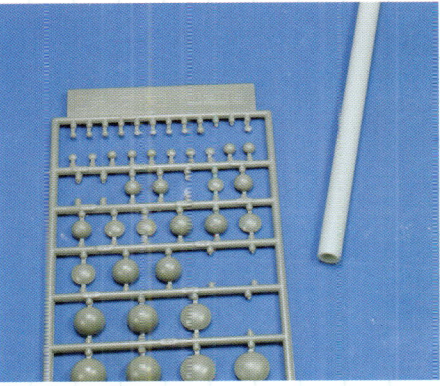

▲탱크를 만든 재료. 프라 파이프와 웨이브 I·팁[丸].

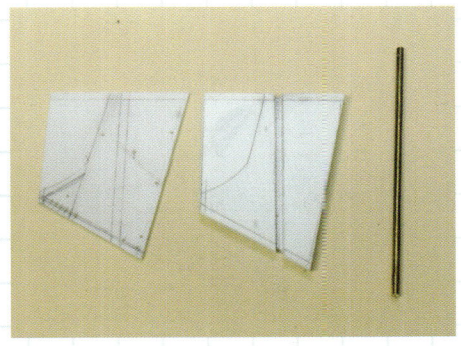

▲리어 윙의 스테이에서는 윙에서 기어박스 쪽까지 황동선을 관통시켜서 확실하게 접속했다. 그 공간을 만들기 위해서 프라판을 겹쳐 붙였다.

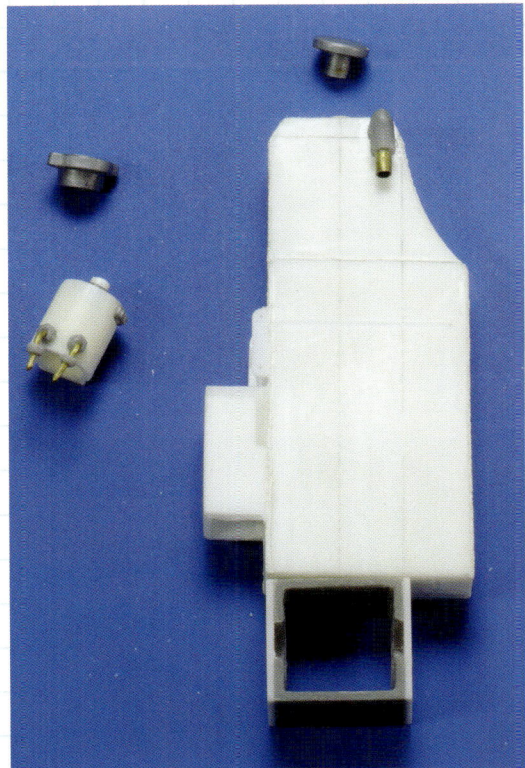

▲모노코크와 엔진 사이에 있는 오일 탱크. 이것도 프라판으로 상자를 짰다. 용접 자국이 특징적인데, 이것도 가늘게 자른 플라스틱 시트로 만들어줬다.

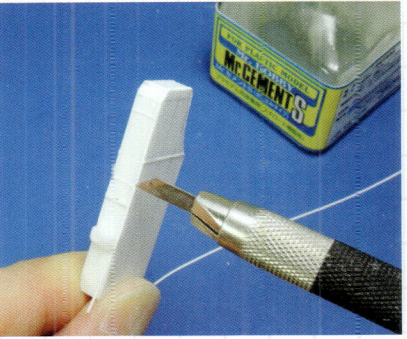

▲용접 자국을 만드는 모습. 0.2mm 플라스틱 시트를 흘려넣는 접착제로 붙이고, 말랑해진 뒤에 아트나이프 등으로 자국을 새겨준다

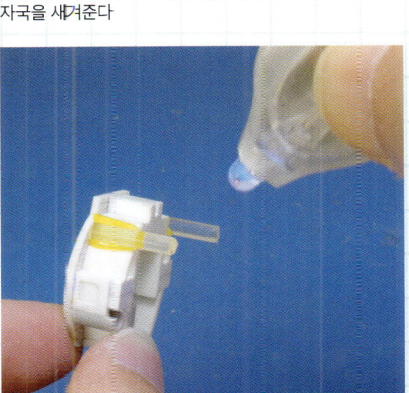

▲플라스틱 재료를 조합한 우묵한 부분을 둥그스름하게 만들기 위해, 광(光)경화 퍼티를 바르고 투명 프라봉을 겹쳐서 경화시켰다.

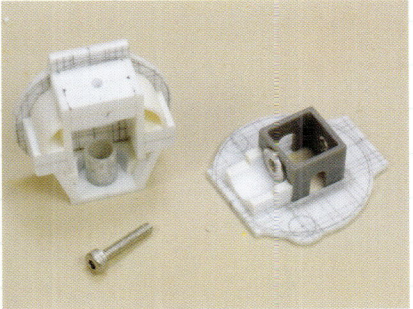

▲엔진과 기어박스에 달리는 스페이서 부품. 앞뒤 접속 볼트 때문인지 단면이 복잡한데, 플라스틱 재료를 잘라 붙여서 비슷하게 만들었다. 내부는 사각 축을 끼우고 나사로 고정하기로 했고, 거기에 맞춰서 만들었다.

▲스페이서 부품 완성. 우묵한 부분을 ㄷ들어주었다는 걸 알 수 있다.

프론트 노즈 제작

평면의 조합으로 이루어진 노즈는 기본 형태를 프라판으로 제작. 여기서는 모노코크의 피팅과, 면적이 넓기 때문에 생기기 쉬운 판의 어긋남에 각별히 신경 씁시다. 윙 등 주변 부품을 확실히 부착해두는 것도 포인트입니다.

▲노즈 위, 아랫면에 잘라낸 프라판을 대고, 쐐기 모양의 각도를 고정하기 위해서 사이에 칸막이 형태의 지지대를 넣었다. 각 판의 두께는 1mm.

▲그리고 측면을 막는다. 면의 각도가 달라지는 부분은 순간접착제 시아논DW+Mr. SSP 퍼티로 메워줘서 커브가 이어지도록 다듬어준다.

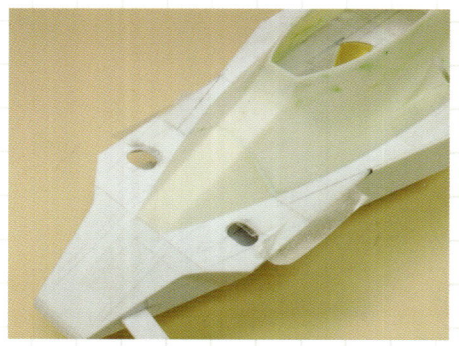

▲기본 모양이 나온 뒤에 노즈 윗면을 가공. 벌지가 붙은 부분은 댐퍼 끝이 나오는 구멍을 뚫어준다. 카울과 일련의 부품들은 3D 프린트로 만든 부품을 쓸 예정이었지만….

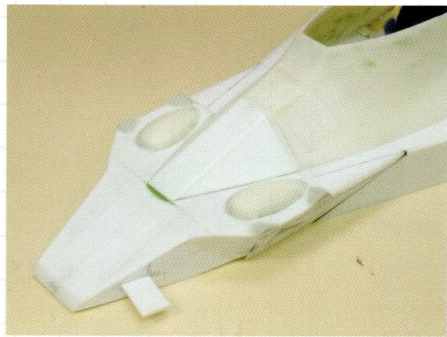

▲마무리의 편의를 위해서 프라판으로 같은 것을 만들었다. 양쪽의 커다란 벌지는 3D 프린팅으로 제작한 부품을 붙이고, 좌우 4개의 불룩한 부분은 에폭시 퍼티를 바르고 다듬었다.

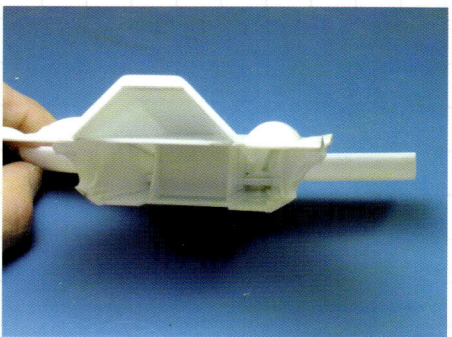

▲안쪽 모양. 윗면 중앙이 가라앉지 않도록 보강해주고, 좌우의 각 안쪽에 각재를 대줬다. 프론트 윙을 붙이는 판도 내부에서 지탱해줬다.

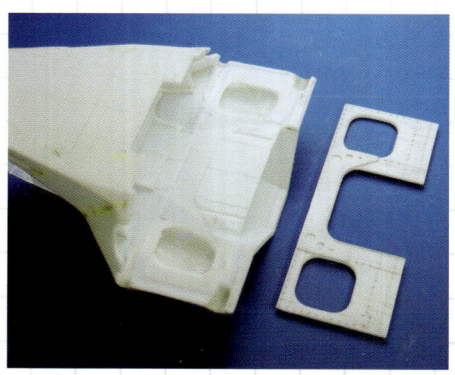

▲모노코크와 겹쳐지는 면의 안쪽. 리벳 자국과, 추가 판과 겹치는 부분은 깎아서 처리했다.

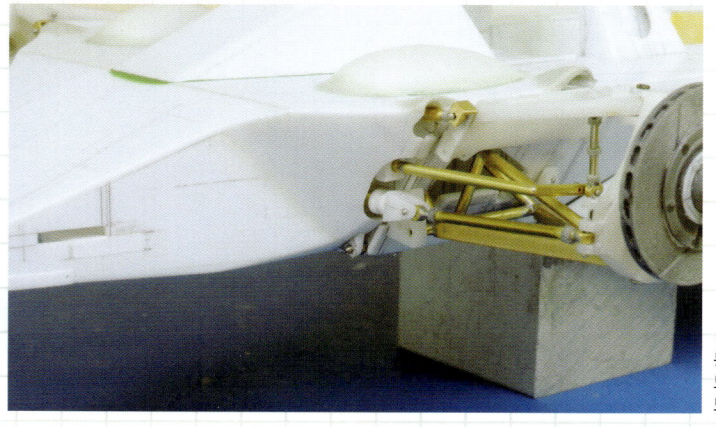

◀측면을 다듬고 스티어링 암 등이 나오는 구멍도 만든 상태. 노즈 아래쪽은 삼각형 브라켓과 모노코크쪽 핀으로 고정된다.

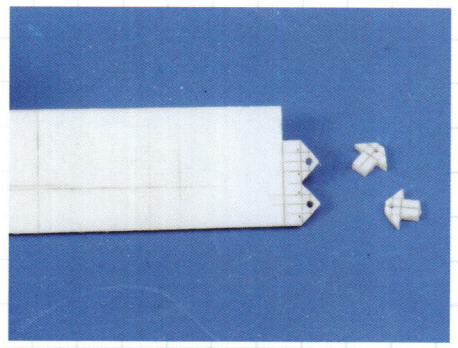

▲필요한 삼각 브라켓을 프라판에서 잘라내는 모습. 고정한 상태와 분리한 상태를 모두 만들어두고 교환할 수 있게 할 예정이라서 4개를 잘라냈다.

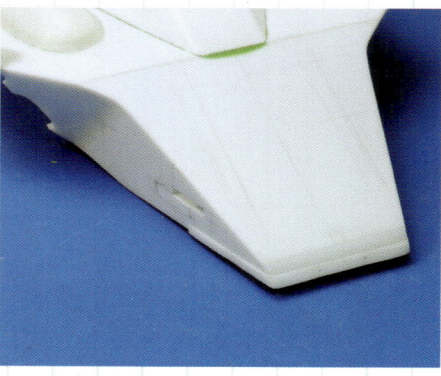

▲노즈 끝에는 립이 붙는다. 판이 얇은지 나사 부근이 움푹 들어가 있어서, 그 모습도 재현했다.

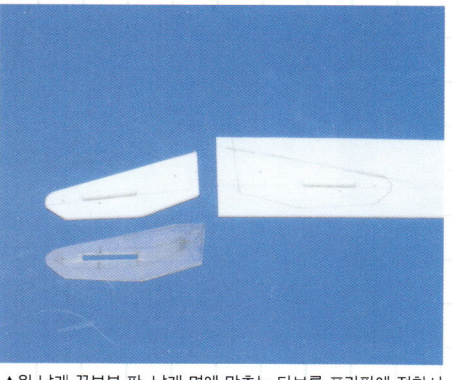

▲윙 날개 끝부분 판. 날개 면에 맞추는 다보를 프라판에 접착시키고 거기에 가이드를 끼워서 잘라내는 방법을 사용했다.

라디에이터 박스 제작

프라판 공작의 마지막은 측면의 라디에이터와 오일 쿨러가 들어가는 부품의 제작. 기본은 박스 짜기입니다만 열린 부분이 있어서 그 점을 신경 써야 합니다.

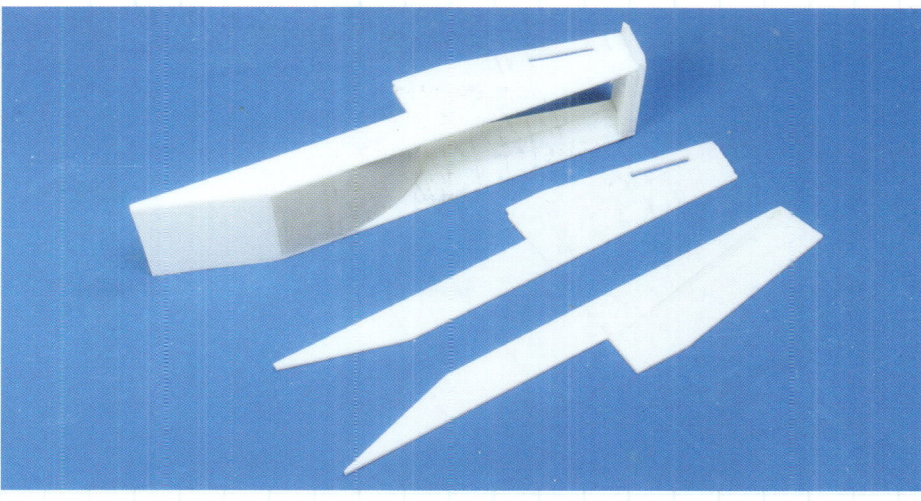

▶위, 아랫면의 모양으로 잘라낸 프라판으로 일정한 폭을 사이에 끼우고 상자 모양으로 조립. 뒤쪽 끝은 두께가 있는 부분이 위로도 뻗는다. 이곳은 오일 쿨러용 틀의 보강.

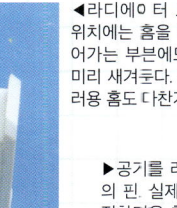

◀라디에이터 표면의 메시를 끼우는 위치에는 홈을 파준다. 5장의 핀이 들어가는 부분에도 눈대중이 되는 선을 미리 새겨둔다. 윗면에 세우는 오일 쿨러용 홈도 마찬가지.

▶공기를 라디에이터로 유도하는 5장의 핀. 실제 차에서는 얇은 판 같지만, 접착면을 확보하고 싶어서 쐐기형 단면으로 만들었다. 이것은 별도의 부품으로서 도색한다(핀이 있으면 주변을 깔끔하게 도색하기 힘들어서). 나중에 접착할 위치를 정하고 가이드도 제작했다.

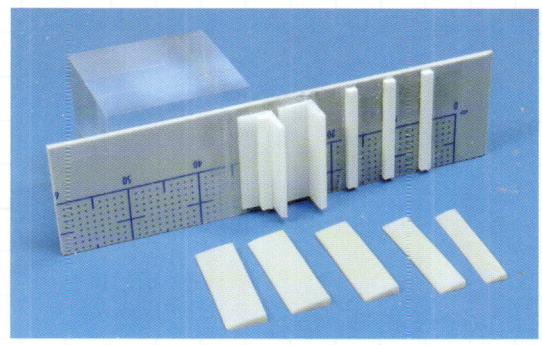

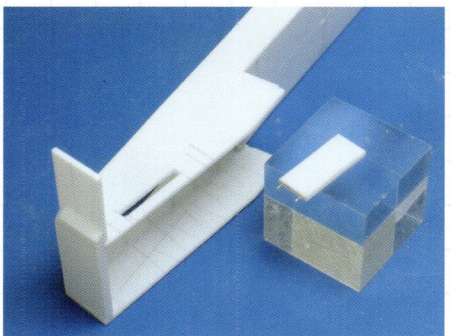

▲오일 쿨러를 감싸는 부분 제작. 얇은 판을 똑바로 세우는 부분은 0.3mm 황동선으로 보강했다. 이것도 하고 안 하고의 차이가 상당히 크다.

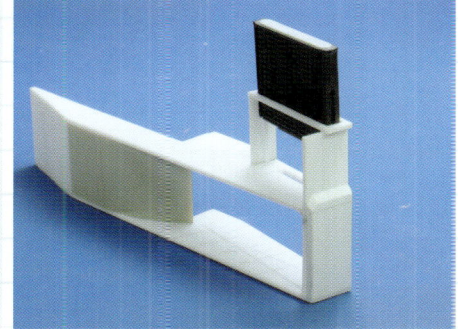

▲윗변을 추가한 뒤에 오일 쿨러를 끼운다. 이 부품은 티렐 P34 키트에서 유용. 측면에 홈을 새기고, 틀의 같은 위치에 돌기를 붙여서 보강을 겸해 결합 가이드로 삼았다.

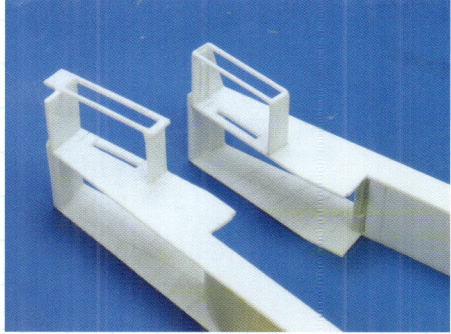

▲왼쪽의 틀 판을 조립한 상태. 오른쪽이 여백을 다듬고 각도 약간 둥글게 갈아낸 상태. 뒷면의 수직판 안쪽도 보강한 게 보인다.

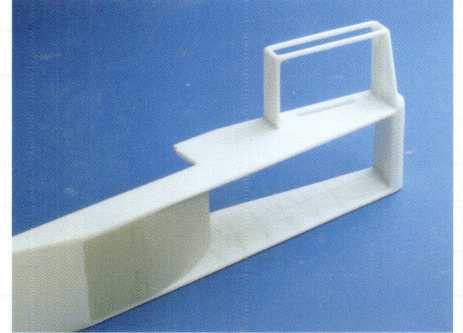

▲완성된 오일 쿨러 틀. 하얀색이라 알기 힘들지만, 각 안쪽에 사전에 순간접착제 시아논DW+Mr. SSP를 발라두고, 둥글게 처리하면서 두께를 정리했다.

▲라디에이터 박스를 모노코크에 붙인 모습. 앞쪽 테두리 등은 딱 맞추지 않고 일부러 약간 틈이 생기게 했다. 금속 메시에 대해서는 금속 가공 페이지에서 소개한다.

03 부품 유용과 가공

처음에 소개한 것처럼, 사용할 수 있는 것들은 프라모델의 비슷한 부품을 가공하거나 부분적으로라도 이용하는 쪽이 훨씬 만들기 쉽습니다. 여기서는 그런 부품들의 제작 공정을 해설하겠습니다. 기존 부품의 어디를 살릴지는, 나머지를 어떻게 자작할지와도 연결됩니다. 그런 부품 제작의 취사선택, 공작법 등의 조합이 포인트입니다.

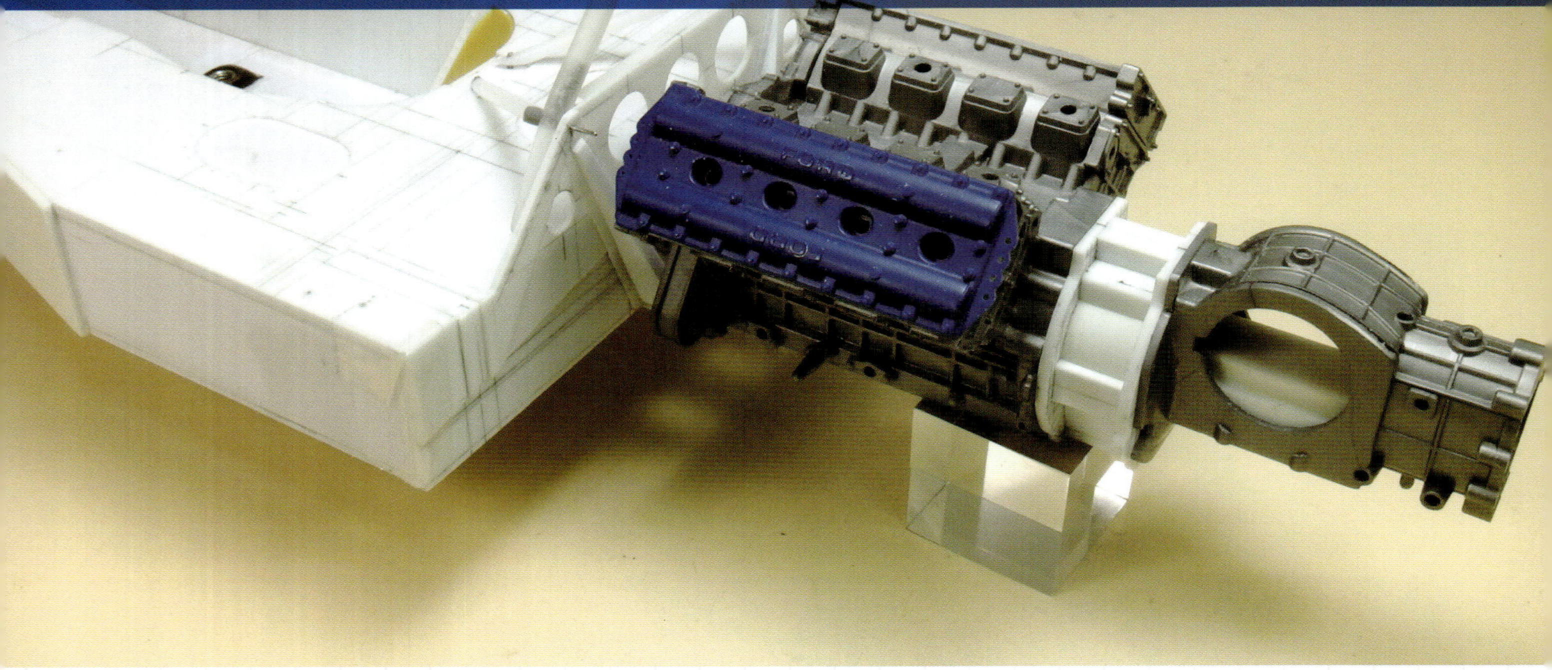

프론트 휠과 허브

티렐 008의 특징 중 하나가 '환기팬' 같은 프론트 휠. 회전을 이용해서 공기를 빨아들이고, 브레이크 냉각에 이용하는 것입니다. 그 목적은 한 눈에 봐도 알 수 있는 것이지만, 신차 발표 때는 팬이 공기를 외부로 빨아내는 방향으로 붙어 있기도 했고, 시즌 후반에는 일반적인 4포크 휠을 사용하기도 했습니다.

이 휠의 림은 로터스 78과 같은 모양이라서, 타미야 1/12 키트에서 유용하기로 했습니다. 하지만 원 주위에 늘어서 있는 볼트는 로터스 78이 12개, 008은 16개라서 다시 붙여줘야 합니다. 그렇다면 팬 모양의 중심부를 어떻게 만들어야 하는가. 이 부분은 차축과의 연결 정밀도와 강성도 고려해야 하니, 전체를 원반 모양 부품 안에 잘 정리하고 싶었습니다. 원반에 방사상으로 칼집을 내는 방법을 쓰면 입체감을 주기 힘들 것 같아서, 날개를 한 장씩 만들어서 붙이는 방법을 쓰기로 했습니다. 방사상 틀을 만들고, 뒷면에 스포크 모양으로 지탱해서 위치를 맞추고 보강을 해줍니다. 날개는 좌우 대칭이니까 각 1장씩 원형을 만들고 틀을 짜서 복제. 스포크 중심부에는 웨이브 「l·팁[사다리꼴]」을 사용. 그 주위에 복제한 날개를 붙였습니다.

이 팬 모양 스포크면 안쪽에는 허브의 핀이 꽂히는 가공도 필요합니다. 1/20 스케일 F1에서는 생략되는 부분이지만, 거기까지 재현하는 것이 1/12만의 미학입니다. 허브도 로터스 78의 부품을 바탕으로 제작. 브레이크 디스크 쪽과 핀 쪽으로 분단한 뒤에, 단차가 있는 프라사포로 연결하며 길이를 조정. 잘 보이지 않는 부분이지만, 디스크 쪽과 핀 뒤쪽의 몰드도 추가해서 마무리합니다.

사실은 티렐 008 제작에서 가장 먼저 손을 댄 것이 이 프론트 휠입니다. 어려운 부분이 해결되었기에 더 본격적인 작업으로 들어갈 수 있었습니다.

▲림 부분은 로터스 78에서 유용하고, 팬 모양의 중심을 자작한 프론트 휠.

▲원본인 1/12 로터스 78의 프론트 휠. 스포크 부분의 부품이 분리돼 있어서 다행이다.

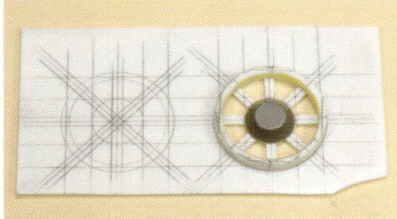
▲림 부분을 로터스 78에서 유용하고, 팬 모양 중심부를 자작한 프론트 휠.

▶틀에 에폭시 퍼티를 눌러주고, 그 홈에 딱 맞는 덩어리로 만든다. 그리고 벗겨낸 뒤에 날개 모양으로 다듬는다.

부품 유용과 가공 **03**

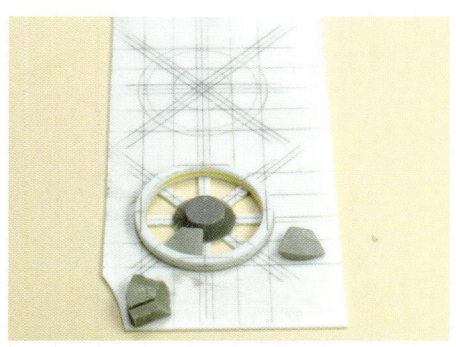
▲좌우 날개를 깎아낸 모습. 퍼티로 누를 때 생기는 뒷면의 튀어나온 부분(날개 모양 부분)덕분에 틀의 각 위치에 잘 들어간다.

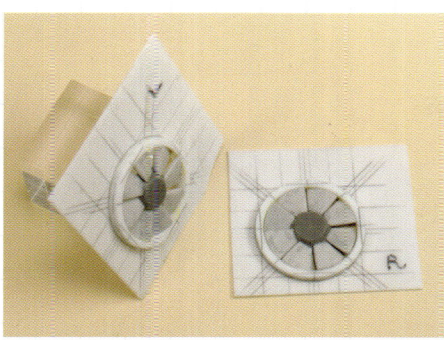
▲그 원형으로 실리콘 틀을 만들고, 레진으로 복제한 부품을 틀 안에 다시 배치. 날개의 틈과 각도 등을 잘 조정한 뒤에 접착한다

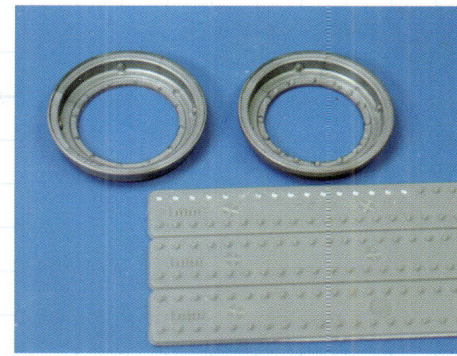
▲림에 붙일 볼트는 몬모델의 플라스틱 볼트 SPS-005 1mm를 사용.

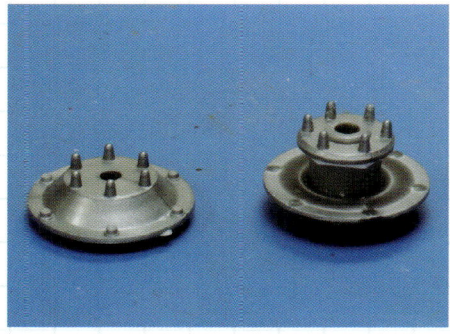
▲왼쪽이 로터스 78의 허브. 이것을 브레이크 디스크 모양과 허브 핀 두 부분으로 갈라서 오른쪽처럼 만들었다.

▲단차가 있는 파이프를 이용해 부품을 하나로 연결한다. 중심부와 허브 핀 뒤쪽에도 몰드를 추가했다.

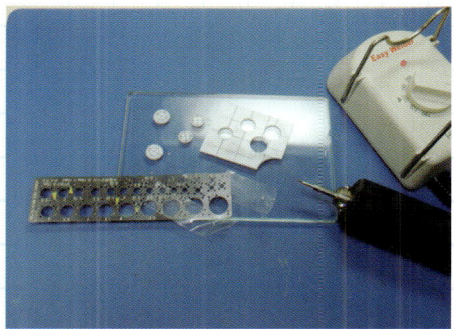
▲여기에 쓰는 작은 원형을 자를 때는 히트펜을 사용. 원형 템플릿을 이용하여 끝이 가느다란 비트로 잘라낸다

디스크 로터 가공

▲디스크 로터는 앞쪽은 로터스 78, 뒤쪽은 타이렐 P34에서 유용. 접합선 처리를 위해 퍼티를 채웠는데, 오래된 키트라서 구멍이 가지런하지 못한 게 신경 쓰였다.

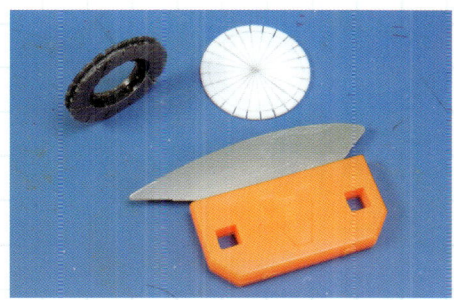
▲그래서 칸막이 모양을 넣어 새로 만들기로. 모터 툴로 회전시키면서 둘레를 따라 홈을 파고 칸막이를 넣기 위해 에칭 톱으로 칼집을 냈다.

▲프라판을 방사상으로 끼우고, 다듬으면 오른쪽처럼. 각이 져서 뭔가 분위기가 아니다.

▲그래서 구멍 안쪽에 광경화 퍼티를 채우고 약간 묻은 뒤에, 끝이 둥근 비트로 비스듬하게 파줬다. 너무 멀리 돌아가는 기분이다.

▲휠 안쪽과 허브, 디스크 부품이 갖춰졌다. 휠 안쪽에 허브 핀을 꽂는 부분이 보인다.

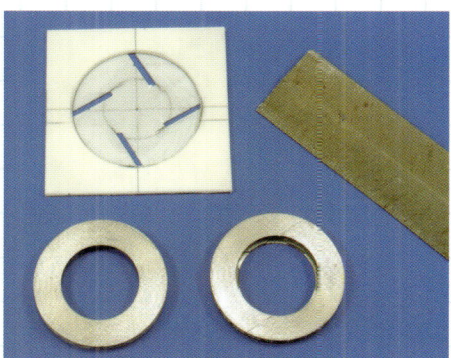
▲에칭 부품을 붙인 디스크 면에 슬릿을 가공. 프라판으로 가이드를 만들고, 줄 끝부분으로 깎아줬다.

리어 휠 제작

008의 리어 휠은 안쪽에 단차가 있는 원통형. P34나 로터스 78은 테이퍼가 달려 있어서 유용하기 힘듭니다. 다른 키트를 알아보니 1/12 맥라렌 M23이 원통형에 단차가 있는 형태라는 걸 발견했고, 그것을 가공하기로 했습니다. 다행히 타미야의 고객 서비스로 해당 런너만 구할 수 있었습니다. M23의 림 단차는 비스듬한데 반해, 008은 크랭크 모양에 가까워서 수정해 줄 필요가 있습니다. 원형 프라판을 끼우는 등의 방법으로 모양을 다듬어줍니다.

그리고 스포크 부분은 디시 타입이다 보니 M23 그대로는 쓸 수가 없어서 별도로 제작. 로터스 78의 스포크 부품은 볼트가 둥글게 배치돼 있는 부분이 똑같아서 그걸 살리기로 하여 6개의 스포크 부분을 막고 접시 모양으로 가공. 이 부품을 휠 사이에 끼워야 하는데, 어떻게 배치되느냐에 따라서 타이어 폭이나 트레드에 영향을 주기 때문에 주의해서 작업했습니다. 휠 림에는 안쪽에 작은 원형 몰드를 4개씩 추가. 이것은 타이어가 벗겨지지 않도록 하는 '안전 볼트'가 꽂히는 부분입니다. 그 부분은 도색한 뒤에 금속 핀을 꽂아줄 거니까 그냥 구멍만 뚫어둡니다. 에어 밸브를 붙일 위치도 마찬가지로.

▼리어 휠은 맥라렌 M23의 림과 로터스 78의 중심 부분을 각각 가공해서 조합했다.

▲M23의 리어 휠 부품. 단차가 있고 스트레이트한 원통형인 점이 비슷해서 이걸 선택했다.

▲M23의 스포크 부분을 잘라내고 디스크 모양으로 가공한 스포크 부품을 중간에 넣었다. 휠 안쪽과 바깥쪽을 합치면서 휠 폭도 조정.

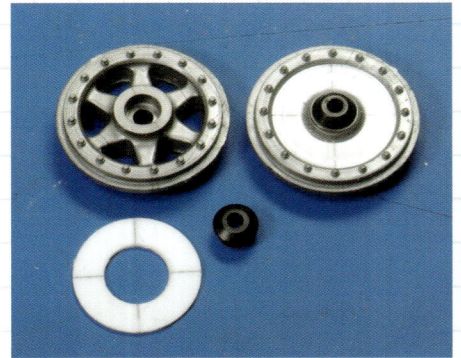

▲왼쪽이 디스크 부분의 가공 전 모습. 원형으로 잘라낸 프라판을 끼워서 디시 타입으로 변경한 것이 오른쪽.

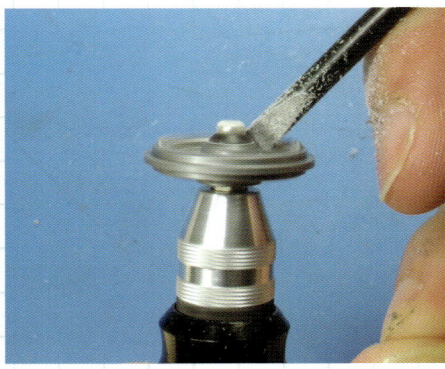

▲나사를 끼우고, 모터 툴로 회전시키면서 가공. 먼저 중심부를 다듬고, 스포크 표면도 좀 더 깊이 깎아준다.

▲그런 다음 프라판을 끼우고 표면에 강약을 준다. 날은 일자 드라이버를 가공한 끌을 사용.

▲휠 안쪽 부품에 디스크 부분이 들어가게 가공. 그만큼 짧아질 부분을 서피스 게이지로 표시해주는 모습.

▲림의 단차를 수정해준 모습. M23은 경사진 부분에 원형 프라판을 끼워서 평평하게 만들고, 틈에는 퍼티를 채웠다.

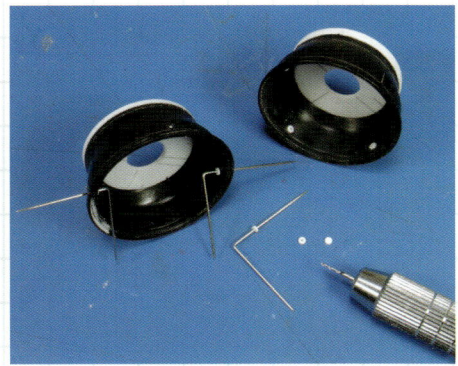

▲림 안쪽, 볼트가 들어가는 위치에 고정쇠 모양의 몰드를 추가. 밀리지 않게 핀에 끼우고 접착.

시트 맞추기

드라이버의 체형에 맞춰서 만드는 시트는 F1 머신의 부품 중에서도 조형적인 특징이 있는 부분. 허리 위쪽에서 조여 주는 것 같은 형태에서 몸을 확실히 고정시켜주는 느낌이 전해집니다. 이곳은 실제 차량과 마찬가지로 모노코크나 카울 등의 주변 부품을 만든 뒤에 그 안에 들어가도록 제작. 시험 삼아 P34의 시트 부품을 얹어봤더니 허리부터 무릎 아래의 소화기 부근까지가 괜찮게 들어가서 그것을 뼈대로 삼기로 했습니다. 위쪽의 수평 부분과 좌우의 퍼지는 부분은 프라판과 에폭시 퍼티를 써서 조형. 카울 안쪽과 닿는 부분은 틈새에 퍼티를 채워서 피팅. 우묵한 면 등의 곡면 절삭에는 모터 툴을 사용했는데 끝이 둥근 원주 비트가 활약했습니다. 시트 표면은 광택 도색으로 처리할 예정이라 마무리는 스펀지 사포를 써서 매끈하게 해줬습니다. 시트 옆에 있는 ∩ 모양의 홈은 케이블 등이 들어가는 구멍인 것 같은데, 왼쪽에는 아무것도 안 들어갑니다. 전체 형태가 잡히면 시트 벨트용 구멍도 뚫어줍니다. 실제 차량을 봐도 수작업으로 만들었다는 느낌이 드는 곳이고, 허벅지 부분은 좌우 모양이 미묘하게 다르기도 하니, 그런 부분도 따라서 만들어봤습니다. 또한 에폭시 퍼티가 2종(노란색과 회색) 섞여 있는 것은 중간에 퍼티가 다 떨어져서 다른 퍼티를 쓴 것뿐, 딱히 의미는 없습니다.

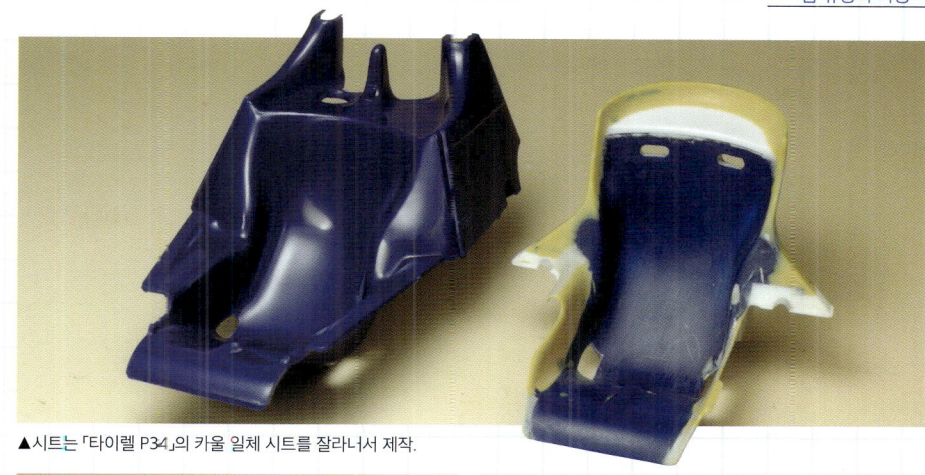
▲시트는 「타이렐 P34」의 카울 일체 시트를 잘라내서 제작.

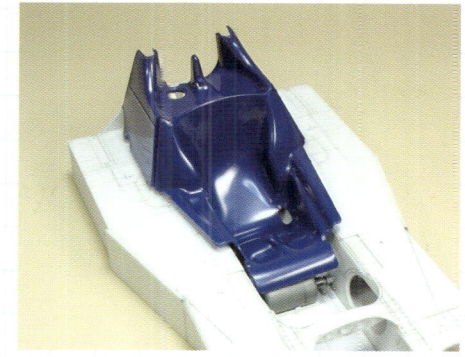
▲모노코크에 P34의 시트 부분을 얹은 모습. 드라이버와 닿는 면은 그대로 사용해도 될 것 같아서 그 부분을 남기고 잘라냈다.

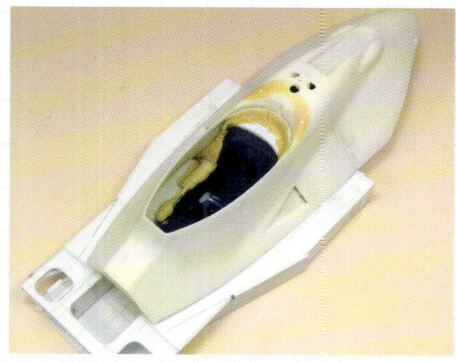
▲시트 위쪽의 평면을 프라판을 이어붙이고 해서 대략적으로 만들어준 다음, 주위에 퍼티를 바르고 카울을 씌워서 맞춰준다.

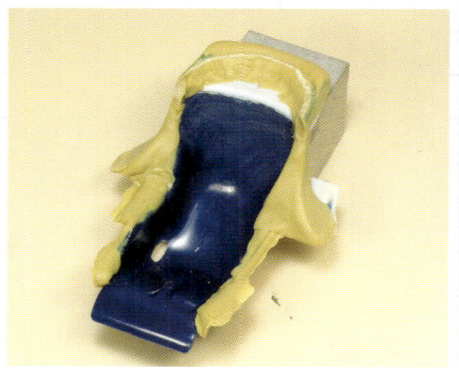
▲주위의 퍼티가 굳어서 떼어냈다. 주위와의 피팅과 공간이 확보된 상태에서 더 다듬는다.

▲양쪽 사이드, 뒷면으 형태를 다듬은 모습. 가장자리가 상당히 얇아진 부분도 있다.

▲벨트용 구멍도 뚫어줬다. 사진은 왼쪽의 ∩모양 구멍 부분을 새로 만든 상태.

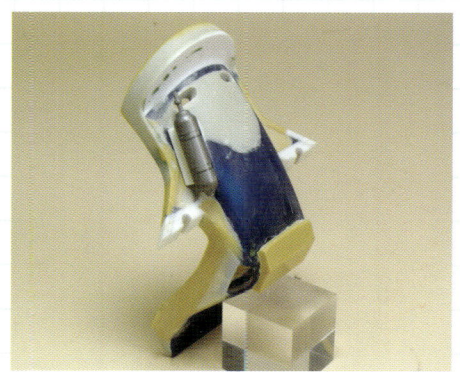
▲시트 뒷면 왼쪽에는 산소 탱크가 달린다. 이것은 P34에서 유용. 연결 부분을 프라판으로 제작.

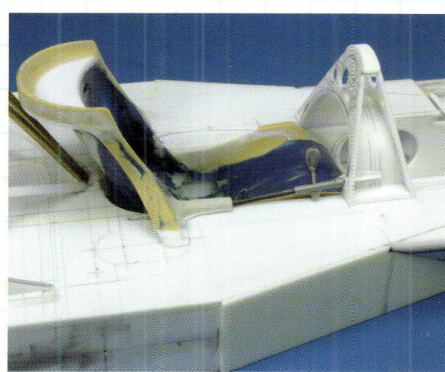
▲시트 측면 상태. 옆에 시프트 로드가 들어가는 쿠분도 가조립해서 체크. 허리의 벨트 구멍이 크게 뚫려 있는 모습이 보인다.

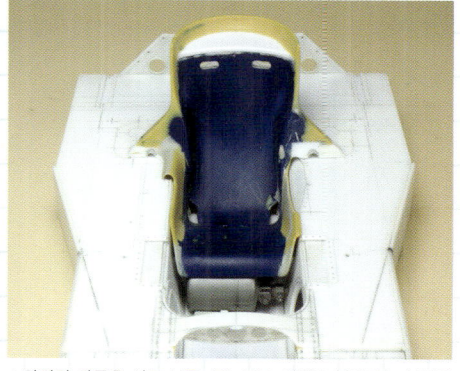
▲완전히 다듬은 시트 부품. 모노코크 내벽에 들어가는 부분이 각 면을 따라서 비대칭으로 되어 있다.

엔진 고정

엔진, 기어박스 같은 부품 이야기를 하기 전에, 그것들의 모노코크 접속에 대해. 이것은 작품 전체의 중요한 포인트이기도 합니다.

각각의 독립된 부위를 연결해서 뒤로 뻗어가다 보면 미묘하게 틀어지기 쉽고, 강도를 유지하기도 힘들어집니다. 그래서 모노코크부터 뒤쪽 끝의 기어박스까지 관통하는 '축'을 넣어서, 확실하게 장착하고 강도를 확보하기로 했습니다. 사이에 들어가는 엔진은 그 위치에 끼어 있을 뿐이고, 사실은 스트레스 멤버가 되지 않는 방법. 덕분에 제작 중의 가조립도 편해졌는데, 그런 면에서도 메리트가 있습니다. 엔진 마운트 주변에도 힘이 걸리지 않아서 섬세한 공작이 가능하다는 점은, 티렐 008이라는 머신에서는 특히 중요합니다.

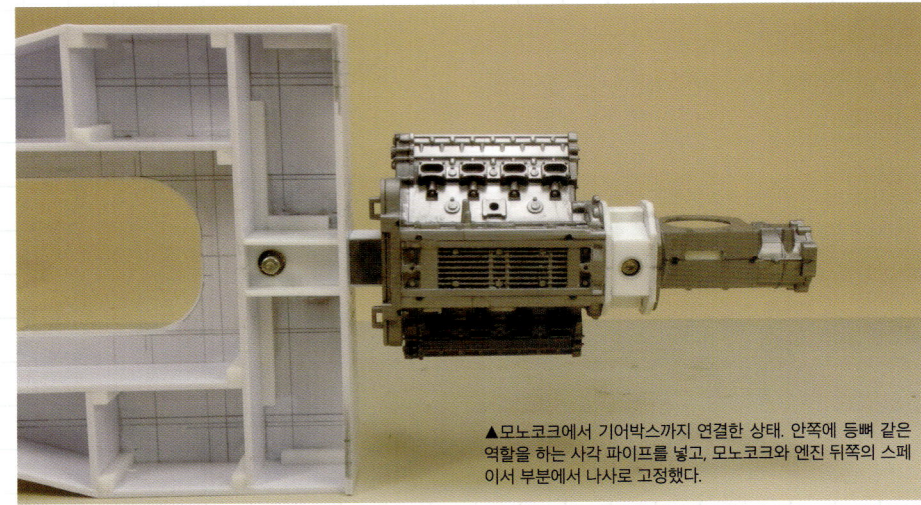

▲모노코크에서 기어박스까지 연결한 상태. 안쪽에 등뼈 같은 역할을 하는 사각 파이프를 넣고, 모노코크와 엔진 뒤쪽의 스페이서 부분에서 나사로 고정했다.

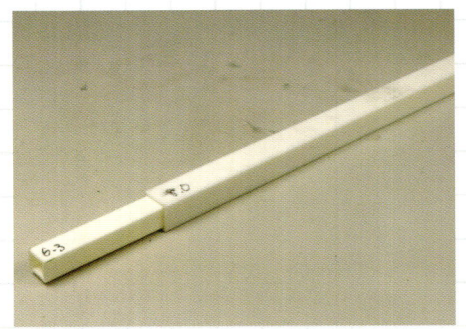

▲축으로 사용한 것은 에버그린의 사각 파이프. 6.3mm와 8.0mm를 겹쳐서 사용했다.

▲엔진과 기어박스를 가고정한 상태에서 안쪽에 파이프를 접착. 파이프 주위는 얇은 프라판으로 틈을 없애고 미세한 위치를 조정.

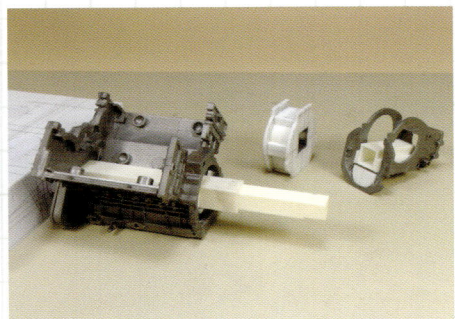

▲바깥쪽 사각 파이프는 엔진 쪽, 기어박스 쪽으로 구분했고, 완전히 관통하는 건 안쪽 파이프뿐.

엔진은 P34, 캠 커버는 003에서

포드 DFV 엔진과 기어박스는 P34에서 통째로 유용. 이 부분은 로터스도 기본적으로는 같지만, 세세한 부품까지 비교해보면 역시 P34쪽이 쓰기 편해서입니다. 하지만 캠 커버는 또 다릅니다. DFV 엔진을 사용한 타미야 1/12 F1 중에는 캠 커버 표면 「FORD」 글자의 몰드 상태가 아쉬운 키트가 몇 개 있는데 타이렐 P34와 로터스 78도 그런 경우입니다. 그래서 최근 제품 중에서 조각 상태가 좋은 부품이 추가된 타미야 1/12 「타이렐 003(1971 모나코 GP)」에서 유용했습니다(참고로 FORD 몰드만 수정하는 방법은 P.112를 참조).

003의 캠 커버는 끝의 브라켓이 일체 성형으로 되어 있어서 그곳을 깎아내고, 반대쪽도 '기본' 상태로 만든 뒤에 008용 브라켓을 자작해서 붙여줍니다. 이곳은 금속판으로 질감을 높여볼까도 싶었지만, 모노코크 쪽에서 핀을 꽂는 곳에 두께가 필요해서 플라스틱을 사용했습니다. 브라켓을 나중에 붙일 수 있는 것도 엔진 고정 방법을 바꾼 덕분. 캠 커버 표면은 일부 부품이 부족하여 003에서 남은 구판 헤드 커버에서 떼어내서 붙여줬습니다. 플러그 홀에 씌우는 캡이 없어서 타원형으로 파낸 프라판과 리벳으로 자작하기도. 그 외에도 스로틀 플레이트 뒤쪽에 뻗어 나온 부분을 추가하여 디테일업. 플레이트 부분은 양철판, 양쪽의 스프링도 구경 0.5mm를 달아줬습니다. 에어 퍼널 옆의 인젝션 노즐에 대해서는 나중에 「금속 소재와 가공」에서 소개합니다. 기어박스도 P34에서 유용했습니다만, 서스펜션 등의 주변 부품이 자작이 되다 보니, 그것들을 붙이기 위한 가공도 해줬습니다.

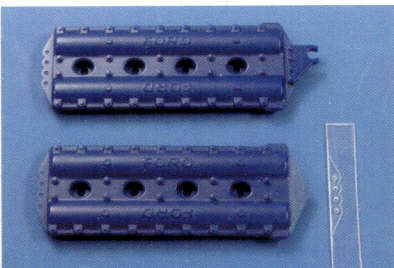

▲캠 커버 끝의 일체형 플레이트를 깎아냈다. 반대쪽의 형상을 투명 프라판에 베끼고, 거기에 맞춰서 다듬었다.

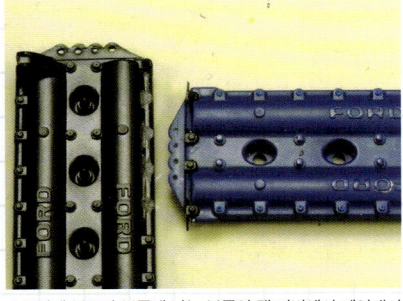

▲표면에 볼트가 부족해 남는 부품인 캠 커버에서 떼어내서 붙여줬다.

◀엔진과 보기류, 기어박스는 「타이렐 P34」에서, 캠 커버는 「타이렐 003(1971 모나코 GP)」에서 유용했다.

03 부품 유용과 가공

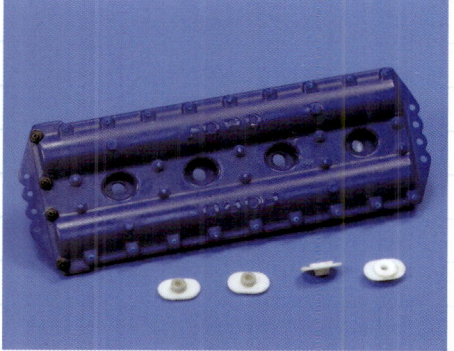

▲플라스틱으로 자작한 모노코크 쪽 브라켓. 전방에서 온 핀을 꽂는 부분만 두껍게 만들어줬다.

▲플러그 홀에 다는 캡은 히트펜과 템플릿을 이용해 타원형으로 잘라서 만들었다.

▲구멍을 뚫은 둥근 리벳을 붙여서 캡을 재현. 뒷면에도 원형 프라판을 한 장 붙여서 구멍에 잘 들어가도록 했다.

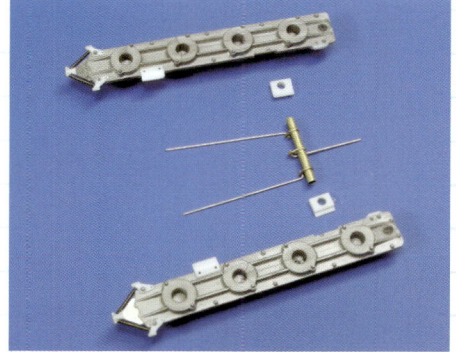
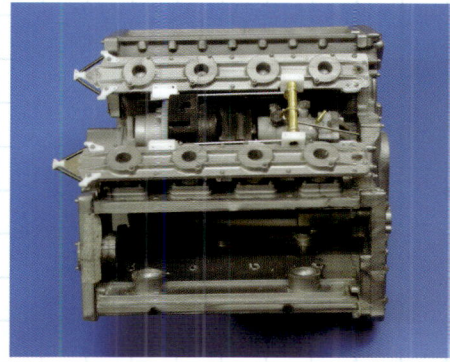

▲스로틀 플레이트 두 개는 뒤쪽의 리턴 기구와 사이에 걸치는 스로틀링키지를 추가 공작.

▲엔진 위에 조립한 모습. 추가한 링키지는 주변의 부품이 달리면 잘 보이지 않는 부분이기도.

▲플레이트 뒤쪽의 추가 공작 중. 얇은 판은 0.3mm 프라판을 잘라내서. 이곳의 디테일업을 해주면 보기에도 좋아진다.

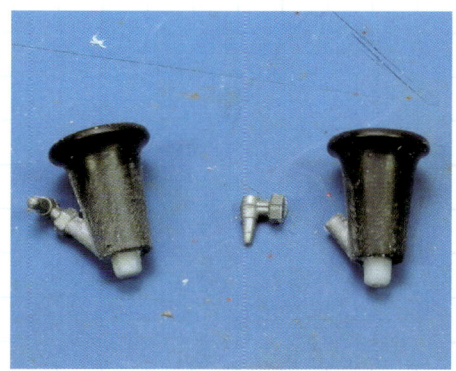
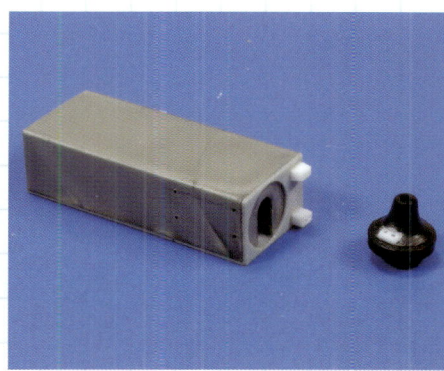
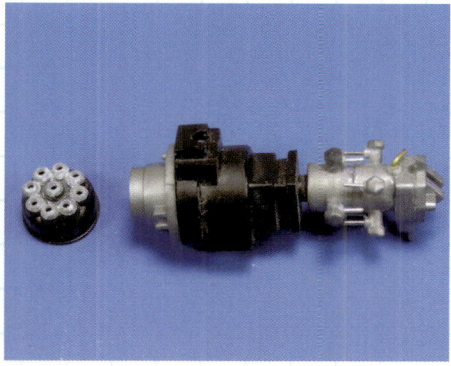

▲저널 부분은 붙이는 축을 프라봉으로 변경. 연료 파이프가 달리는 부분은 뿌리만 남기고 끝부분은 금속으로 새로 만들었다.

▲퍼넬 사이에 들어가는 박스는 케이블류의 기부를 플라스틱으로 추가. 리벳이나 용접 자국도 추가했다.

▲디스트리뷰터에서는 플러그 코드 꽂는 곳을 가늘게 변경. 오른쪽 연료 파이프를 꽂는 축은 금속선으로.

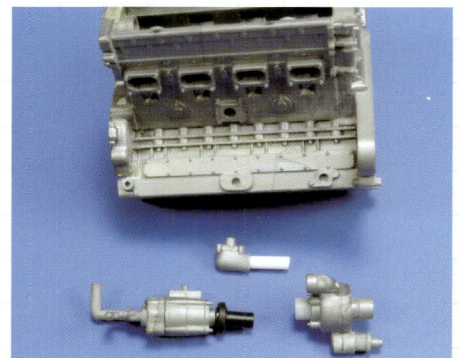
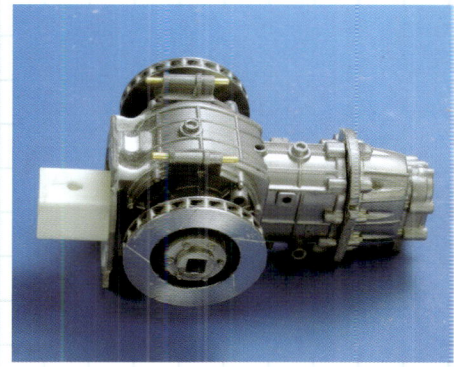
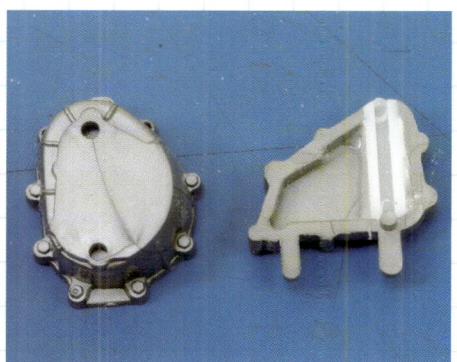

▲엔진 양쪽의 보기류가 흔들리기 쉬워서, 거기에 맞춰 수정. 원통 부분은 프라봉으로 교환.

▲기어박스는 윗면 앞쪽이 움푹 들어가게 수정. 중앙의 마운트는 축이 부러지기 쉬워서 황동선으로 변경.

▲기어박스 뒤쪽. 리어 윙 스테이 안에 들어가는 황동선을 여기서 받아준다.

배기관 제작

배기관(이그조스트 파이프) 처리는 같은 엔진이라도 머신마다 상당히 다른 부분입니다. 008은 집합부 뒤쪽은 직선인 것 같아서, 그 부분을 프라 파이프로 제작. 문제는 앞쪽의 구부러진 부분. 주변에 가려지기 쉬워서 알아보기 힘들지만, 비교적 비슷하다고 판단한 로터스 78의 부품을 사용하기로 했습니다. 유용한다고는 해도 집합부의 위치가 다르기 때문에 그대로 사용하는 것이 아니라 수정이 필요합니다. 그래서 먼저 집합부의 위치를 지탱하는 가이드를 제작. 구부러진 부분과 엔진에 연결하는 부분을 별도로 만들어서 연결하는 방법을 썼습니다. 엔진 쪽에는 틈을 만들고 금속선을 꿰서 연결하고, 그때에 길이와 각도를 조정. 전체적으로 정리가 됐을 때 틈새를 퍼티로 메우고, 자연스럽게 이어지게 다듬었습니다. 작업은 가이드 위에서 하고, 퍼티를 바르기 전의 접착은 서스펜션 등의 주변 부품을 조립한 상태에서 주위와 간섭하지 않는지 체크하면서 진행했습니다. 안에 넣은 금속선은 장착 축이 돼서, 도색한 뒤에도 남겨뒀습니다.

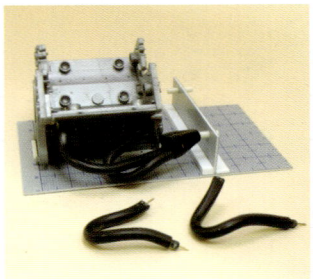
◀엔진과 배기관 집합부의 위치 관계를 지탱하는 가이드를 작성. 거기에 로터스 78의 부품을 맞춰봤다.

◀그대로는 붙지 않아서 엔진에 꽂는 부분을 플라스틱으로 따로 제작. 짧게 자른 배기관과 거기에 금속선을 꽂아서 연결. 이걸로 가능성이 보였다.

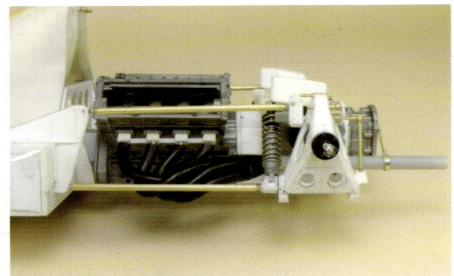
▲주위 부품을 조립한 상태에서 체크. 서스 암 등에 간섭하지 않는지와 장착 순서를 확인한다.

▲배기관의 끝쪽에 퍼티를 바른 모습. 이 뒤에 그 부분이 자연스럽게 이어지도록 다듬는다. 끝을 일렬로 연결한 곳도 곳도 없앤다.

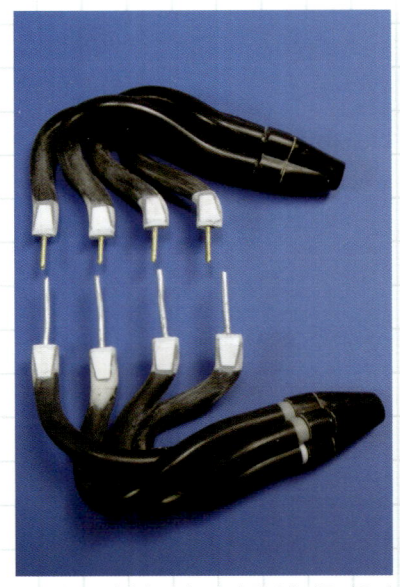
▲다 다듬은 배기관. 안의 금속선 길이가 다른 것은 비교를 위해서. 알루미늄이건 황동이건 큰 차이는 없었다.

◀배기관의 상태를 뒤쪽에서. 직선 부분은 프라 파이프로 제작했다.

▲집합부의 우묵한 부분은 퍼티로 평평하게 처리했다. 광경화 퍼티를 바른 곳에 PP판을 대서 평평하게 굳혔다.

구부려서 만든 배관

부품 유용은 아니지만, 배기관 반대쪽으로 선재를 구부려서 만든 예를 소개합니다. 이것은 엔진 뒤쪽에서 라디에이터로 이어지는 배관인데, 굵기는 약 2mm. 처음에는 다시 구부리기 편한 알루미늄 선을 써서 구부러지는 정도와 길이를 검토. 그 뒤에 실제로 부품으로 쓸 「타미야 소프트 플라스틱 재료」 2mm 둥근 봉으로 제작했습니다. 표면이 매끄럽고 분기 배관 등의 추가 가공이 편하기 때문입니다. 구부릴 때는 한 부분에 힘이 걸리면 가늘게 우그러지기 때문에, 한 점을 구부러트리지 않고 힘을 분산시킬 것. 또한 드라이어 등으로 열을 가하면서 구부리면 형태를 안정시키기 쉽습니다.

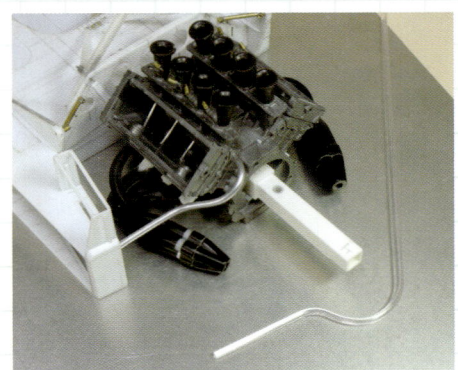
▲엔진 뒤쪽 배관. 처음엔 구부리기 편한 알루미늄 선으로 검토하고, 그것을 기준으로 투명 소프트 프라봉으로 만들었다.

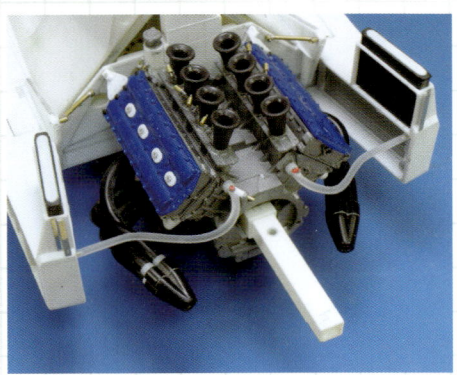
▲완성된 모습. 작은 분기 배관 등도 추가됐다. 표면을 사포로 흐릿하게 만들어서 눈에 잘 띄게 했다.

라디에이터 제작

라디에이터는 바람을 받아서 냉각수와 윤활유(오일)를 식히는 장치입니다. 그물 모양의 몰드가 특징인 부품으로 엔진 냉각수용은 「라디에이터」작은 오일 냉각기는 「오일 쿨러」라고 구분하기도 합니다. 티렐 008에서는 보디 사이드에 옆으로 긴 라디에이터가 있고, 그 위에 오일 쿨러도 붙어 있습니다. 기어박스에도 오일 쿨러가 하나.

제작은, 그물눈 몰드는 키트의 부품을 이용하고 주위의 틀은 프라판으로 덧붙이는 방법으로. 008의 옆으로 긴 라디에이터는 적당한 부품이 보이지 않아서 로터스 78용 부품의 안쪽과 바깥쪽을 연결해서 사용하기로. 바깥쪽의 핀으로 가려지는 위치에서 접합하기로 하고, 그물눈 몰드도 연결되도록 맞춰주었습니다. 여기에는 얼마나 눈에 띄지 않게 할 수 있는지 시험하는 의미도 있었습니다. 측면의 오일 쿨러는 P34의 부품을 거의 그대로 사용. 기어박스 위쪽의 것은 그물눈을 유용하고 주위를 플라스틱으로 제작. 여기는 밖으로 노출되는 곳이니 주위의 몰드도 꼼꼼히 조각했습니다.

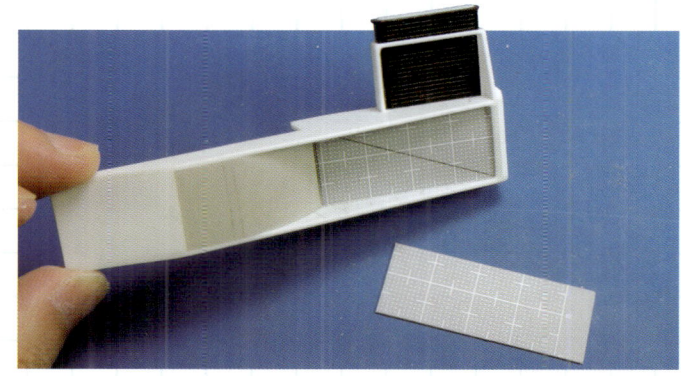

▲차체 측면의 라디에이터와 오일 쿨러가 들어가는 곳. 오일 쿨러는 P34에서 유용. 아래에 들어가는 라디에이터는 그대로 쓸 수 있는 것이 없었다.

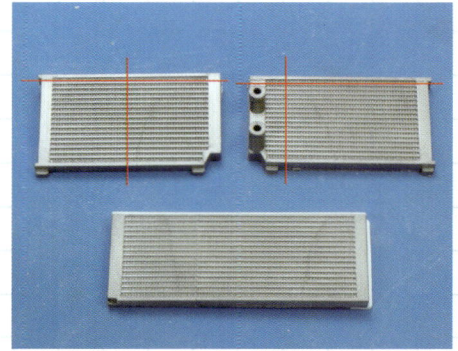

▲그렇게 해서 로터스 78의 라디에이터를 빨간 선 위치에서 잘라서 이어붙인 것이 아래. 연결된 부분이 보이지 않게 합쳤다.

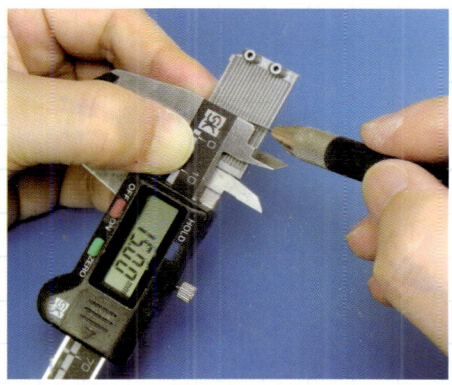

▲절단 위치에 선을 긋고 있다. 노기스 위쪽을 써서 부품 끝에서부터의 길이를 쟀다.

▲직각자를 대고, 날 두께 0.1mm의 얇은 날 톱으로 잘랐다.

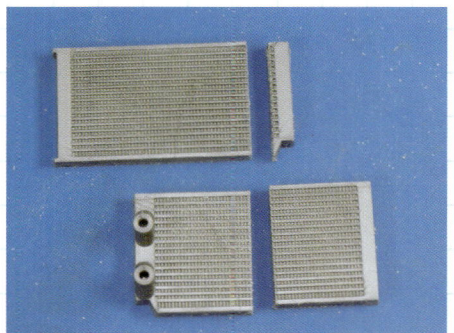

▲잘라낸 부품. 위쪽 왼쪽, 아래 오른쪽을 이어 붙인다. 뒷면에 전체에 프라판을 붙여서 보강한다.

▲라디에이터 부품 앞뒤. 뒷면의 홈은 끌로 일정한 폭이 되게 새겼다. 테두리와 배관 기부 등도 추가했다.

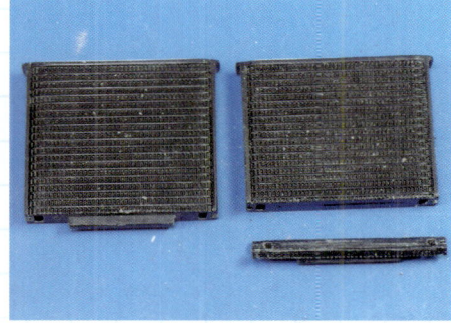

▲P34에서 유용한 오일 쿨러는 연결 부분을 조금 잘라내서 사용. 윗면과 측면의 몰드도 추가했다.

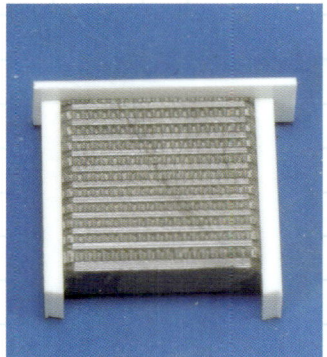

▲기어박스 위에 달리는 오일 쿨러는 아까 잘라내고 남은 것으로 제작. 그물망 주위를 플라스틱 재료로 감싼다.

▲패널이 겹치는 부분이나 작은 구멍 등의 몰드를 추가한 상태. 이런 표현은 도색한 뒤에 먹선을 넣으면 효과가 발생한다.

▲배관 기부와 장착 금속 부품의 몰드도 추가해서 기어박스 위에 달았다. 비스듬하게 경사가 져 있다.

연결 부품 활용, 제작

부품을 유용할 때는 기본적인 모양은 그대로 쓸 수 있어도 장착하는 방법이 달라서 가공이 필요하거나, 반대로 모양은 바꿔야 하지만 장착 부분은 그대로 활용하고 싶은 경우가 있습니다. 그밖에도 모양이 아주 조금 달라서 주위를 새로 만들거나 디테일업 해서 쓰는 경우도. 쓸 수 있는 부분은 적어도, 기준이 되는 형태가 있는 것만으로도 큰 도움이 되기도 합니다.

연결 부품을 제작할 때에는 위치와 방향도 중요하지만 접착면 확보와 충분한 강도에도 신경을 써야 합니다. 반대로 장착하는 부분을 살리면서 부품의 모양을 바꿀 때는, 그곳이 상하지 않도록 주의해야 합니다. 차라리 잘라내는 편이 만들기 편할 때도 있습니다. 어느 경우건 직접 가공한 부분과 유용한 부분에 위화감이 느껴지지 않도록 만들어야 합니다.

▲차체 앞에 달리는 마스터 실린더 부품. 여기는 1/12 타이렐 003의 같은 부품을 가공. 아래쪽 각진 부분만 사용했다.

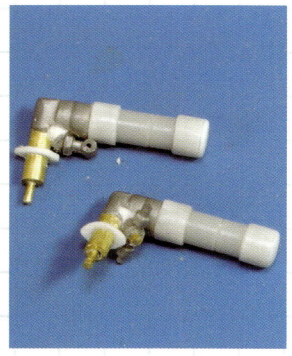
▲연결하는 쪽은 확실하게 만들기 위해서 황동선을 덧붙이고, 캡 쪽은 프라 파이프로 제작. 호스 조인트도 추가.

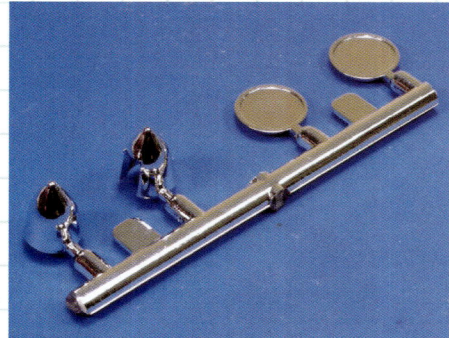
▲미러도 타이렐 008의 부품을 바탕으로. 다리 부분이 없어서 자작한다.

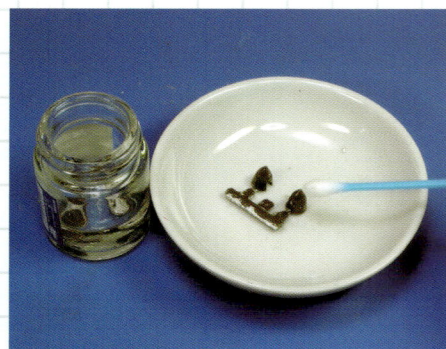
▲부품의 도금을 벗기기 위해서 Mr. 컬러 희석액에 담갔다. 한참 담가두면 표면의 도금이 벗겨진다.

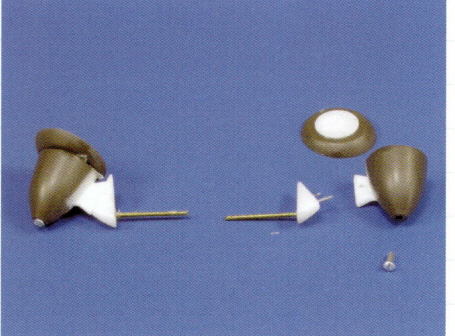
▲플라스틱 재료로 다리 부분을 만들었다. 쐐기 모양 받침이 실차에서는 나무로 돼 있어서, 구분 도색을 위해서 별도 부품으로.

▲페달은 P34의 부품을 가공. 암의 각도와 페달 뒷면의 모양 등을 변경했다. 페달의 케이블류도 추가한다.

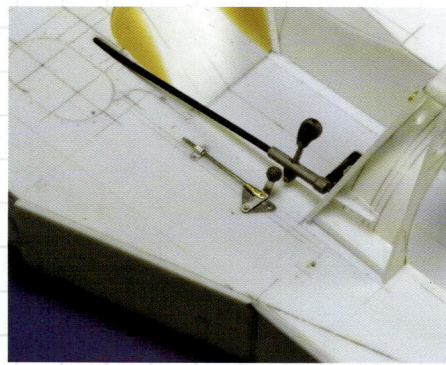
▲시프트 레버도 P34에서. 직선 부분은 금속으로 교환. 노브 아래는 스테인리스 선. 뒤쪽 로드는 피아노선.

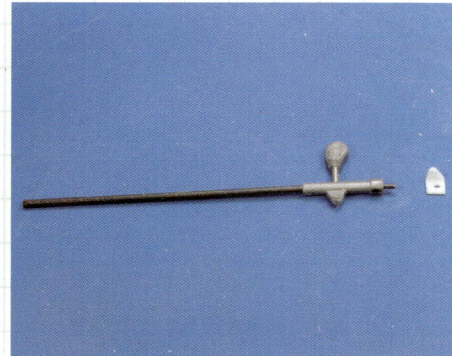
▲시프트 레버만 본 사진. 롤후프와 연결 되는 부분에 작은 브라켓이 있어서 그것도 추가했다.

▲무릎 아래의 소화기 탱크는 P34에서. 앞쪽의 고정쇠는 플라스틱으로 제작. 여기에 벨트로 고정하는 것 같다.

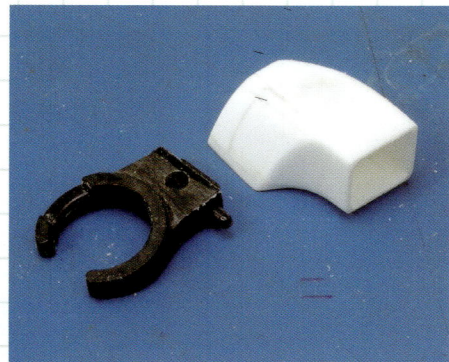
▲리어 브레이크용 에어 덕트. 연결 부위는 P34의 부품을 사용했고, 위쪽을 프라판으로 자작했다.

▲왼쪽은 덕트를 깎은 것에 플라스틱 재료를 대략적으로 겹친 것. 구멍 부분은 사각 프라 파이프를 이용했다. 오른쪽이 다듬은 뒤의 모양.

03 부품 유용과 가공

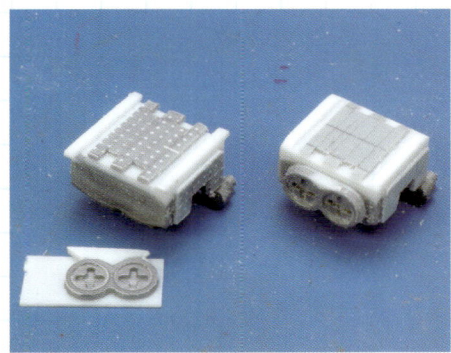
▲리어 브레이크 캘리퍼는 P34를 심으로 사각형 타입으로 다시 만들었다. 안쪽의 (+)(+) 몰드는 그대로 잘라내서 바깥쪽으로 이식.

▲윗면의 볼트와 호스 조인트가 연결되는 부분을 붙여서 완성. 접속부도 황동선을 꽂아서 확실하게 만들었다.

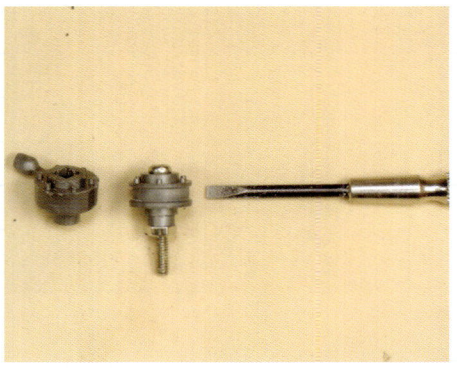
▲업라이트 안에 들어가는 조인트 부분. P34의 부품을 디테일업 하기 위해, 먼저 측면에 홈을 새겼다.

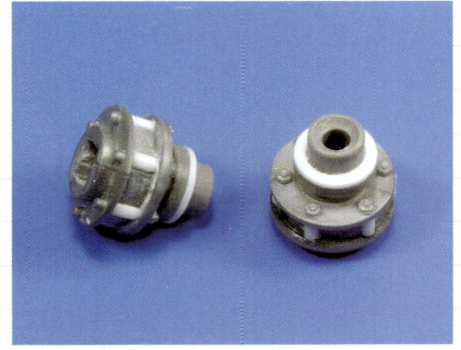
▲그리고 볼트 위치에 맞춘 리브를 추가. 안쪽 면에도 볼트를 추가. 이곳은 업라이트의 구멍 사이로 보이는 부분.

▲오일 필터도 P34더서. 조인트 부분은 잘라서 각도를 바꿀 수 있게 변경. 구멍이 뚫린 스테이는 자작.

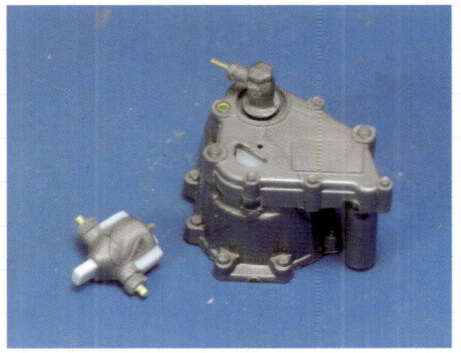
▲기어박스 뒤쪽. 실제 사진을 참고로 조인트류의 모양을 수정. 배관을 접속하는 축을 황동선으로.

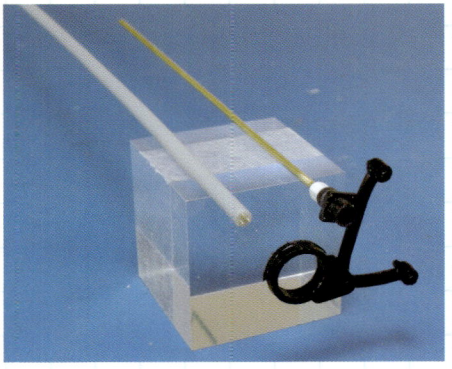
▲배기관 스테이에 달리는 커넥터 부품. P34의 부품과 플라스틱 재료, 황동선으로 디테일업 한다.

◀디테일업한 뒤에 스테이 부품에서 잘라낸 모습. 이것을 자작한 스테이에 붙여준다.

▲리어 액슬 부분을 조립한 모습. 드라이브 샤프트는 플라스틱 둥근 봉. 양쪽 끝에 달리는 조인트 커버는 P34의 부품을 다듬어서.

▶「부품 유용과 가공」의 마무리로, 엔진 뒤쪽을 조립한 모습을 보자. 배기관과 세세한 부품의 모습도 확인할 수 있을 것이다.

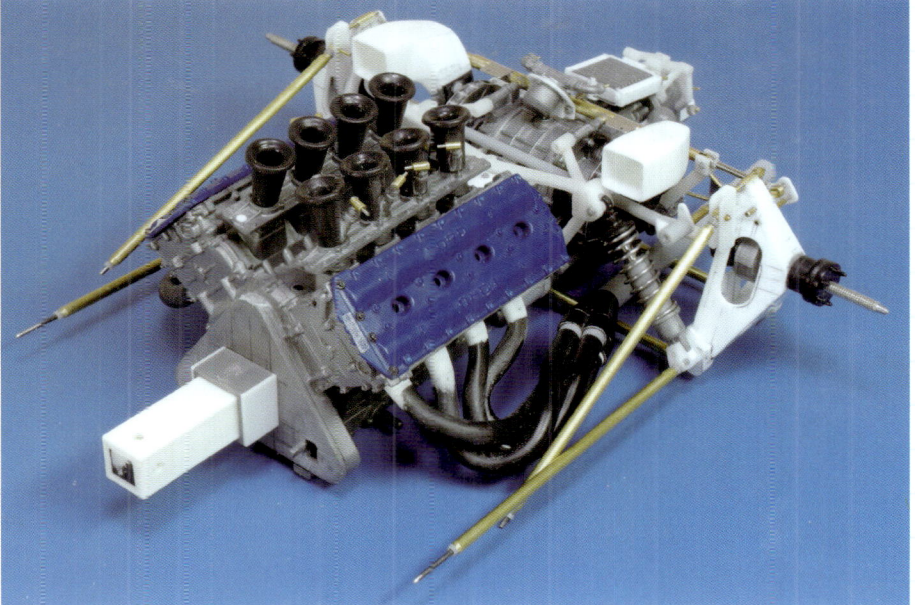

04 금속 소재와 가공

서스펜션 암과 각 부분의 스테이 등 가느다란 강재, 판재의 조합이 많은 것이 이 당시 F1 머신의 특징이기도 합니다. 그런 것들을 1/12 스케일에 맞는 부품으로 만들기 위해 이번에는 많은 부분을 금속 소재로 제작했습니다. 그 과정과 순서가 어떤지 자세히 살펴보겠습니다.

왜 금속으로 만들까?

금속 소재를 사용하는 이점은 가느다란 부분이나 얇은 부분을 튼튼하게 만들 수 있다는 점입니다. 프라모델 제작에서 부러지기 쉬운 부분에 황동선을 넣어서 보강하거나 얇은 부분에 에칭 부품을 사용하는 것과 마찬가지입니다. 구부려서 가공할 수도 있고, 금속 표면의 질감을 살릴 수 있는 등의 메리트도 있습니다.

모형 제작 소재로는 비교적 가공하기 쉬운 '황동'을 사용하는 경우가 많고, 철도 모형 등을 많이 취급하는 가게라면 판의 두께나 단면 등의 종류도 다양하게 구비하고 있습니다. 판이나 봉재 외에도 특정 형태의 소재로서 리벳이나 볼트, 메시, 스프링 등이 있고, 그것들을 실물 그대로 스케일다운한 부품처럼 활용할 수 있습니다.

절삭이나 가공에는 금속용 공구가 필요하고 접착이 아니라 납땜을 해야 하는 등 사용하는 도구나 작업에도 익숙해질 필요가 있지만, 그 단계를 넘어서면 적극적으로 금속을 이용하고 싶어지기도 합니다. 그것은 완성된 부품이 쉽게 부서지지 않기에 안심할 수 있다는 점과 '보람'을 느낄 수 있다는 점 때문인지도 모릅니다. 1/12 티렐 008에서는 많은 부품을 파이프와 납땜으로 조립했습니다만, 실제 차에서도 이렇게 용접했을까요? 그렇게 상상하면서 만드는 것도 재미있습니다. 작은 금속 부품 등은 샤프한 구부리기 가공을 위해서 몇 번이나 다시 만들었는데, 완성했을 때의 안정감은 역시 매력적(다시 강조)입니다. 만든 부품을 '도금 가공' 할 수 있다는 점도 메리트입니다.

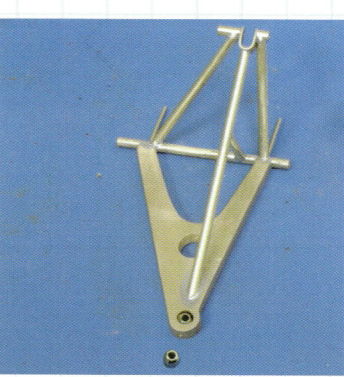

▲프론트 서스펜션 암(아래쪽). 댐퍼와 연결되는 로커 암도 겸하는 형태이며 트러스 구조로 되어 있다. 이것을 황동 파이프를 이어 붙여서 제작.

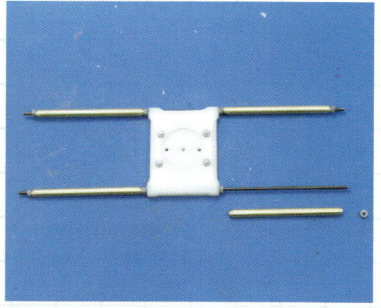

▲서스펜션 암의 각도를 지탱하기 위해 황동 파이프 속에 피아노선을 넣은 예.

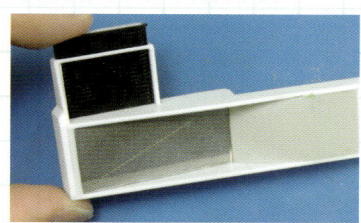

▲라디에이터 보호용 망은 입체감이 있는 에칭 부품을 사용했고, 뒤쪽에 주위의 틀이나 보강 스테이를 땜질로 붙였다.

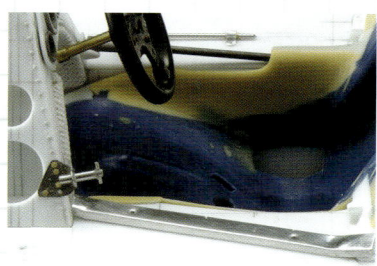

▲구부려서 가공한 부분. 시트 전방의 작은 레버 기부는 스테인리스. 가느다란 배선 커버는 알루미늄 판을 구부려서. 양쪽 모두 금속 표면을 그대로 살렸다.

금속 부품 **04**

▲황동 재료에서는 활용할 판, 파이프 외에 웨이브의 「C-파이프」가 구경별로 다양하게 있어서 잘 사용했다. 그밖에 알비온 알로이의 각재 중에 「凹」단면을 사용했다.

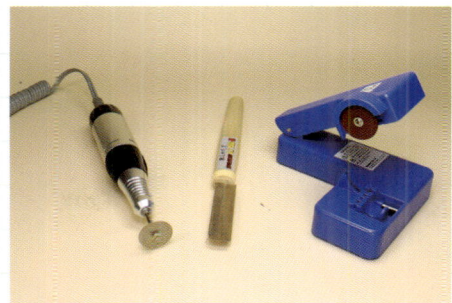
▲절단, 절삭은 주로 코터 툴을 사용하며, 비트는 다이아몬드 커팅 디스크를 많이 사용했다. 그밖에도 사모무라 알렉 「하이더 컷소 C.1」과 웨이브의 「코드리스 둥근톱」 등도.

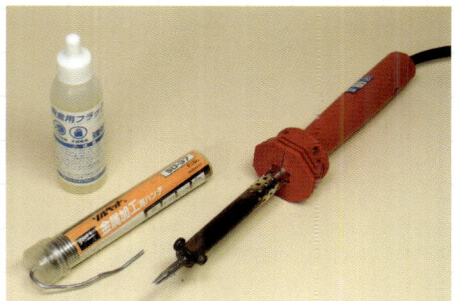
▲연결용 땜질 공작용품. 금속 공작용 실납과 플럭스(땜할 부분의 오물을 제거하고 납이 잘 먹게 해주는 약품). 인두는 40W를 사용. 소재가 스테인리스인 경우에는 스테인리스용 땜납과 플럭스를 사용.

프론트 스태빌라이저 제작

프론트 스태빌라이저를 예로, 가는 황동 파이프를 연결해서 만드는 과정을 보겠습니다. 직각에 가까운 각도와 큰 각도로 구부러지는 곳에서 파이프를 접속. 가이드는 플라스틱 재료로 만들었습니다만 이것은 공작 편의를 우선했기 때문입니다. 또한 인두를 오래 대고 있으면 열 때문에 약해지거나 정밀도가 떨어지게 되니, 짧게 끝내야 합니다. 땜을 할 때는 인두를 최대한 짧게 대는 것이 중요합니다. 그 뒤에는 물로 플럭스를 씻어내고, 여분의 납을 다듬어줍니다.

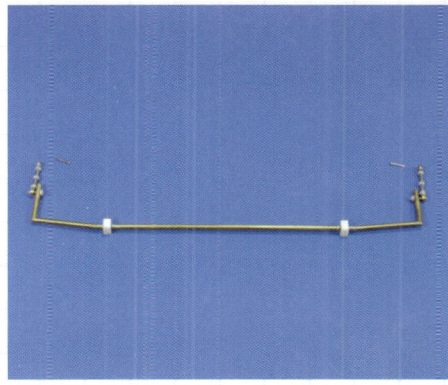
▲차체 앞쪽에 달리는 스태빌라이저 전체. 직각에 가깝게 구부러진 앞쪽 즈인트로 어퍼 암에 접속한다.

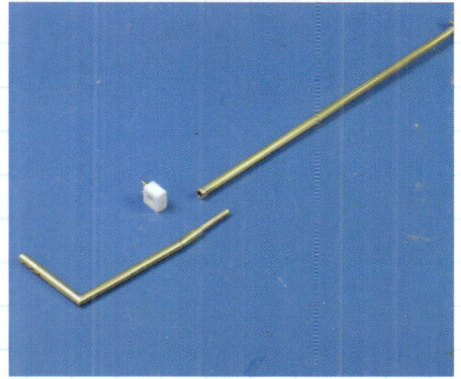
▲양쪽 끝은 장착하기 편하도록 직선 부분과 분할해서 끼워 넣을 수 있게 만들었다.

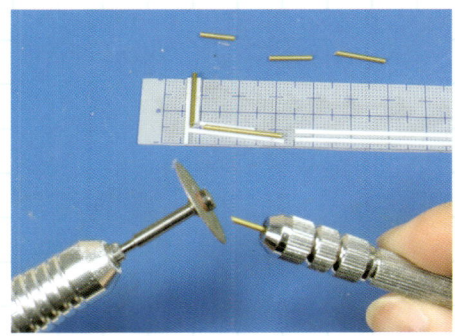
▲황동 파이프를 잘라서 끝부분의 각도를 조정한다. 파이프를 잡기 편하도록 핀바이스에 물렸다.

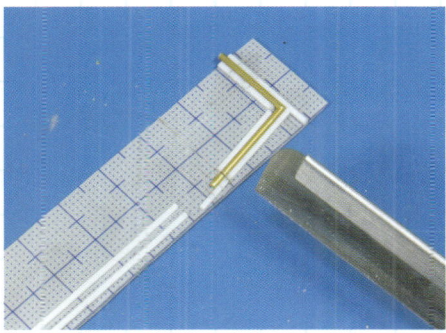
▲직긴 부분과의 접합면을 다듬기 위해서 가이드의 눈금을 참고하여 같은날 톱으로 수직 방향으로 절단.

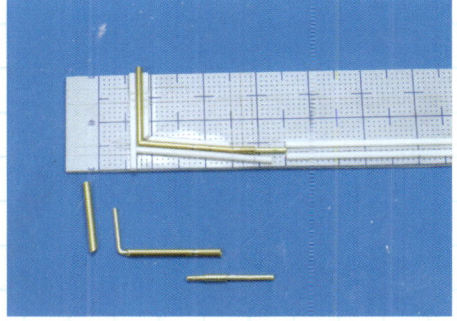
▲파이프는 외경 1.4mm, 내경 1.0mm를 사용. 접속 부분은 꺾인 부분 안에 황동선을 넣어줬다.

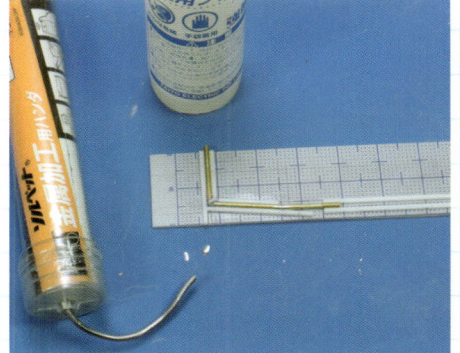
▲납은 얇게 잘라두고, 접합부에 플럭스를 바른 뒤에 그 위에 얹어줬다. 그 다음에 인두로 가열.

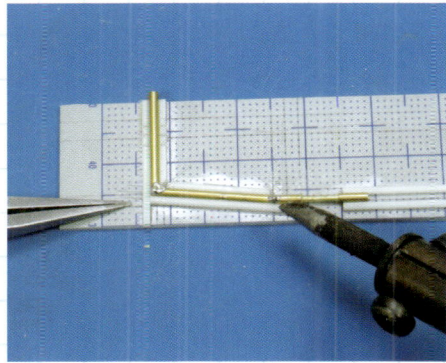
▲인두를 댈 때는 접합부를 달궈서 납을 녹이는 느낌으로. 납을 먼저 녹이면 잘 흐르지 않는다.

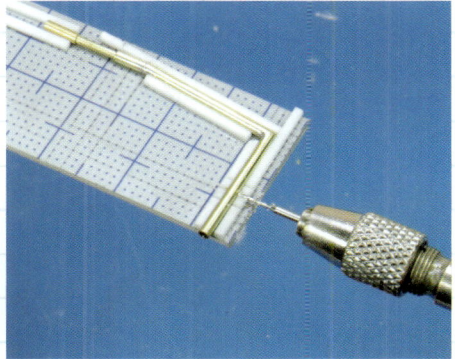
▲조인트를 연결할 구멍을 뚫는 모습. 가이드에 홈을 내고, 그것을 따라서 옆에서 뚫어준다.

프론트 로어 암 제작

파이프와 판 연결하기의 응용편이라고 할 수 있는 서스펜션 암. 어퍼 암이 서스펜션 암과 댐퍼를 누르는(당기는) 로커 암을 겸하는 것은 흔히 있는 일인데, 아래쪽(로어)에서 그것을 겸하는 것은 보기 드문 것 같습니다(실제 차량의 경우). 서스 암의 평면만을 프라판으로 만드는 등의 방법도 검토해봤지만, 나중에 부서지면 큰일이니가 확실하게 전부 황동으로 만들었습니다. 납땜을 반복하게 되므로 먼저 납땜한 부분에 영향이 가지 않도록 젖은 티슈를 감아준 뒤에 작업했습니다.

서스 암의 평면은 2mm 두께의 황동판을 잘라서 만들었는데, 드릴 작업을 반복해서 잘라내는 방법으로 처리했습니다. 금속을 절삭할 때는 찌꺼기 때문에 다치는 경우도 있으니 그런 부분도 주의해서 주위를 잘 가리고 작업합니다. 모터 툴의 비트에 초경 커터를 달고 깎아낼 경우에는 청소기로 빨아들이면서 작업하기도 했습니다.

파이프를 조합해서 만드는 부분은 스태빌라이저에서 했던 작업의 연장인데, 거기에 각도를 줘서 입체적으로 만들어줍니다.

▲두께 2mm 황동판은 먼저 구멍을 뚫어준다. 주위의 구멍은 잘라내기 위한 것.

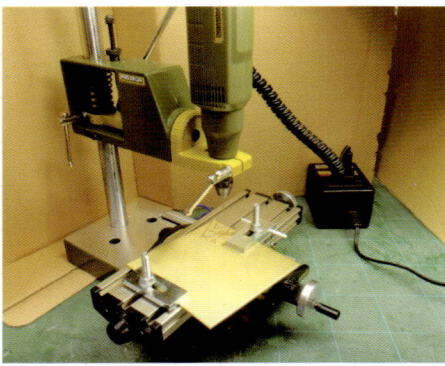
▲구멍은 모터 툴로 뚫었다. 반복 작업에는 레버가 달린 스탠드가 편리.

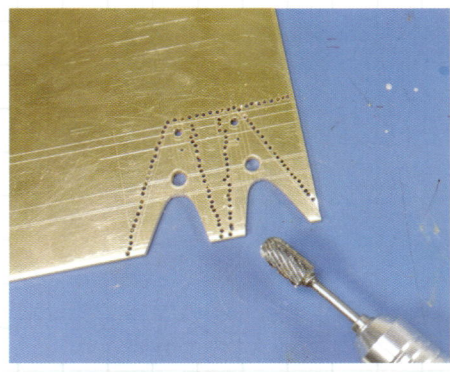
▲잘라내기 전에 다리 모양 부분을 다듬어주자. 이 부분은 초경 비트로 가공했다.

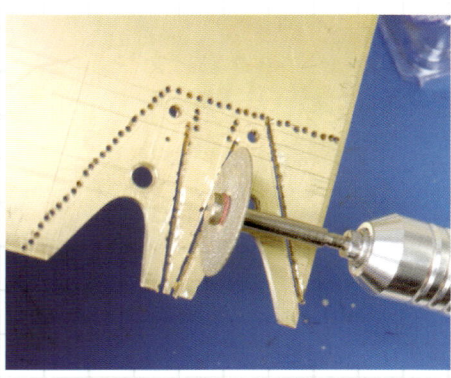
다음으로 드릴로 뚫은 작은 구멍들이 연결되도록 다이아몬드 디스크로 잘라준다.

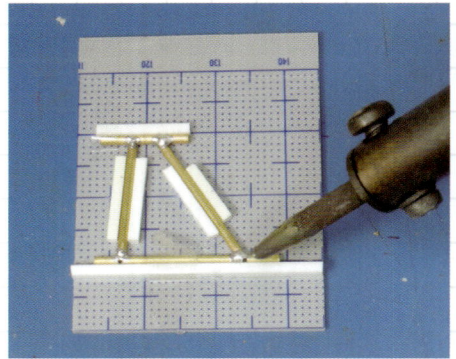
▲파이프를 사다리꼴로 납땜. 아래가 로어 암 연결부분 축이고, 위쪽은 댐퍼 상단이 달리는 위치가 된다.

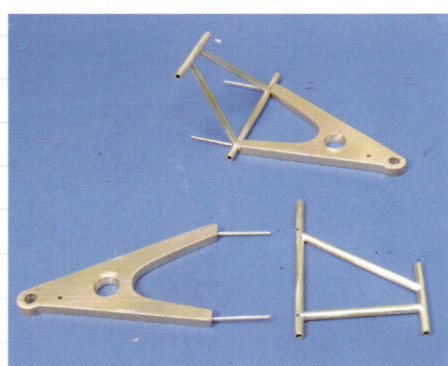
▲평면 부분 끝에 황동선을 꽂고, 거기에 사다리꼴 쪽이 비스듬하게 세워지도록 접속.

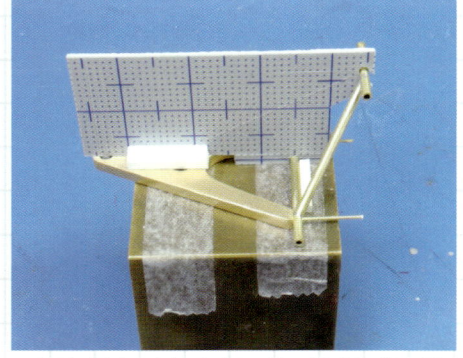
▲각도를 지탱하는 가이드를 만들고, 황동선을 꽂은 다음 접합한 부분에 땜을 해서 일체화한다.

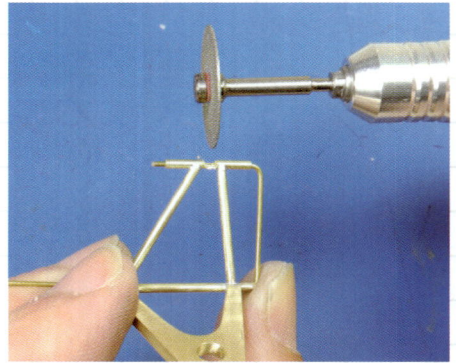
▲사다리꼴의 상단을 잘라내는 작업. 모양을 유지하기 위해서 안에 황동선을 꽂았다.

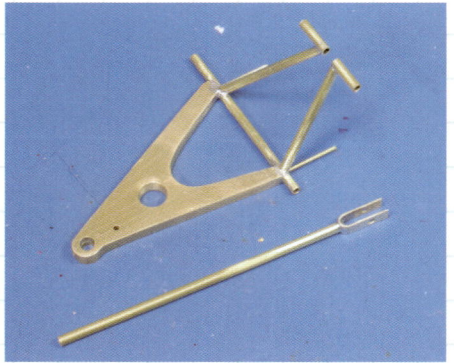
▲잘라낸 곳에 끝부분을 「U」 모양으로 만든 파이프를 달아준다. 평면 부분의 작은 구멍도 그 봉을 연결하는 곳.

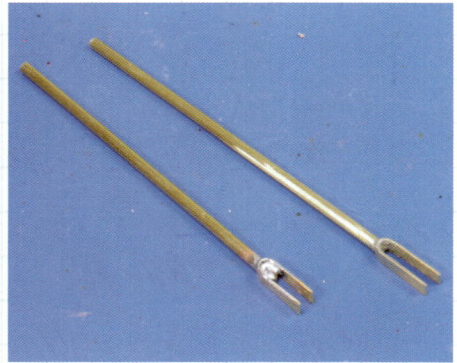
▲「U」 모양 봉은 가는 판을 구부리고 구멍을 뚫은 후 그 구멍에 파이프를 꽂아서 납땜. 안쪽을 깎아서 다듬는다.

금속 부품 **04**

▲상단에 더 가는 파이프를 꽂아서 위치를 고정. 평면 쪽에 중간에 축을 꽂은 것이 보인다.

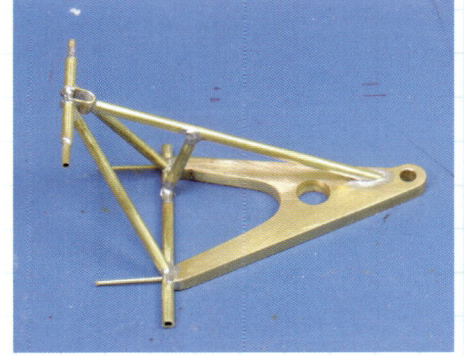

▲봉을 하나 더 비스듬한 부분부터 아래쪽 축에 연결되도록 추가한다.

▲필요 없는 부분을 다듬고 완성된 서스펜션 암. 가는 황동선은 차체에 장착할 때 편해서 남겨두기로 했다.

얇은 판 잘라내기

이것은 소재 표면의 질감을 살려서 그대로 사용한 부분. 가공하는 도중에 찌그러지기 쉽기 때문에, 자른 뒤에 미세한 조정이 필요 없도록 최대한 원하는 형상대로 잘라내야 합니다. 그래서 일단 얇은 프라판으로 한 번 만든 뒤에, 그것을 틀로 삼아 겹쳐 대고 잘라냈습니다. 형태 검토 단계에서는 플라스틱 재료 쪽이 가공하기 쉽기 때문에 이 방법을 택했습니다.

▲롤바 뒷면에 달리는 판을 0.1mm 양철판을 잘라서 만든다. 케이블 등이 지나가는 구멍 등을 프라판으로 검토하고, 그 모양을 옮겨서 가공했다. 순간접착제로 임시 고정한 흔적도 보인다.

▲리어 업라이트의 어퍼 암 기부에 달리는 판. 이것도 프라판을 접착하고 구멍 위치와 바깥 형상의 가이드로.

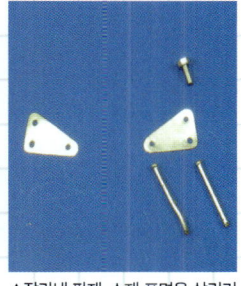

▲잘라낸 판재 소재 표면을 살리기로 했으니, 고정용 접착제가 묻지 않은 쪽을 바깥쪽으로 사용하기로.

프라봉에 구멍을 뚫기 위한 가이드를 자작

모형에 직접 사용되는 부품은 아니지만, 황동 파이프 조각으로 만든 '봉 중심에 구멍을 뚫기 위한 가이드'를 소개하겠습니다. 이 예는 지름 2mm 봉의 중심에 0.5mm 드릴을 꽂는 것 같은 방법입니다. 굵기가 다른 파이프를 합쳐고 땜질한 간단한 구조입니다.

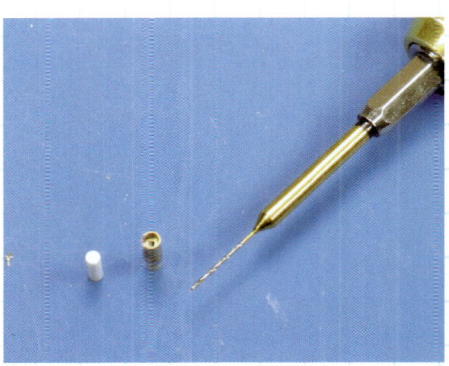

▲2개의 황동 파이프를 겹쳐서 만든 가이드. 지름이 맞는 소재가 있으면 간단히 만들 수 있다.

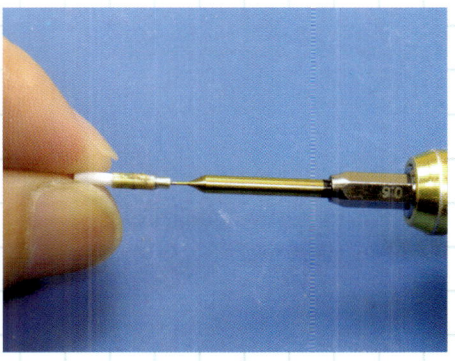

▲가이드를 끼우고 뚫어주기만 해도 똑바로 중심을 뚫어줄 수 있다. 봉재 중심점을 잡을 수 있는 것만으로도 편리하게 쓸 수 있다.

조인트 부분 제작

서스펜션 암이나 로드류의 끝부분 등, 실제 차량에서는 볼트로 고정하는 부분. 이 작품에서는 핀으로 재현했습니다. 그러기 위한 조인트 부분도 금속으로 자작. 여러 개가 필요하다 보니 '범용 조인트'로서 몇 가지 크기를 한번에 만들어두고, 장소에 따라서 사용하는 방법을 택했습니다. 먼저 제작 과정과 그것을 사용한 모습. 그리고 응용해서 만든 부품을 소개하겠습니다.

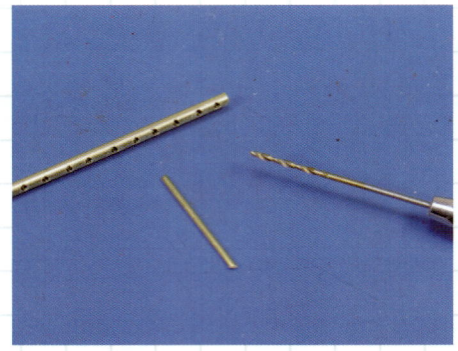
▲황동 파이프 한쪽 면에 축이 들어가도록 구멍을 뚫어준다. 2mm 파이프와 1mm 축.

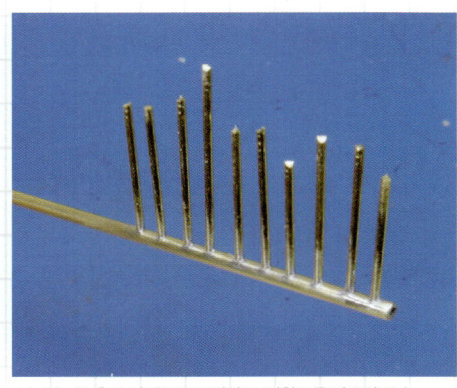
▲늘어놓은 축을 납땜으로 고정하고, 접합부를 다듬어준다.

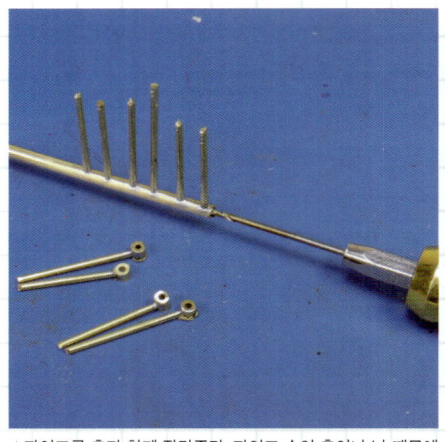
▲파이프를 축과 함께 잘라준다. 파이프 속이 축이나 납 때문에 막혀 있으니, 자르기 전에 구멍을 다시 뚫어준다.

범용 조인트 사용 예

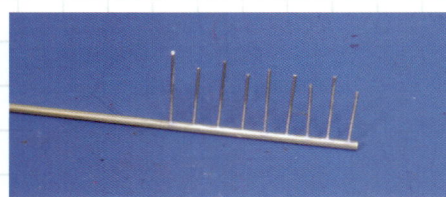
▲프론트 댐퍼 상단에 이것을 사용. 피스톤의 도금 파이프를 씌워주는 축도 겸한다.

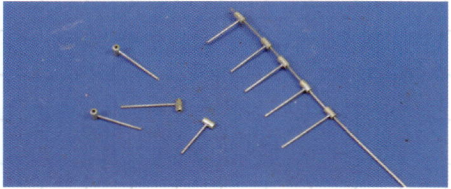
▲작은 조인트를 파이프로 연결한 링크 부품. 이것은 프론트 스태빌라이저 양쪽 끝에 달린다.

인젝션 노즐 부분

엔진의 에어 퍼널 옆에 튀어나와 있는 인젝션 노즐 부분. 연료 파이프가 연결되는 곳이고, 눈이 가는 부분이라서 프라모델에서도 디테일업 포인트가 되는 경우가 많습니다. 이번에는 조인트 제작과 비슷한 방법으로 이 부품을 자작했습니다.

▲자작한 인젝션 노즐 부품. 육각 볼트는 프라 리벳을 사용했다.

▲1.3mm 황동 파이프에 0.6mm 스테인리스 선을 세워서 납땜. 여기까지는 범용 파이프와 같은 순서.

▲잘라낸 뒤에 파이프 안에 0.5mm 선을 끼우고 납땜. 그것을 잘라낸 뒤에 다듬고 리벳을 추가했다.

프론트 어퍼 암 기부의 작은 조인트

모노코크 윗면의 단차 근처에 달리는 작은 조인트. 차체와 어퍼 암 기부를 연결하는 부품이고, 한쪽이 凹 모양으로 돼 있습니다. 여기는 채널 자재와 판을 접합해서 제작. 장착한 모습은 P.46의 사진 등을 참고.

▲알비온 알로이의 「凹」 단면 채널 자재. 2.5mm×2.5mm를 사용.

▲「凹」 뒤쪽에 두께를 늘려주는 판을 붙이고 파이프를 납땜. 2개를 한 번에 작업하고 여백을 다듬은 것이 다음 상태.

▲작은 조인트와 조합. 위의 상태에서 납땜을 하고, 축을 깎아내서 마무리.

배기관 스테이

기어박스 좌우에 달리는 배기관용 스테이, 자작. 봉 모양의 부분은 범용 조인트로 만든 것을 이용했고, 배기관이 지나가는 곳은 로드 안테나를 분해한 대구경 파이프를 조합했습니다-. 각각의 배치를 고정할 수 있는 가이드에 고정한 상태에서 결합.

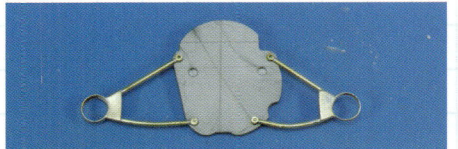
▲제작한 배기관 스테이. 기어박스 뒤쪽에 끼우는 플레이트의 좌우에 연결된다. 결합 기부는 좌우 대칭형이 아니다.

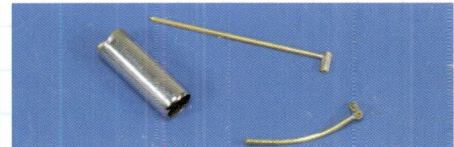
▲파이프가 접속되는 곳에는 그대로 대구경 파이프. 거기에 연결하는 봉은 작은 조인트 용으로 준비한 것을 그대로 이용했다.

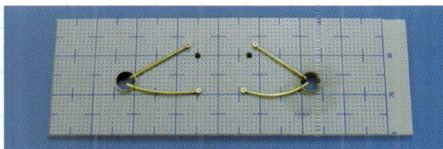
▲위치를 비슷하게 만든 가이드에 고정한 모습. 이 상태에서 납질을 하고, 판을 추가하여 여분을 추가

브레이크 밸런스 조정 레버

콕피트 왼쪽 앞에 있는 작은 레버. 은색으로 빛나는 모습이 눈에 띄어서 도색하지 않는 방향으로 만들었습니다. T형 레버는 단차가 있는 봉을 황동 파이프와 황동선으로 제작. 옆에서 핀을 꽂아줬습니다. 또한 황동을 은색으로 만들기 위해서 표면에 납을 씌워줬습니다. 베이스 판은 스테인리스제 에칭 부품의 여백으로 제작. 결합 볼트도 실제 차량처럼 육각 볼트로 만들었고, 황동 부품에 니켈 도금 처리한 것을 사용했습니다.

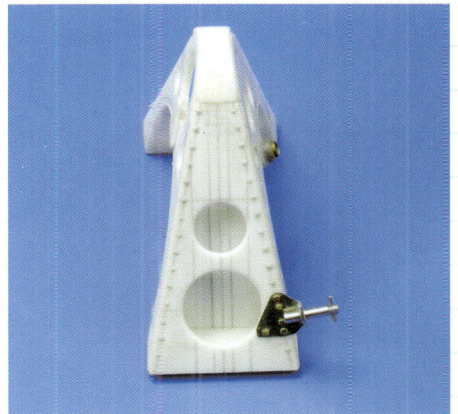
▲롤후프 옆에 달린 레버. 각도를 바꿀 수 있게 기부와 레버를 따로 만들었다.

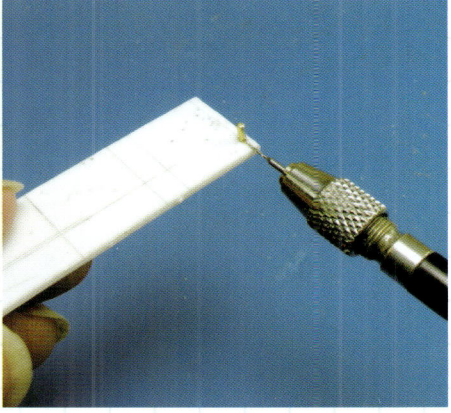
▲황동 축에 봉을 끼울 구멍을 뚫는 중. 드릴이 어긋나지 않도록 프라판에 홈을 새겨뒀다.

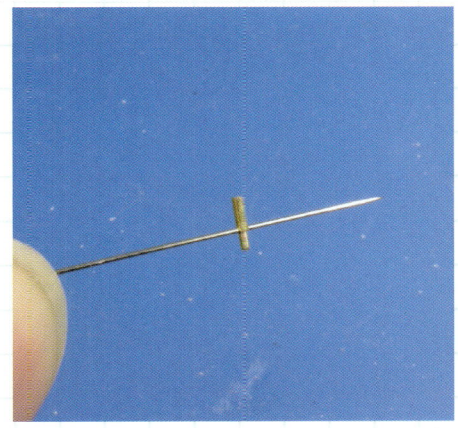
▲단차를 만들어준 황동 봉에 핀을 꽂은 모습. 납땜할 때 그대로 납을 입혀서 은색으로 만들었다.

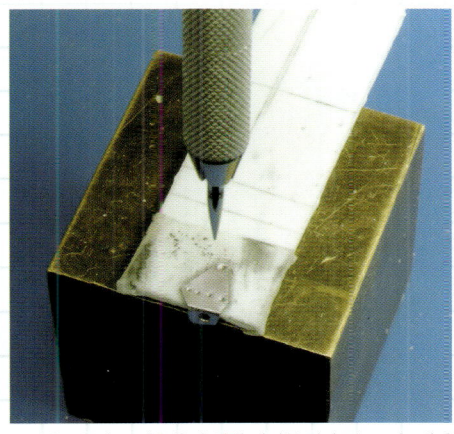
▲베이스 쪽에 구멍을 뚫기 위해 자리를 잡아주는 모습. 약간 우묵하게 찍어주면 드릴이 잘 들어간다.

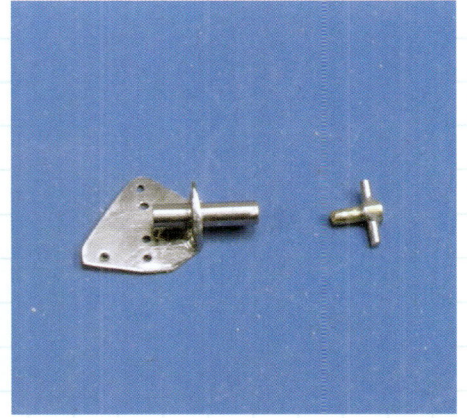
▲파이프를 붙이고 완성된 베이스 부품. 레버 부품도 은색 표면이 됐다.

리어 스태빌라이저용 레버

리어 스태빌라이저를 조정하기 위한 레버. 이곳도 금속 소재 표면을 살려 만들었습니다. 둥근 노브 부분만 플라스틱 서포트 부품을 사용했습니다.

▲삼각형 판 위에 가느다란 레버가 있고, 그 뒤에 로드가 연결되어 있다. 후방에 고정구가 있다.

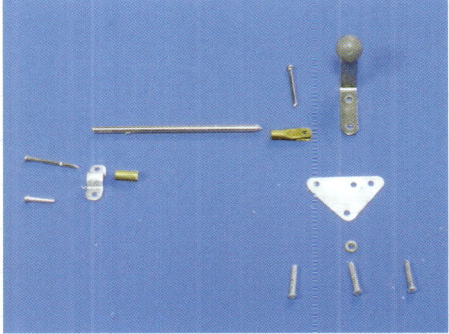
▲판 부분은 양철판. 레버와 로드를 접속하는 부품은 황동 파이프 끝에 칼집을 내고 평평하게 만든 것.

롤바의 스테이

여기도 몇 겹으로 납땜해서 만든 부분. 기본 모양은 롤바 위쪽에 파이프가 V자 모양으로 붙은 것이고, 그 사이에 급유구가 달리는 접시 같은 부분이 있으며, 아래쪽에는 어깨 시트 벨트를 고정하는 플레이트도 있습니다. 이 스테이는 롤바를 깔끔하게 세우기 위해서 중요한 부품. 먼저 기본 형태를 정하고, 그 뒤에 각 부분을 추가하는 흐름으로 제작했습니다.

▲다양한 소재를 조합한 롤 케이지 부분. 앞쪽의 스테이는 튼튼함을 담당. 파이프에 추가되는 부분도 전부 황동으로 제작.

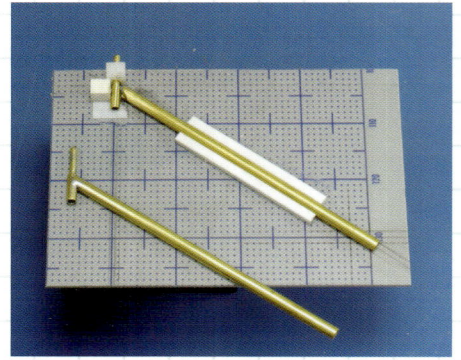
▲롤바 본체에 꽂히는 단차 있는 파이프 부분을 먼저 만들고, 거기에 비스듬하게 파이프를 댄다.

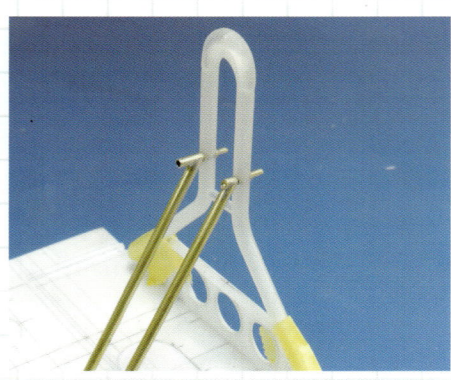
▲단차 파이프 부분은 사진처럼 비스듬하게 가공한다. 롤바 쪽에도 황동 파이프가 들어가 있다.

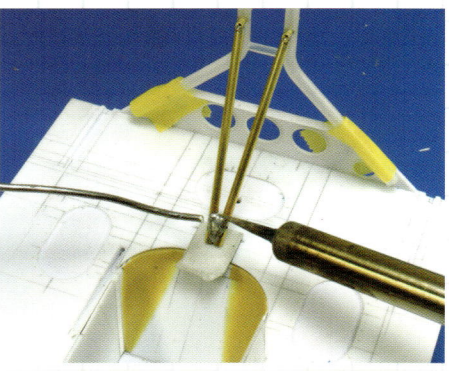
▲각도를 유지한 채 V자 모양으로 맞춰야 하니, 이 상태에서 납땜했다. 아래에는 보호를 위해 젖은 천을 깔았다.

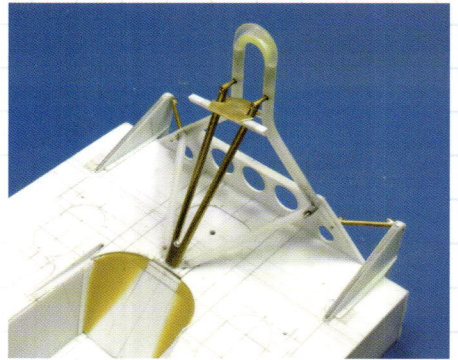
▲위쪽의 '접시' 추가. 사이에 들어가도록 자른 플레이트 아래에 플라스틱 재료를 대서 수평을 유지했다.

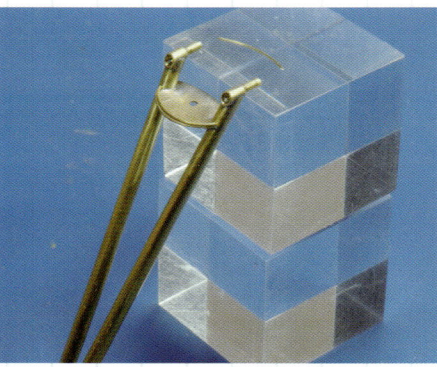
▲납땜하고 다듬은 뒤에, '접시 테두리'를 달기 위해 황동선을 겹치고 납땜.

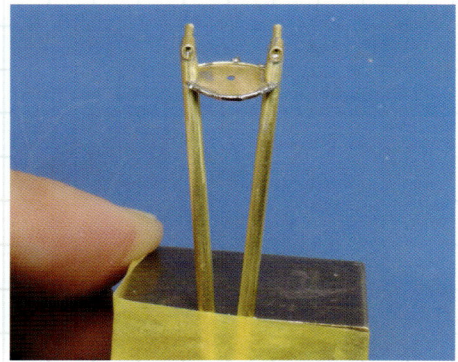
▲테두리가 붙은 모양. 선이 둥그스름하고 평면과의 연결이 부자연스러워서 납을 조금 더 추가했다.

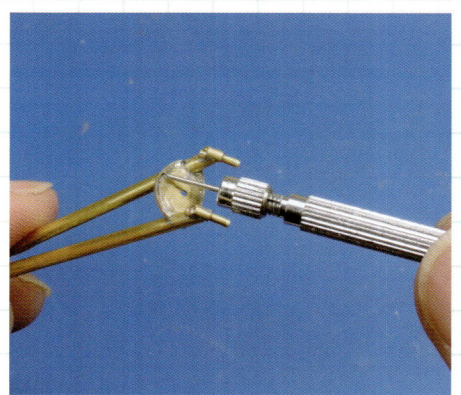
▲소형 둥근 끌로 테두리 안쪽을 깎아주고 있다.

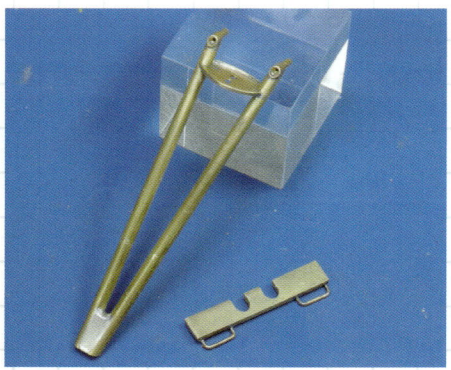
▲시트 벨트용 플레이트를 1mm 판과 0.5mm 판으로 제작. 파이프를 넣을 홈을 만들어줬다.

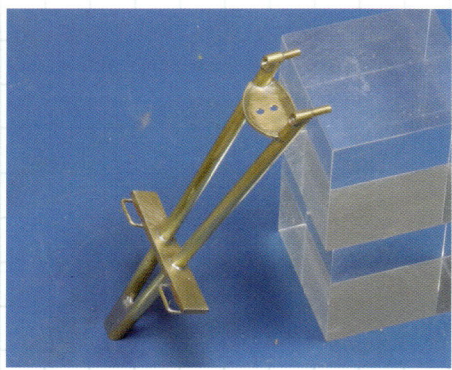
▲플레이트를 납땜할 때, 파이프용 홈 주위도 메우고 판 모양을 다듬었다.

금속 부품 04

모노코크 뒷면 스테이

모노코크라기보다 롤바 양 옆의 뒷면에서 바깥쪽 서스펜션 마운트로 비스듬하게 이어지는 스테이. 끝부분은 연결하는 면에 수직으로 파이프가 나오고, 그것을 비스듬하게 잇는 모양. 세 개의 요소를 잇는 부분을 약간 머리를 써서 간략하게 만들었다.

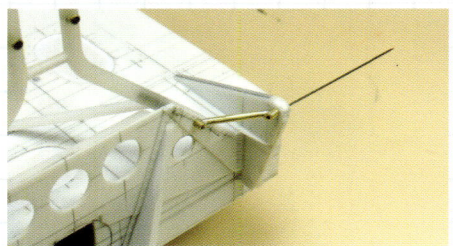
▲90도로 방향이 다른 파이프를 비스듬히 연결한 모습. 양쪽 면에 잘 맞추면서도 수고를 줄이는 방법으로 제작했다.

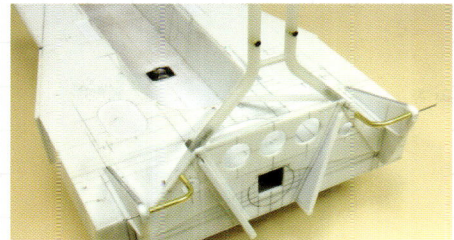
▲파이프를 구부리고 각 설치 위치에 수직으로 접하도록 맞췄다. 바깥쪽이 약간 높은 위치인 점에 주의.

▲끝이 비스듬히 이어지도록 파이프를 납땜. 그리고 나머지 부분을 잘라내서 마무리.

리어 어퍼 암 스테이

기어박스 위로 누워 있는 모양의 스테이. 좌우 어퍼 암의 기부가 되며, 리어 카울의 마운트 등도 달립니다. 가느다란 파이프를 겹친 것 같은 모양이고, 서스암 기부로서의 강성도 필요한 부분이라서, 황동 파이프를 겹쳐서 기본형을 제작했습니다. 파이프를 가로 방향으로 겹치는 것은 물론이고, 기어박스 쪽의 핀도 확실하게 고정하기 위해서 앞쪽에도 파이프를 연결. 카울을 고정하기 위한 얇은 판이 달리는데, 황동선으로 하면 구부러지기 쉬우니까 스테인리스 판을 사용. 이 부품 좌우에 달리는 어퍼 암은 안쪽으로 깊이 꽂아서 연결 강도를 확보했습니다.

▲기어박스 위에 장착되는 스테이의 기본 형태. 좌우 끝이 어퍼 암을 연결하는 포인트. 플레이트 부분은 카울 고정용.

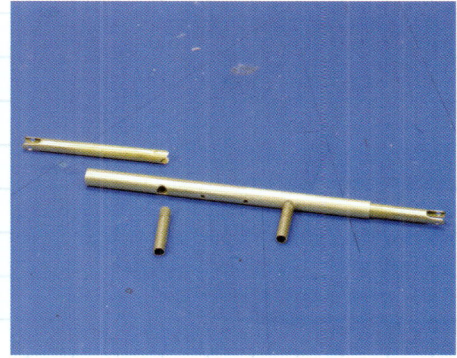
▲땜하기 전 상태. 굵기가 다른 황동 파이프를 조합하고, 가로 방향과 앞쪽으로 접속했다.

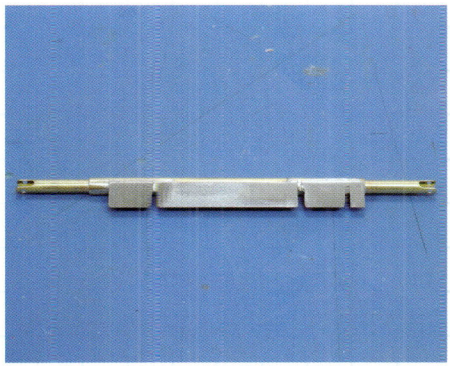
▲플레이트 부분은 좌우를 맞추기 위해서 판 한 장을 납땜하고 남는 부분을 잘라냈다-. 그러기 위해서 잘라놓은 모습.

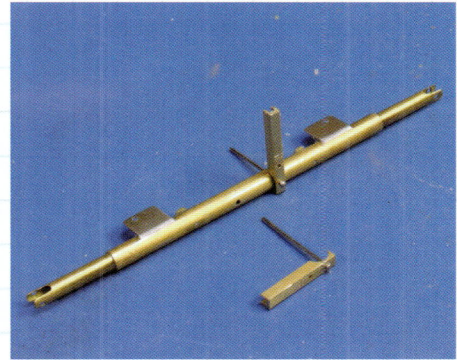
▲중앙부에 「凹」 자재를 추가한다. 그리고 전방을 향해서 핀을 꽂아준다.

▲기어박스 위에 배치된 모습. 앞쪽으로 나온 핀에는 오일 필터 스테이가 연결된다.

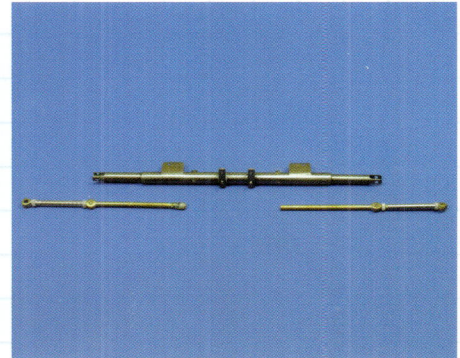
▲좌우에 연결하는 어퍼 암은, 축을 조인트 부분 안쪽으로도 길게 만들어서 깊이 꽂아줬다.

접기 가공

얇은 판을 접어서 작품을 만들 때는, 펜치 등의 벤더를 사용하거나 금속 블록을 대는 등, 에칭 부품을 사용할 때와 같은 공정이 됩니다. 하지만 에칭 부품처럼 이미 형태가 잡혀 있거나 접는 선이 들어간 것이 아니고, 그 상태까지도 직접 만들어야 합니다. 그래서 구부리는 것까지 생각해서 판의 두께나 소재를 선택하고 모양을 만듭니다. 첫 번째 예는 알루미늄 판을 구부린 것. 가늘고 긴 것이라서 펜치 모양의 구부리는 공구가 아니라 쇠자를 사용했습니다.

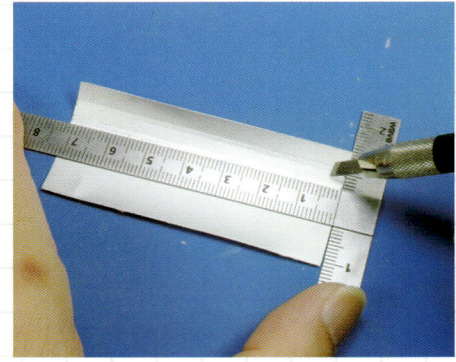
▲콕피트 왼쪽에 있는 케이블 커버는 알루미늄 판으로 제작. 나이프 날 등으로 구부릴 위치를 표시.

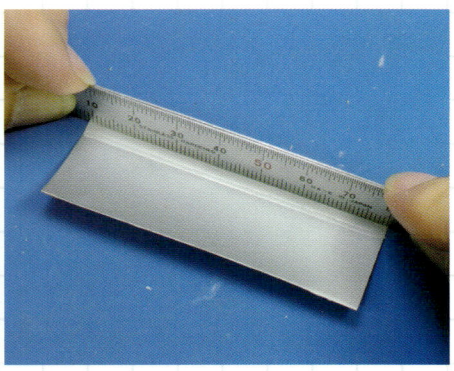
▲구부릴 부분이 길어서 쇠자 두 장 사이에 끼우고 들어 올리는 것처럼 구부렸다.

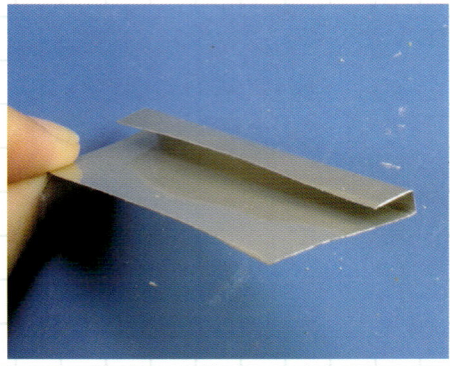
▲ㄷ자 모양이 됐다. 좀 더 샤프하게 만들기 위해, 안에 각재를 넣고 눌러주기도 했다.

▲가늘게 잘라준 뒤에 붙일 부분에 대고 길이를 검토. 뒤쪽이 얼마나 구부러지는지도 맞춰본다.

▲길이를 맞추고 다듬었다. 미묘하게 찌그러진 느낌을 주기 위해서 알루미늄을 사용. 나사 구멍 주변도 그런 분위기.

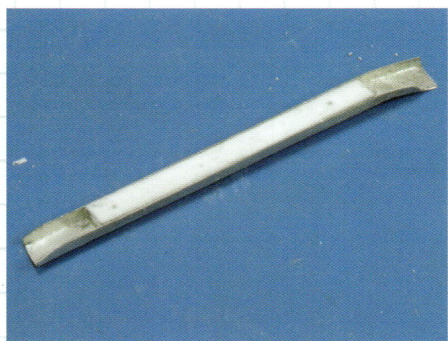
▲얇고 모양이 망가지기 쉬워서, 핀으로 고정하는 뒤쪽에 플라스틱 재료를 채워줬다. 앞뒤 공간에 케이블을 넣어준다.

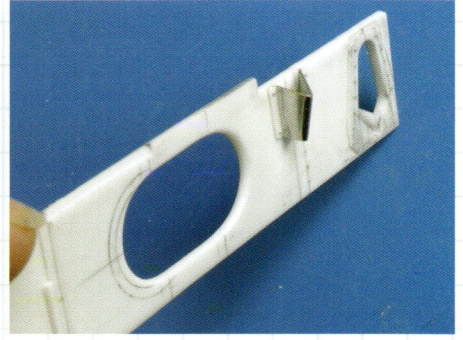
▲클러치 페달 밖에 붙는 풋레스트. 여기도 알루미늄 판을 구부려서 사용. 사이드의 리벳이 달린 면은 프라판.

봉재를 샤프하게 구부리고 싶다

봉재를 구부리게 되면, 당연히 각이 조금 둥글어집니다. 그 부분을 샤프하게 만들기 위해 사용한 것이 이 방법. 잘라서 연결하는 게 아니라, 납을 바르고 그럴듯하게 다듬었습니다.

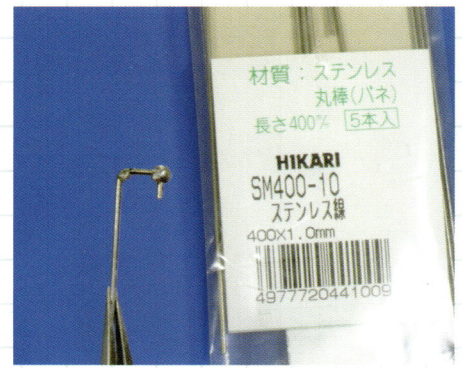
▲스테인리스 선을 구부린 각에 납을 발랐다. 이것을 깎아서 각을 세워준다. 이걸 어디다 쓰냐면….

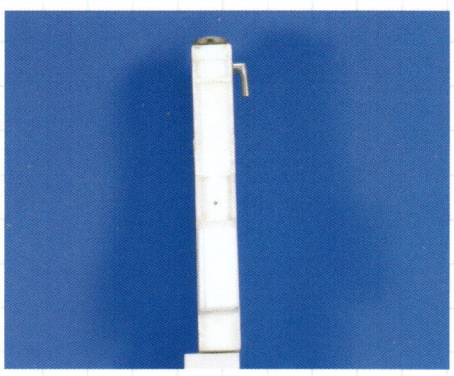
▲오일 탱크에서 나오는 배관. 투명 파이프를 꽂아야 하니 튼튼해야 하고, 소재의 은색을 살리고 싶었다.

오일 쿨러 옆의 스테이

오일 쿨러 타워 밖에 달리는 크랭크 단면의 스테이. 왜 그런지는 모르겠지만, 그 아래쪽 면과도 이어진 위치에 구멍이 뚫려 있는 게 뭔가 의미심장합니다. 이 스테이, 크랭크 단면 한복판은 폭이 1mm밖에 안 돼서, 이걸 어떻게 구부려야 할지 고민이라 여러 방법으로 구부려봤습니다. 그 결과 찾아낸 것이 바로 클램프식 벤더와 판재를 조합하는 방법. 이렇게 공을 들여서 재현해봤자 타이어에 가려서 안 보인다는 점을 미리 강조합니다.

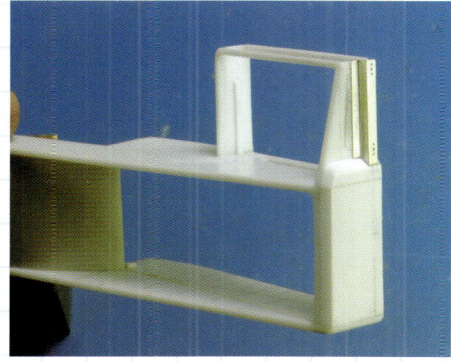

▲오일 쿨러 측면에 겹는 크랭크 단면의 부품. 아래쪽 면에서부터 이어진 세 개의 구멍은 무슨 역할을 하는 걸까?

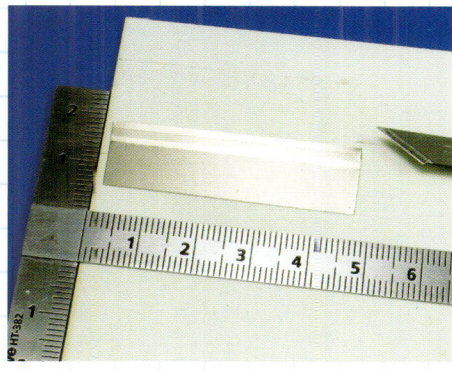

▲0.1mm 잉철판을 자르고 접을 부분을 그어준다. 프라판 끝에 T자를 걸어서 사용.

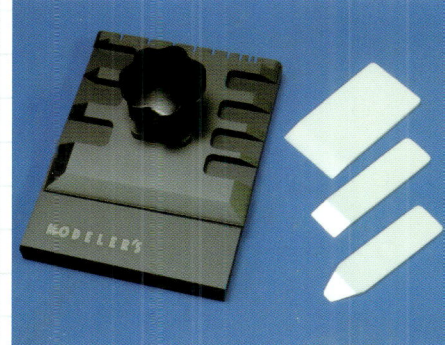

▲구부릴 때 사용한 클램프식 벤더. 모델러즈 「EP 벤더 M」 쐐기 모양 주걱도 포함.

▲먼저 가장자리를 끼우고 세워주는 식으로 구부렸다. 여기까지는 다른 방법으로도 할 수 있지만, 포인트는 이 다음.

▲클램프에 끼운 채로 맞은편에 두께 1mm 판을 고정. 이 상태에서 위로 나온 부분을 주걱을 이용해 앞쪽으로 눕혀준다.

▲판에 밀착되게 구부러진 모습. 작업 중에 클램프에 끼운 상태를 유지하는 게 중요하다.

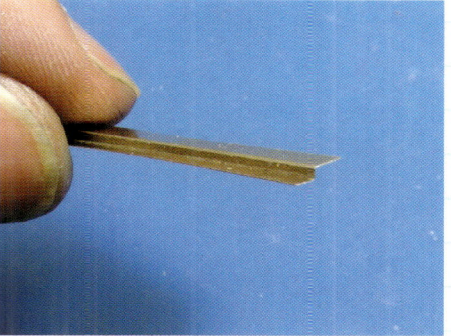

▲중간 면이 가늘고 샤프한 크랭크 모양으로 구부러졌다. 끝을 비스듬하게 해주는 등의 피팅을 하고 좌우로 절단한다.

▲구멍을 뚫는 중. 모양이 유지되도록 프라판을 밑에 깔고, 부품과 함께 양면테이프로 고정했다.

◀핀으로 고정해서 가조립. 크랭크 뒷면의 안 보이는 위치에 가늘게 자른 프라판을 붙여서 흔들리지 않게 해줬다.

리어 스태빌라이저

안티 롤 바라고도 불리는 스태빌라이저. 리어 스태빌라이저는 주로 플라스틱 재료로 만들었습니다만, 여기서는 중요한 포인트를 소개할까 합니다. 바 전체는 주로 2mm 프라봉으로 제작했고, 오른쪽은 90도 커브. 왼쪽은 바에 수직 방향으로, 쐐기 모양으로 가공한 암이 달립니다. 이것이 틀어지는 위치에서 그 '작용'이 바뀌는 구조. 같은 기구는 타미야 1/12 로터스 78에서도 확인할 수 있습니다. 이 암을 2mm 황동선을 깎아서 만들었는데, 그 이유는 플라스틱으로 만들었을 때 붙이는 방향에 따라서 젖혀지기라도 하면 싫을 것 같아서. 그리고 샤프하게 마무리하고 도금 가공하는 것도 좋을 것 같았지만, 아무래도 까맣게 칠해야 할 것 같아서 자제했습니다. 부품 하나를 만드는데도 여러모로 많은 생각이 필요합니다.

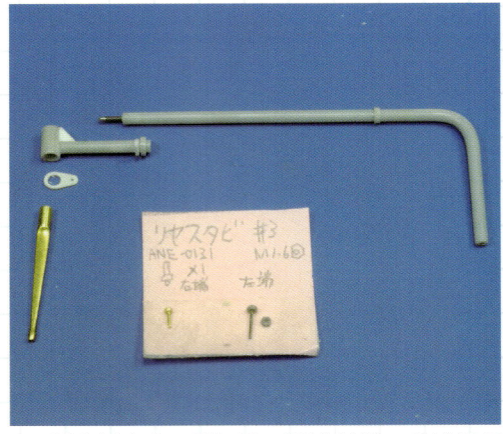
▲스태빌라이저의 바는 오른쪽 마운트 위치에서 분할. 그 옆 부분도 플라스틱으로 만들고, 쐐기 모양 암만 황동을 깎아서 만들었다.

▲끝으로 가면서 가늘어지는데다 판 모양으로 된다. 끝에 업라이트와 연결하는 조인트를 달았다.

카울 고정 핀, 조인트

카울을 분리하기 위한 금속 부품. 퍼스너라고도 하고, 캐치 핀이라고도 하며, 모양도 다양합니다. 이 부품을 재현해주면 정밀한 느낌이 확 확 올라갑니다. 티렐 008에서는 노즈의 윗면 끝부분과 아래쪽, 콕피트 카울과 리어 카울이 접하는 곳에 3곳이 있고, 리어 카울 뒤쪽에도 있습니다. 그리고 콕피트 카울을 벗기면 차체 쪽에 핀이 네 곳 보입니다. 모형의 부품에서는 카울 쪽에서 축을 꽂은 모양이라서, 카울을 벗겼을 때만 차체 쪽에 판을 꽂을 수 있는 표현으로 만들었습니다.

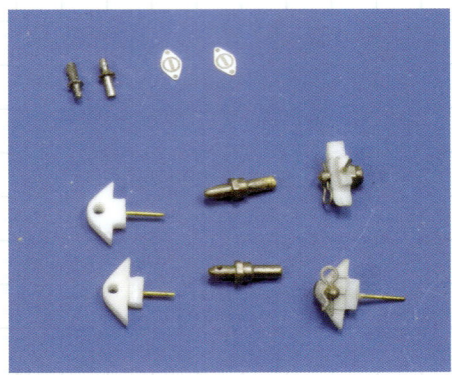
▲노즈 윗면에는 마름모꼴 퍼스너와 와셔가 달린 핀. 아래쪽은 핀과 그것을 잡아주는 판. 거기에 캐치 핀을 꽂는 형식.

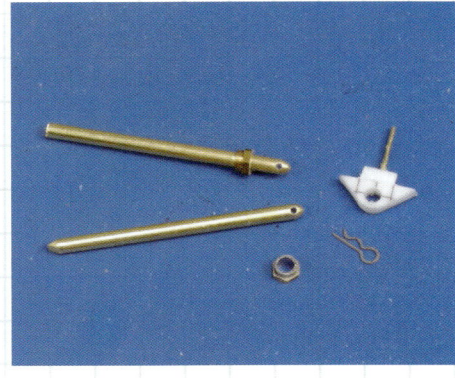
▲노즈 아래용 핀은 황동 축에 유니온(육각) 부품을 납땜. 캐치 핀은 1/12 오토바이용 에칭 부품.

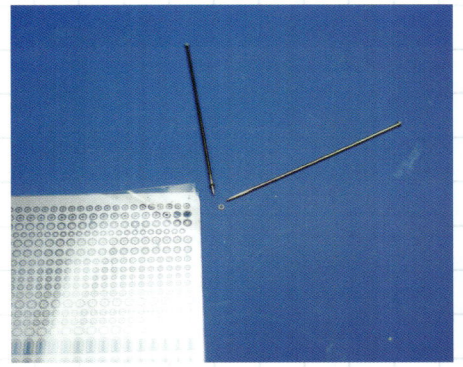
▲와셔가 달린 핀은 침핀과 에칭 와셔를 조합. 핀의 뾰족한 부분에 끼운다.

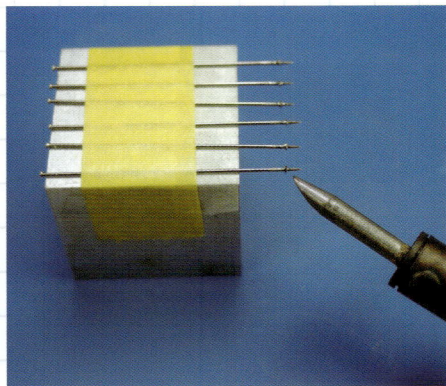
▲6개를 한 번에 모아서 납땜.

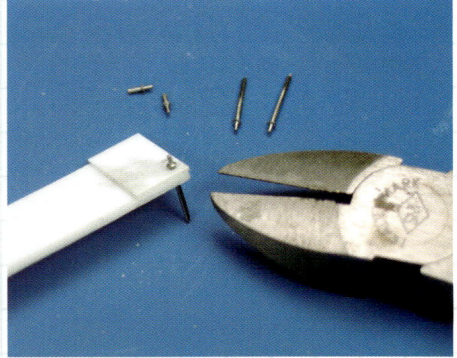
▲축 길이는 프라판에 끼운 뒤에 자르면 일정하게 나온다. 필요한 길이에 맞춰서 프라판을 겹쳐준다.

리어 카울용 브래킷

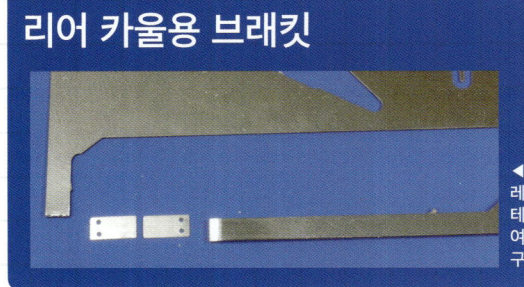
◀퍼스너가 달리는 플레이트를 0.15mm 스테인리스 에칭 부품의 여백에서 잘라냈다. 구멍은 이미 뚫어뒀다.

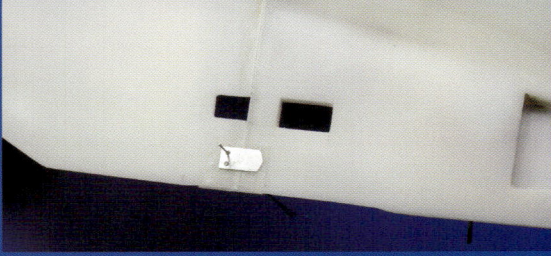
◀카울을 가고정해서 위치를 정한다. 핀을 꽂은 것은 정밀한 느낌을 노리기도 했고, 도색면에 접착만 하면 도막이 벗겨지기 쉬우니까.

금속 부품 04

프론트 작은 조인트의 스테이

다시 구부리기 가공. 이쪽은 프론트 어퍼 갬의 차체 쪽에 달리는 작은 조인트 스테이. 각에 큰 크랭크 모양에 삼각형. 튼튼하게 만들고 싶어서 이것도 0.15mm 스테인리스 판을 잘라 만들었습니다.

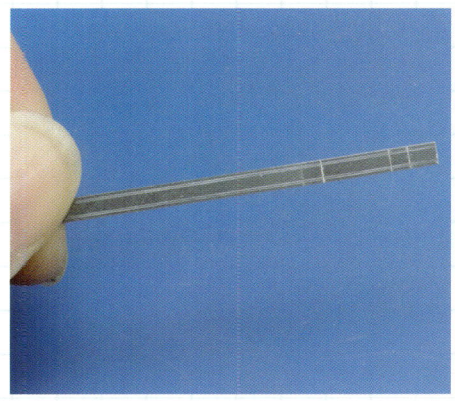

▲띠 모양으로 잘라낸 스테인리스 판에 구멍 위치, 접는 위치를 그어줬다.

▲작은 조인트 부품과 맞춰서 확인한 뒤에 구멍을 뚫었다. 여기는 니들을 대고 때려서 둘겨줬다.

▲구멍을 드릴 등으로 다듬은 뒤에 오른쪽처럼 잘라준다. 좌우 공통이 아니라 대칭을 이루는 직각 삼각형.

차축 끝부분 가공

차축이 되는 지름 2mm 나사 가공. 전후 모두 길이 20mm의 나사를 필요한 길이로 잘라서 사용했습니다. 끝의 너트 밖으로 노출되는 부분은, 나사산 부분을 깎아서 핀처럼 만들었습니다. 그리고 거기에 캐치 핀을 꽂는 구멍도 뚫었습니다.

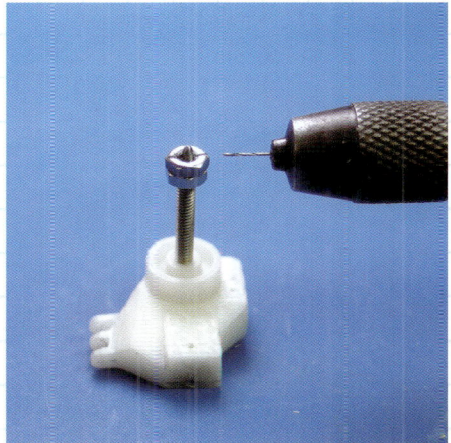
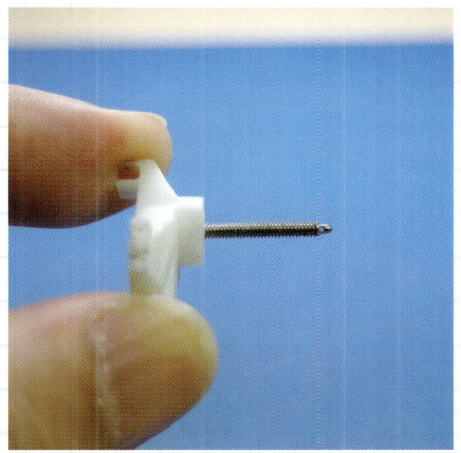

▲차축으로 사용하는 2mm 나사. 끝을 핀 모양으로 가공했다. 머리 쪽을 사각으로 깎은 것은 리어용으로 조인트 부품을 고정하기 위해서.

▲끝부분 옆에 구멍을 뚫는 가공. 너트에 홈을 그어 주고, 2중 너트로 위치를 고정. 홈을 따라, 옆에서 드릴을 넣어서 구멍을 뚫었다.

▲구멍을 뚫은 모습. 이곳의 캐치 핀은 Top Studio의 1/12 Moto GP용 에칭 부품 「TD23027」의 q부품.

메시 부분 제작

타디에이터나 오일 쿨러 전면에는 보호용 그물이 달려 있습니다. 그 부분을 모형에서도 '그물을 짠 표현'을 전하고 싶어서, 시판 금속망(황동이나 스테인리스)을 끼웁니다만, 약간 두꺼운 게 마음에 걸립니다. 망에는 '틀'을 납땜해야 하기에, 뒷면이 평평한 에칭 메시 쪽이 편하기도 해서, 이 작품에서는 「그물 모양을 표현한 에칭 메시」를 사용했습니다. 직접 보면 섬세하고 좋은 표현으로 보이는데, 그 미묘한 입체감이 사진으로 전해질까요.

◀그물 눈 차이를 비교. 왼쪽은 황동제 그물망. 오른쪽 위는 짠 표현의 에칭 메시. 아래는 평평한 에칭 메시.

▼라디에이터 표현에는 파인몰드의 「AE-01 메탈 메시 그물눈 정방형 03」을 사용. 틀과 비슷한 스테이를 추가했다.

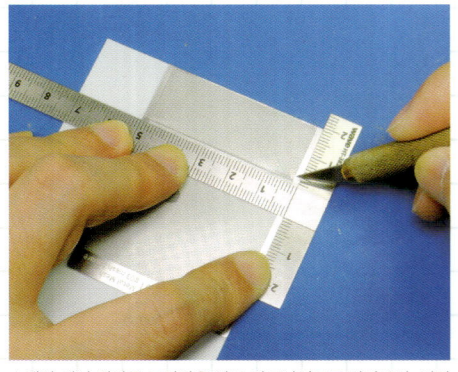
▲에칭 메시 절단은 프라판을 깔고 아트나이프로 잘라준다. 커팅 매트를 깔면 가장자리가 구부러진다.

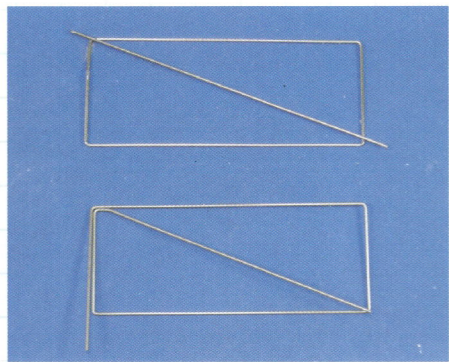
▲추가할 틀의 모양 검토. 위쪽 모양이면 두꺼운 데다 우그러지기 쉬우니까, 아래처럼 만들기로 했다.

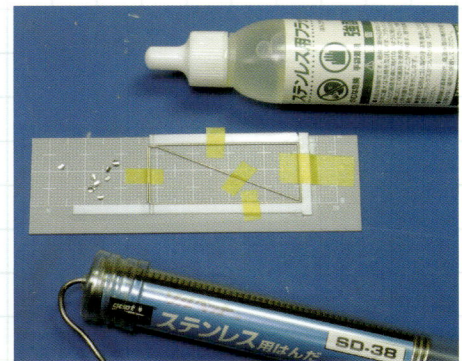
▲가이드에 맞춰서 스테인리스 선을 구부렸다. 땜납과 플럭스는 스테인리스용을 사용.

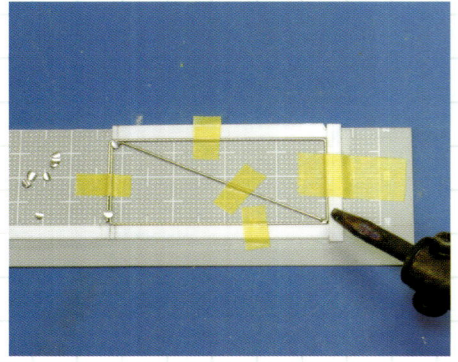
▲플라스틱 가이드지만, 거기에 고정하고 납땜을 했다. 두 개만 만들면 되니까 문제없음.

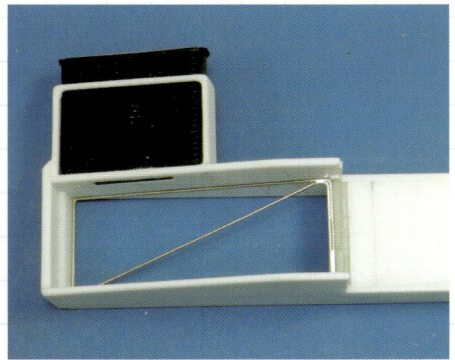
▲틀만 조립할 자리에 넣어서 생김새와 잘 들어가는지를 체크.

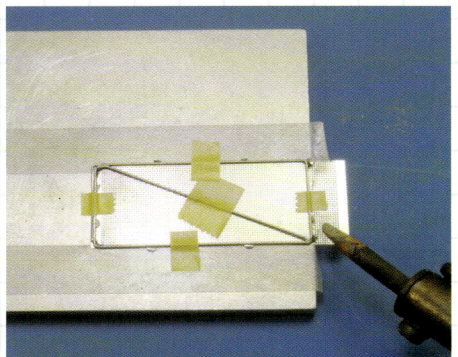
▲에칭 메시와 납땜 고정. 메시는 양면테이프로 금속판에 고정했다.

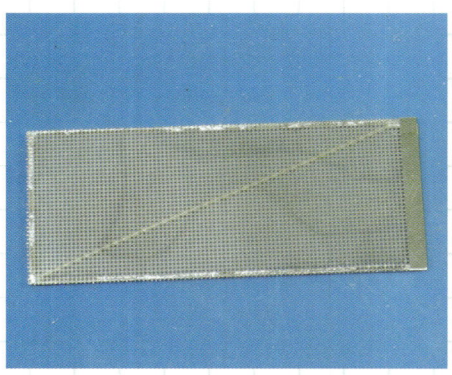
▲완성된 메시와 틀. 이 뒤에 에칭과 여분의 납을 다시 한 번 다듬어줬다.

◀덕트에 끼운 모습. 장착은 미리 파놓은 홈에 슬라이드 시키는 방식으로, 뒤쪽에서 집어넣는다.

오일 쿨러용

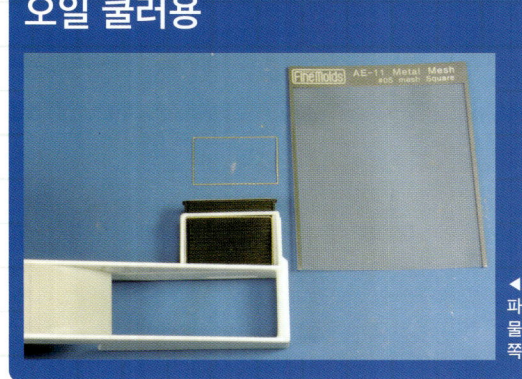
◀오일 쿨러 보호 메시는 파인몰드의 「메탈 메시 그물눈 직사각형 04」 바깥쪽 틀은 0.3mm 양철선.

◀완성된 모습. 이 메시는 선이 더 가늘고 구멍이 크게 뚫려 있는 인상이다. 여기는 검은색으로 칠할 예정이다.

도금 가공

간이 도금 용구 「도금 공방」을 사용해서 황동으로 만든 부품에 니켈 도금을 합니다. 이렇게 해서 황동색 표면을 메탈릭 그레이처럼 바꿔줄 수 있습니다. 전기 도금이다 보니 소재는 전기가 통하는 금속으로, 그 중에서도 황동이 좋습니다. 공정은 「밑색 연마」-「탈지」-(물로 씻기)-「도금 처리」-(물로 씻기)로. 탈지와 도금 처리는 '도금 붓'을 사용하고, 전기가 통하는 상태에서 처리합니다. 네모난 그립 속에 네모난 9V 전지가 들어 있고, 펠트 촉 쪽이 양극, 코드가 달린 클립이 음극이며, 이것에 부품을 물려줍니다. 더 반짝이게 하려면 표면을 매끄럽게 연마해주는 것이 중요합니다.

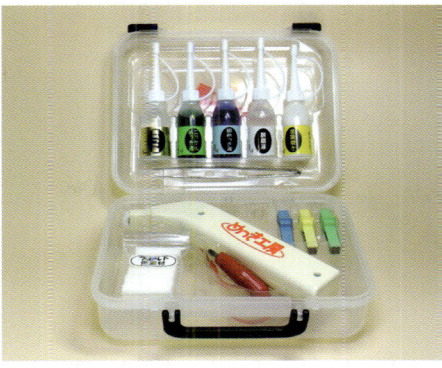
▲「도금 공방 MK-B9」(마루이 도금 공업). 이 키트는 니켈 도금, 동 도금, 금 도금이 가능하다.

▲끝부분을 니켈 도금한 황동 파이프. 이 정도라면 도색 없이 사용할 수 있는 부분도 많아진다.

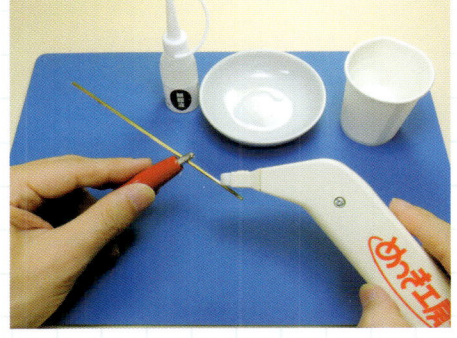
▲연마한 부품을 도금하기 전에 '탈지'해준다. 도금 붓에 전극을 연결해두고, '탈지액'을 적신 붓으로 표면을 문지른다.

▲그 뒤에 일단 물로 씻는다. 도금한 뒤에도 씻어준다.

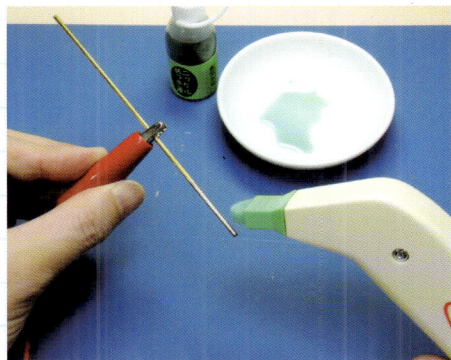
▲붓을 교환하고 도금액(여기서는 니켈)을 적시고 마찬가지로 표면을 문질러준다. 그러면 변화가 발생한다!

▲작은 부품도 펠트 붓으로 도금할 수 있다.

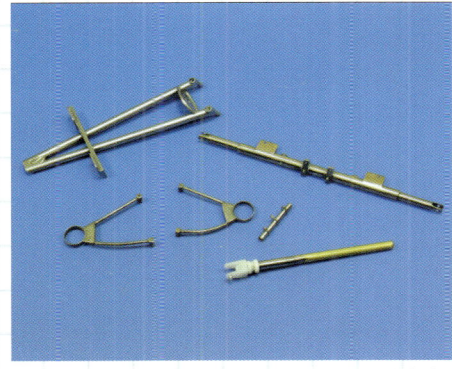
▲도금 가공한 부품들. 얼룩도 약간 보이지만, 작은 요철이 있는 면까지 잘 가공했다.

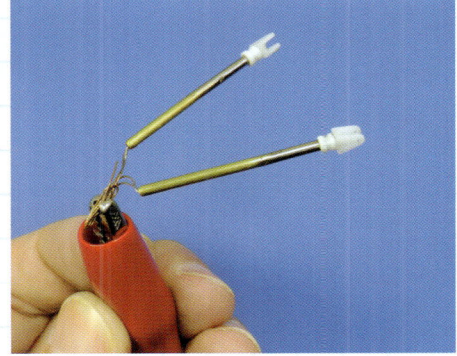
▲작은 부품을 처리할 때는 전기를 통하게 하는 방법을 연구해보자. 여기서는 파이프에 동선을 넣어줬다.

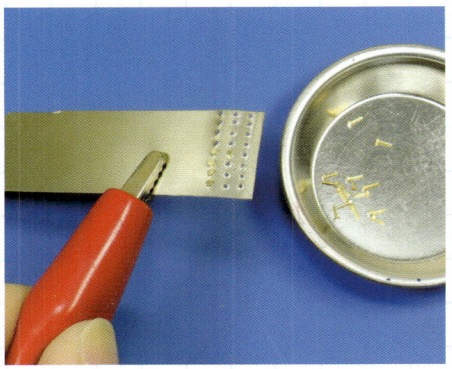
▲황동 리벳을 한 번에 가공하기 위해서 양철판에 구멍을 뚫고 꽂아줬다.

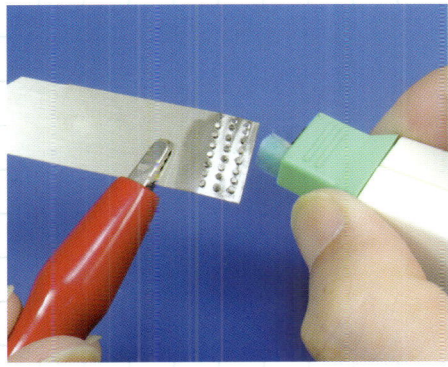
▲그리고 한 번에 도금 가공. 펠트 촉을 대기 쉽도록 작게 잘라서 사용했다.

▲머리가 니켈 도금된 황동 리벳. 물로 씻은 직후라서 물기가 남아 있다.

3D CAD+출력으로 부품 제작

3D CAD 소프트를 이용해서 부품 데이터를 만들고, 3D 출력 서비스나 개인용 프린터를 이용해서 출력한다. 이런 방법으로 입체물을 손에 넣은 뒤에, 이 작품에서 어떻게 사용했는지. 궁금하실 비용과 완성도 등과 함께 그 공정을 소개합니다.

디지털로 만든 부분

거의 40년 전의 F1 머신을 만들기 위해서 그 시절에는 없었던 디지털 조형이나 3D 프린트를 사용하는 것도 왠지 최근의 실제 차량을 만드는 것 같아서 재미있다 싶습니다. 이것도 최근의 적재적소라 생각하고 각 부분에서 활용해봤습니다. 그것을 어디에 썼는지를 '그 메리트와 목적'으로 구분해서 설명하겠습니다.

첫 번째는 「3D 데이터 쪽이 만들기 편하고 부품으로 만들기도 쉽다」. 그 첫 번째 예가 '타이어'입니다. 타이어는 단면의 형상만 그리면 그것을 회전시켜서 바로 3D 데이터가 나오니까, 그대로 출력해버리는 게 편하다는 점. 공정은 오른쪽 페이지에서 자세히 소개했습니다. 프론트 윙의 날개면이나 차체 중앙의 롤오버 바 등도 그러합니다.

두 번째로 「(프라모델처럼) 접합선이 없는 부품으로 만들고 싶다」. 윗면의 카울은 얇고 깊이 씌우는 모양이라서 버큠 폼(진공 성형)이나 프라판+퍼티 성형도 생각해봤습니다만, 사후 변형이 걱정되다 보니 여러 소재를 사용하는 것은 피하고 싶고, 그리고 레진으로 처리하면 나중에 변형되기 쉬우니까… 라는 점 때문에, 단일소재로 출력하는 쪽이 더 안심됩니다. 그밖에 리어 윙에서는 날개면과 플랩, 날개 끝의 판까지 일체로 출력. 구분해서 출력해보기도 했습니다만, 역시 하나로 출력하는 쪽이 조립하기 쉬워서 그쪽을 사용했습니다.

세 번째는 「튼튼한 재질로 만들고 싶다」. 이것은 프론트의 어퍼 암, 로어 암의 브라켓, 업라이트 등의 작은 부품. 핀을 꽂는 부분이 얇아도 잘 부러지지 않기에 ABS로 출력. 재질에 미묘한 점성이 있어서, 핀을 꽂거나 나사를 잘라서 사용하기에도 편합니다. 프라모델에도 부분적으로 ABS가 사용되는 것도 같은 이유 때문입니다.

이제 데이터 제작부터 출력물을 얻는 데까지의 과정과, 그것을 어떻게 모형의 부품으로 사용했는지를 설명하겠습니다만, 거기에 나오는 소프트나 인터넷 홈페이지 화면, 출력 금액 등은 제작 당시의 것이고 최신 정보와 다를 수도 있으니, 그 점은 사전에 양해해 주십시오.

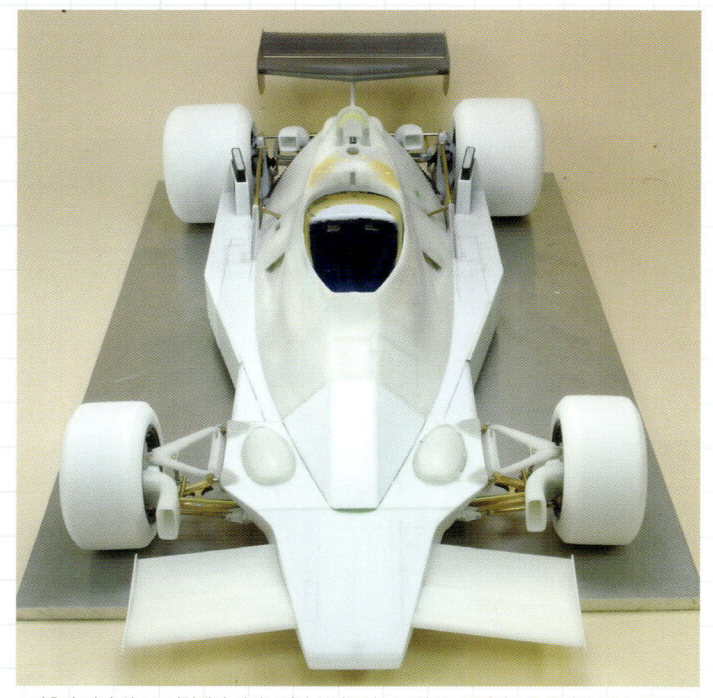

▲카울과 리어 윙 등, 성형색이 아이보리나 브라운인 부분이 3D 프린팅으로 출력한 부분. 타이어는 출력 서비스를 이용한 나일론 소재.

3D로 만든 작품의 예

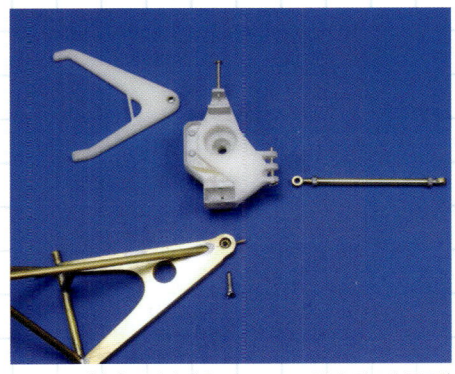
▲프론트 업라이트, 어퍼 암은 ABS로 3D 프린팅. 강도와 튼튼함을 중시.

▲리어 댐퍼 부품과 스태빌라이저를 지지하는 트러스 구조. 각 요소의 배치를 검토하기 우 해서 3D CAD를 사용하고 ABS로 출력했다.

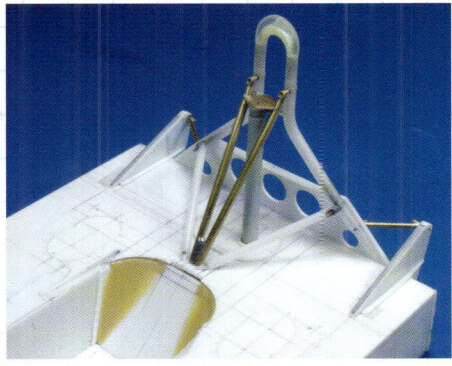
▲롤바 중심부. 전체의 정밀도를 높이고 파이프 형태를 재현하기 위해 출력 서비스를 이용했다. 아크릴 소재.

3D 데이터 제작

이 작품의 3D 데이터 제작은 Autodesk의 「FUSION 360」을 사용했습니다. 이 프로그램은 고기능 3D CAD 소프트면서도 「취미 공작, 스타트업(10만 달러 이하의 사업)의 경우에는 무료 사용이 가능」한 고마운 물건으로 기계 부품 모델링에 편리한 것은 물론이고 나중에 소개할 유기적인 형상을 다룰 수 있는 것도 특징. 컴퓨터 사양도 이번 제작 공정 정도면 크게 좋을 필요가 없다고 봅니다. 이번 제작을 시작하기 조금 전부터 쓰기 시작했고, 만들면서 적응했습니다.

여기서부터 데이터 제작부터 출력까지의 과정을, 타이어를 예로 들어서 설명합니다. 타이어 데이터 제작은 먼저 차축을 원점으로 타이어의 단면을 '스케치'. 이것은 2D로 도형을 그리는 것과 마찬가지로, 휠과 접하는 면은 치수를 재서 거기에 맞추고, 트레드와 숄더 부분을 곡선으로 연결하는 작업. 다음으로 그 스케치를 차축을 중심으로 360도 '회전'시켜서 입체로. 이리저리 둘러보면서 신경 쓰이는 부분이 있으면 단면 스케치로 돌아가서 수정합니다. 실제로 숄더의 모양이나 트레드의 단차에 고집해서, 몇 번이나 왔다갔다 하며 수정했습니다. 고집하다보면 끝도 없이 반복하게 되는데, 모니터에 확대한 시점을 벗어나서 부품의 실제 크기로 검토해보면 차이를 알 수 없게 돼버리기도 합니다.

형태가 정해지면 필요한 개수만큼 늘리고 그 사이를 연결해서 타이어 2개를 하나로 '결합'합니다. 이것은 출력 서비스를 이용할 때 한 개의 부품으로 등록하여 비용을 줄이기 위해. 이 형태(보디)를 「STL」 확장자 파일로 저장. 여기까지가 데이터 제작입니다.

▲데이터 제작에는 3D CAD 소프트 「FUSION 360」을 사용. Autodesk 홈페이지에서 다운로드할 수 있고, 취미 용도라면 무료 사용도 가능.

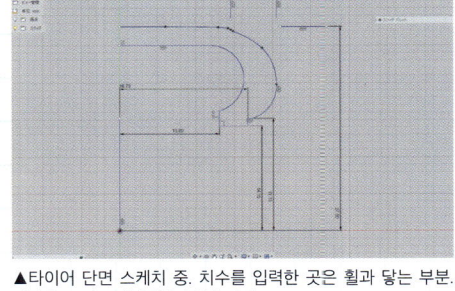
▲타이어 단면 스케치 중. 치수를 입력한 곳은 휠과 닿는 부분. 절반을 그리고 반대쪽은 '미러' 처리.

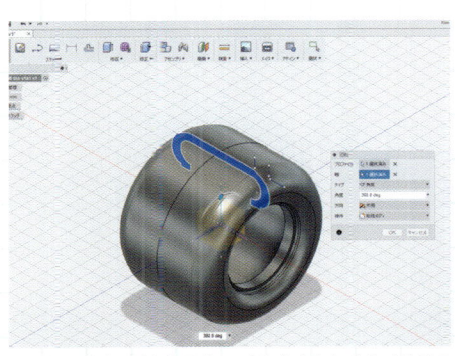
▲단면 스케치를 차축을 중심으로 '회전'시킨다. 이제 타이어 모양이 됐다(예는 리어 타이어) 더 수정해서 만족스런 모양으로 다듬는다.

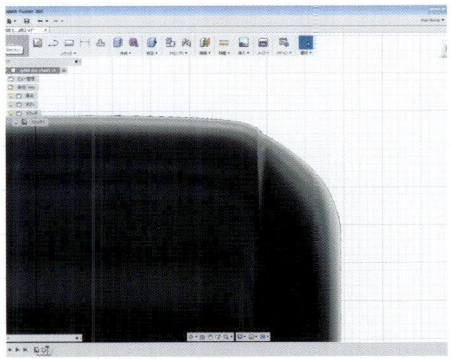
▲트레드와 숄더의 경계 부분에는 미묘한 단차가 있다. 사진과 비교하면서 데이터를 수정하고, 비슷하게 만들었다.

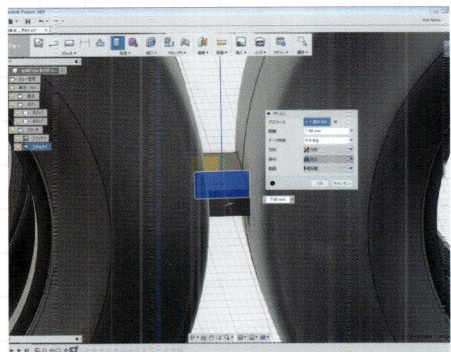
▲타이어 모양이 완성되면 2개를 나란히 놓고 '결합'해서 하나의 '보디'로 만든다. 이것은 출력 비용을 줄이기 위해.

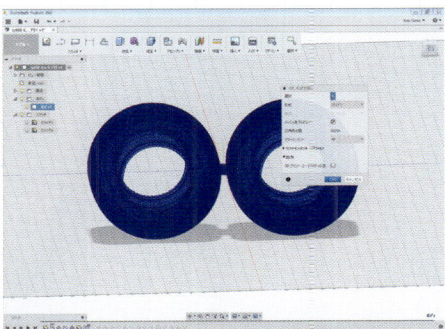
▲그리고 출력 서비스나 3D 프린터에서 사용하는 「STL 확장자」로 저장. 모양이 세밀한 삼각형으로 표시되고, 세밀할수록 곡면이 매끄러워진다.

3D 프린팅 서비스를 이용

 타이어 출력은 인터넷 3D 출력 서비스 「DMM.make」를 이용했습니다. 데이터를 업로드하면 업무용 3D 프린터로 출력해주는 서비스고, 소재 종류도 다양합니다. 비용 면에서는 출력 크기나 소재에 따라 크게 달라집니다. 전용 홈페이지에서 데이터에 대한 주의점 등도 자세하게 설명돼 있으니 잘 확인하세요. 거기서 소개된 소프트 「Mini Magics」로 자신이 만든 STL 파일을 읽어 들여서 사전 체크. 예를 들어서 2개를 연결했는데 떨어져 있다든지, 겹쳐져 있으면 에러가 납니다.

 데이터를 업로드하고 문제가 없으면, 조금 지나서 「출력 가능한 소재와 가격」이 표시되고, 그 중에서 선택해서 주문합니다. 이 프론트 타이어에는 가장 가격이 싼 '나일론'을 선택했을 때 1,677엔(배송료 포함). 다른 후보인 'ABS 라이크'나 '아크릴' 소재의 경우에는 7,000~8,000엔 정도. 나일론은 표면이 거칠고 ABS 라이크나 아크릴은 매끄럽습니다. 리어 타이어 비용(프론트의 약 2배)을 생각해보면 상당한 금액이 되기 때문에, 여기서는 '나일론'을 선택. 전후 한 세트로 5,150엔이 됐습니다. 이 정도면 다른 방법으로 원형을 만들어서 틀을 만들고 복제하는 것과 비교해도 크게 비싸지 않습니다.

 출력물은 주문하고 열흘 정도면 택배로 도착. 자잘한 적층된 거친 느낌은 있지만 전체적으로 깔끔한 상태. 그 뒤에 나일론에 사용할 수 있는 프라이머나 서페이서를 뿌리고 다듬어줘야 합니다(P.72 참조).

 그밖에 정밀도가 높은 출력을 시험해보고 싶어서 차체 중앙의 롤바 데이터도 제작했고, 이것은 '아크릴(Xtreme Mode)'로 출력하기로. 단면이 파이프(외경 3mm, 내경 2mm)고, 각 부분의 나사 구멍은 지름 0.4~0.8mm로 데이터를 작성했는데, 출력물을 받아보니 단면이나 작은 구멍도 정밀했습니다. 표면은 800번 사포로 처리하면 끝날 정도로 매끄럽습니다. 찰기가 없는 재질이라서 얇은 부분이나 구멍 부분이 깨지지 않도록 주의가 필요. 비용은 2,629엔이었습니다.

▲타이어 출력은 「DMM.make」의 3D 출력 서비스를 이용했다. 이것은 데이터 업로드 화면. 그밖에 출력물이 도착할 때까지의 과정이나 데이터에 대한 주의사항이 자세히 설명돼 있다.

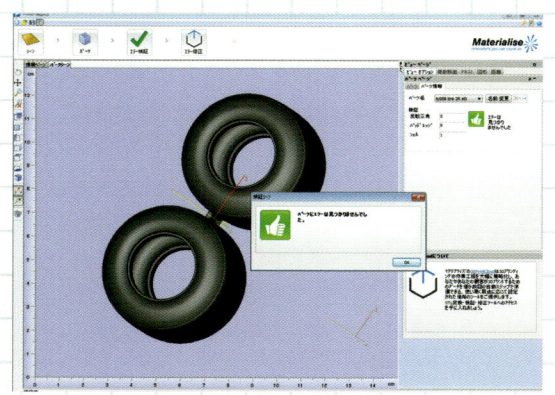

▲업로드하는 데이터에 문제가 없는지 체크하기 위해서 「Mini Magics」로 STL 파일을 불러와서 확인.

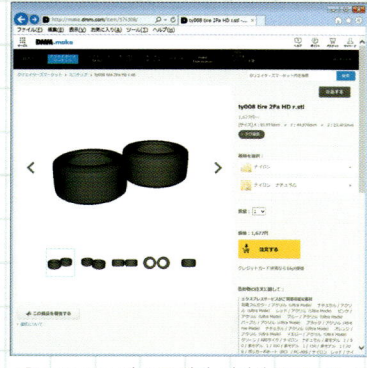

▲「DMM.make」의 주문 화면. 여기서 종류(소재, 색 등)를 선택하고 주문한다. 이제 출력물이 올 때까지 기다리기만 하면 된다.

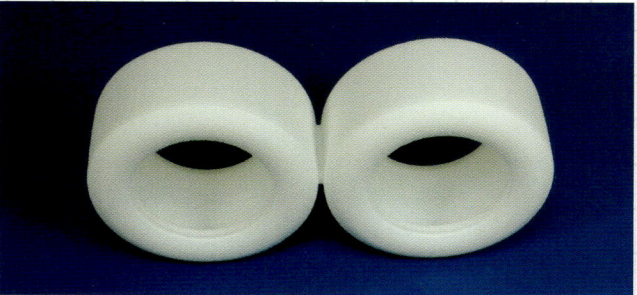

◀도착한 출력물. 적층된 거친 느낌은 있지만, 모양은 깔끔하다. 밀도가 낮아서 표면을 다듬어줄 필요가 있다.

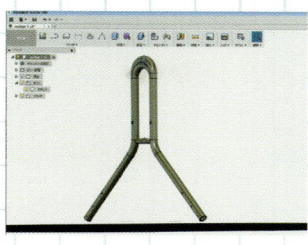

◀차체 중앙의 롤바 데이터. 단면은 파이프 모양. 각 부분의 연결 구멍도 뚫어줬다.

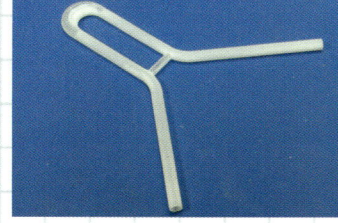

◀아크릴의 고정밀 모드로 출력한 롤바. 파이프 모양이나 작은 구멍도 정밀하게 출력됐다. 아크릴은 단단하고 찰기가 없어서 부러지거나 깨지기 쉬우니 주의하자.

카울 데이터 제작

노즈부터 콕피트, 엔진으로 이어지는 대형 카울. 이 부분은 전체를 하나의 형태로 제작한 다음 분할했습니다. 「FUSION 360」에서는 앞서 예를 든 것처럼 안이 가득 찬 '솔리드 모델링' 외에 유기적인 형태에 적합한 'T스플라인 모델링'이라는 기능도 있어서, 카울의 대략적인 형태 제작에는 이쪽을 사용. 표면이 만들어졌으면 두께를 잡아준 다음, '솔리드 모델링'으로 좌우 덕트 등의 구멍을 추가하고 앞뒤를 분할하는 방식으로.

먼저 측면도를 바탕으로 카울 윗변의 선을 '스케치'한 것이 첫 번째 사진. 「작성」→「폼 작성」을 클릭하고 '스컬프트'라는 작업 스페이스가 된 상태에서 스케치를 선택하고, '누르기'로 옆으로 펼쳐서 면이 만들어진 것이 2번째 사진. 닿쪽 일부를 삭제한 것은 끝부분을 삼각형으로 연결하기 위한 편의상. 다음으로 측면으로 기울이기 위해서 가로 2열을 선택하고, 화살표나 원호로 표시된 「머니퓰레이터」를 조작해서 기울이면서 아래쪽으로 쭉 내린 것이 3번째 사진. 그 뒤에 앞쪽의 열린 부분을 닫는 것처럼 연결한 것이 4번째 사진. 측면의 곡선을 조정하기 위해서 카울 단면도와 비교하며 수정하고 있습니다. 그 뒤에 실제 차량의 사진과 앵글을 맞춰서 비교하고 또 수정해서 스스로 납득할 수 있는 형태로 만들어갑니다.

옆쪽 경사면은 따로 세워서 이어지게 해주고, 콕피트의 열린 부분도 열어놓는 게 좋을 것 같아서 시험해봤습니다만, 먼저 대략적인 형태를 만들고 밑면과 열린 부분은 나중에 잘라내는 방법을 사용했습니다. 화면 속에서 각도를 바꿔가며 사진과 비교하고 '어디를 고치면 비슷해질까 고민하는 작업은, 근본적인 면에서는 퍼티를 바르고 깎는 작업과 비슷하다는 생각이 듭니다.

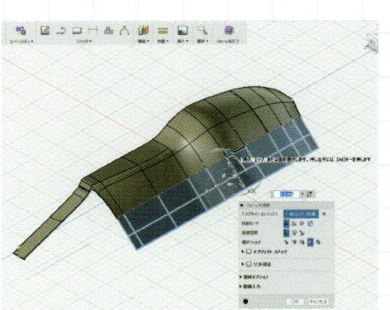

▲카울 전체 형태를 만들어가기 위해, 측면도를 바탕으로 카울 윗변 라인을 스케치(파랗고 굵은 선).

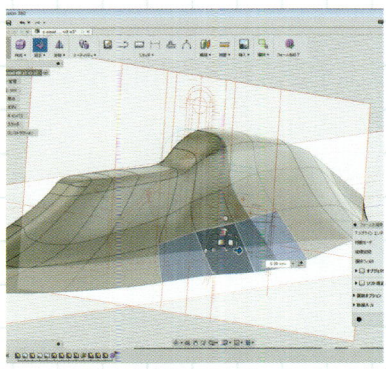

▲윗변 라인을 옆으로 '밀어내서' 면으로 만들고, 그 앞쪽 일부를 삭제한 상태. 색이 다른 부분은 다음에 조작할 횡 2열을 선택한 상태.

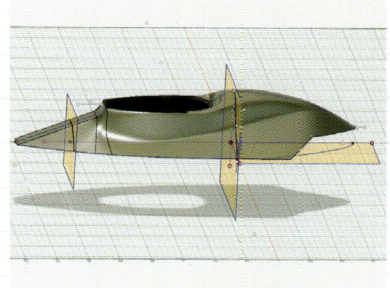

▲선택한 면을 기울여서 아래로 내렸다. 이것은 화면 속의 머니퓰레이터(화살표나 원호로 표시된다)으로 잡아서 움직이는 것 같은 조작. 이 다음에 먼저 만든 삼각형으로 열린 부분을 연결하면 그럴듯한 모양이 된다.

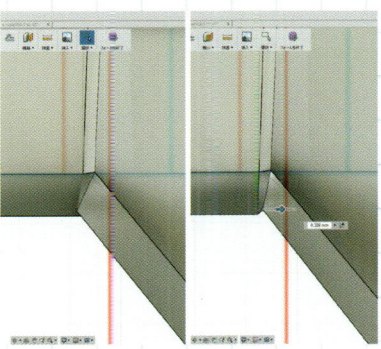

▲비슷하게 만들기 위해 수정하는 단계. 사진은 단면도를 겹쳐서 측면의 경사를 맞춰가는 모습.

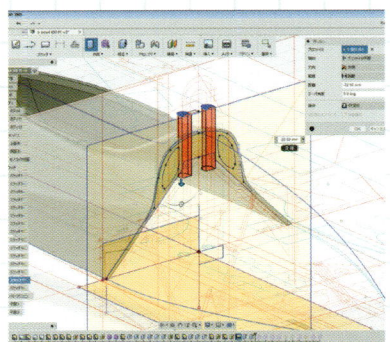

▲표면이 완성되면 두께를 주고, 스컬프트 작업은 끝. 아래쪽 여분을 잘라내고 콕피트의 열린 부분을 만든 상태.

▲안쪽을 향해서 두께를 줄 때 '자기 교차' 에러가 나오기도 하는데, 그럴 때는 안쪽의 겹쳐지는 부분이 해소되도록 수정한다.

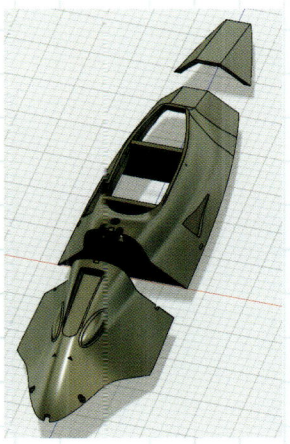

세 개로 분할된 카울 데이터

◀덕트와 벌지 등의 세밀한 몰드를 추가해서 그럴듯한 모양이 된 카울의 데이터. 앞뒤로 분할한 부품을 각각 STL 확장자로 저장하고 출력한다. 콕피트와 단면에 판이 달려 있는데, 다음을 때 모양을 유지하기 위한 지주로 추가했다.

데이터 제작 중에 알게 된 것

F1 머신의 카울을 이렇게 디지털로 만드는 건 처음입니다만, 앞서 말한 T스플라인 모델링에서 정점과 엣지, 면을 선택하면서 머니퓰레이터로 꾸물꾸물 카울 모양을 만들어가는 작업에 몰두하던 중에, 왠지 전에도 비슷한 체험을 했던 것 같은 기분이 들었습니다. 데자뷰일까, 기분 탓인가, 생각을 하면서 작업하던 중에 문득 「○○ 키트를 수정할 때의 감각이다」라고 깨달았습니다. 그 키트는 최근의 프라모델로 당연히 3D CAD로 설계하고 있는데, 세세한 부분을 잘 살리지 못했다든지, 쉽게 모양을 잡는 데까지만 만들었다고나 할까. 그런 생각을 하면서 퍼티를 바르고 깎아서 수정하던 때의 감각, 그것이 떠올랐습니다. 그 작업 그 자체가 생각난 게 아니라, 추구하는 형태와 거기에 부족한 부분에 대해서 어떻게 판단하고 대처해야 할지 고민하는 머릿속의 시추에이션이 겹쳐진 느낌(이거 괜찮은 건가). 그렇게 해서 납득할 수 있는 형태를 찾아가는 근본적인 부분은 똑같구나, 라고 생각했습니다.

그렇게 해서 표면이 완성되던 거기에 '두께'를 줍니다. 이걸로 '폼을 종료'하고 다음으로 넘어가면 「자기 교차」에러 메시지가 나오기도 합니다. 이것은 두께를 늘리면서 면이 겹쳐지거나 해서 발생하는 것인데, 폼 편집으로 돌아가서 뒷면의 정점과 잇지를 옮겨주는 등의 수정을 합니다. 참고로 두께를 처음에는 1.5mm로 했는데, 출력해보니 약할 것 같아서 2.5~3mm로 변경했고, 테두리나 내부와 겹치는 부분은 나중에 깎아내기로 했습니다.

이렇게 해서 진공 성형으로 만든 것과 유사한 '껍질'이 만들어졌으니, 밑면을 모노코크 면에 맞춰서 평평하게 자르고 노즈, 콕피트 카울, 엔진 커버 세 개로 분할. 그리고 NACA 덕트와 롤바 구멍, 미러 연결 구멍 등을 뚫어줬습니다. 이런 부분을 스케치해서 밀어내고 자르는 작업. 그 뒤에 각각 STL 파일로 저장했습니다.

▲앞뒤로 분단하고 단면의 몰드를 추가하는 상태. 빨간 부분은 롤바가 들어갈 공간을 잘라내는 중.

개인용 3D 프린터로 출력

카울이나 윙 등은 개인용 3D 프린터로 출력했습니다. 이것은 「출력→형태 확인→데이터 수정→출력」이라는 수정 작업이 편하다는 점. 그리고 앞서 소개한 출력 서비스로 이 카울을 출력한 경우, 싼 소재를 써도 수만 엔이 들기 때문입니다. 하지만 개인용 3D 프린터 자체의 금액을 생각해보면 싸다고 할 수는 없습니다.

사용한 3D 프린터는 「zortrax M200」(실 구매가 약 25만 엔). FDM 방식(열용해적층, 고온으로 부드럽게 만든 필라멘트를 실 모양으로 배출하면서 적층한다)이고, ABS 소재를 사용할 수 있는 점이 개인적인 포인트입니다. 출력물 표면이 고우면서도 적층한 느낌이 있어서, 매끄럽게 만들고 싶은 모형에서는 그만큼 마무리 작업이 필요합니다. 그리고 이번에 출력한 ABS는 미묘한 수축도 있었습니다. 왠지 부정적인 얘기만 하고 있지만, 출력까지의 조작은 쉬운 편이라고 생각합니다.

먼저 오른쪽의 예는 콕피트 카울인데, STL 파일 데이터를 전용 슬라이스 소프트(Z-Suite)로 읽어 들이고, 출력 조건을 설정. 워크 스페이스(프린트되는 받침)에서의 배치와 방향, 소재와 적층 피치, 서포트(형태가 유지되도록 받쳐주는 '기둥')등의 조건을 설정합니다. [prepare to print(인쇄 준비)]를 클릭하면 주위에 서포트와 래프트(받침)가 달린 툴 패스 데이터(이 기종에서는 Z-code라고 한다)로 변환되고, 인쇄 시간과 재료 소비량도 표시됩니다. 이 예에서 출력 시간은 약 16시간(!), 재료는 63g. 출력물의 크기가 크거나 출력 피치를 세밀하게 설정하면 인쇄 시간이 길어지니 어쩔 수 없는 일입니다. 여기까지는 컴퓨터에서의 공정이고, 그 Z-code를 저장한 뒤에 SD카드로 3D 프린터 쪽으로 넘기고, 3D 프린터 본체의 액정 화면으로 데이터를 선택해서 출력 개시. 움직이기 시작하면 기다리기만 하면 됩니다. 소리는 종이 프린터 정도입니다. 출력이 끝난 뒤에 워크 스페이스에서 떼어낼 때 금속 스크레이퍼를 사용하는데, 다치지 않게 주의. 서포트는 뚝뚝 떨어지지만, 움푹한 곳에 들어간 경우도 있으니 작은 끌 같은 모델러적인 공구를 이용합니다.

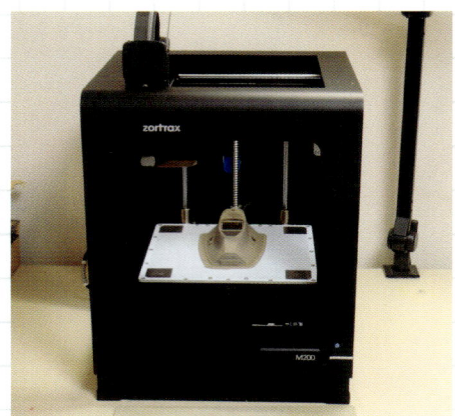

▲소재(필라멘트)는 Z-ABS(왼쪽 800g, 3,000엔 전후)와 보다 수축율이 적은 Z-ULTRA(오른쪽 800g, 7,000엔 전후)를 사용.

◀사용한 3D 프린터 「zortrax M200」 테이블 형태의 워크 스페이스 위에 있는 것은 출력한 콕피트 카울.

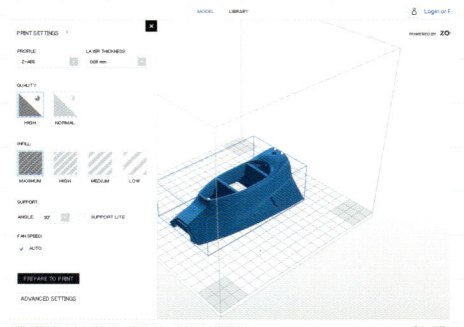
▲전용 슬라이스 소프트(Z-Suite)로 읽어들이고 출력 조건을 설정. 적층 피치는 0.09mm로 설정. 인쇄 시간이 걸려도 매끄럽게 만들고 싶다.

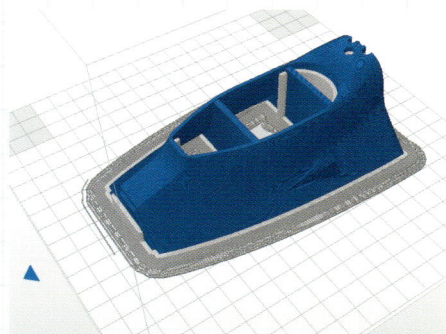
▲실제로 인쇄하게 되는 서포트와 받침대가 달린 표시. 이 데이터(Z-code)를 저장하고 SD카드를 이용해서 프린터로 넘긴다.

▲3D 프린터 본체에 SD 카드를 삽입. 액정 표시와 버튼 조작으로 출력할 Z-code를 선택하고 출력 개시. 완성된 것이 첫 번째 사진.

▲워크스페이스를 이렇게 분리하고, 금속 주걱 등을 사용해서 표면에서 떼어낸다.

▲출력한 표면의 모습. 매끄럽고 샤프하지만 적층한 느낌이 남아서 마무리가 필요. 색이 약간 옅은 부분은 내부가 미묘하게 비어 있기도.

▲밑면 모습. 표면은 밀도가 있지만 중간 부분은 스파스 구조라고 하는 속이 빈 복잡한 형상의 공간으로 돼 있는 걸 알 수 있다. 후가공할 때는 이 점에 주의해야 한다.

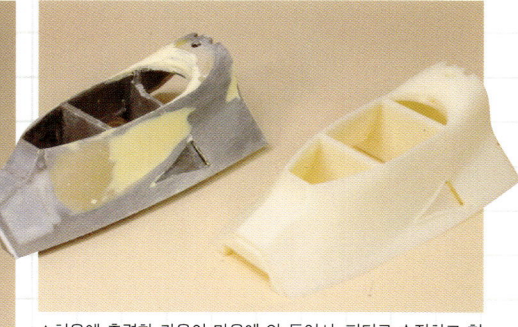
▲처음에 출력한 카울이 마음에 안 들어서, 퍼티로 수정하고 형태를 검토. 이것을 바탕으로 3D 데이터를 수정하고 다시 출력한 것이 오른쪽. 형태 검토 외에도 적층 방향을 바꿔서 시험하는 등, 대부분의 부품을 2번 이상 출력했다.

출력물 다듬기

갓 출력한 상태에서는 모형의 부품으로 쓸 수 없기 때문에, 표면을 다듬는 등의 작업이 필요합니다. ABS 출력품은 표면에 아세톤을 바르고 마른 뒤에 사포질을 합니다(사실 이번에는 툴 클리너로 끝냈습니다). ABS는 미묘한 변형이라고 할까 수축도 발생하기 때문에, 그 부분도 신경 쓰면서 다듬었습니다. 데이터상에서는 딱 맞았어도 실제 부품을 맞추는 작업도 필요해서, 닿는 면에 얇은 프라판을 붙여서 수정하기도 했습니다. 뒷면을 얇게 깎아서 벌집 같은 구멍이 노출된 부분이나, 서포트와 받침 등을 벗겨내서 거칠어진 면에는 Mr. SSP와 시아논DW를 혼합해서 메웠습니다.

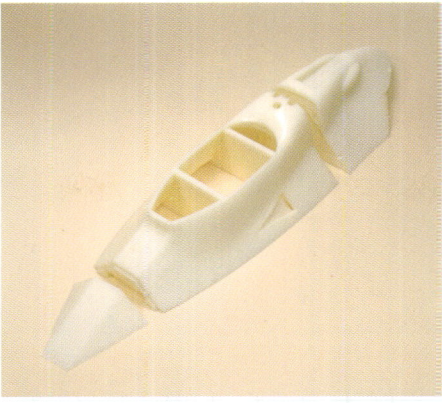
▲수축이 적은 Z-ULTRA로 출력한 카울 부품. 표면을 다듬고 부품을 맞추기 위한 수정도 했다.

▲ABS로 출력한 경우에는 미세한 적층 자국을 약간 녹여서 정리하기 위해 아세톤을 사용한다. 여기서는 「Mr. 툴 클리너」(GSI 크레오스)를 대신 사용. 마른 뒤에 사포로 정리한다.

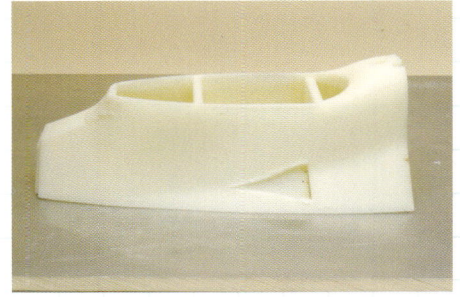
▲평평한 판 위에 올려놓으면 앞뒤 밑면이 약간 뜬 것을 알 수 있다. 고온으로 녹여서 출력한 것이 식으면서 굳는 것이니, 다소의 수축이나 변형이 발생한다.

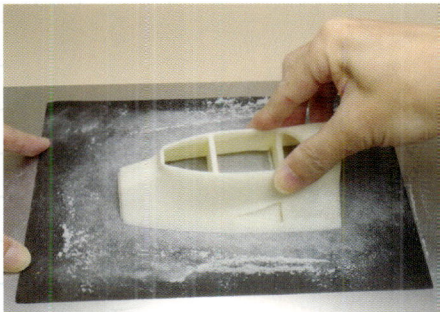
▲밑면을 다듬는 중. 쿠품이 크고 두꺼운 모양인 것도 이런 수축과 변형이 발생하기 쉬운 요인 중 하나.

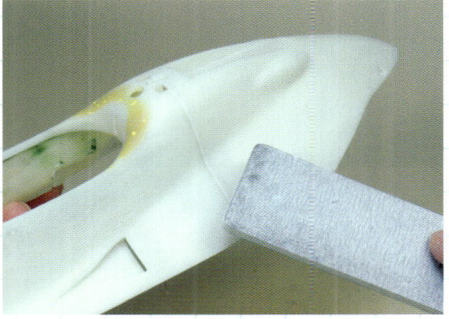
▲표면을 다듬는 한편 카울끼리 잘 맞붙게 하고 표면을 매끄럽게 연결시키는 등, 부품으로 사용하기 위한 가공을 한다.

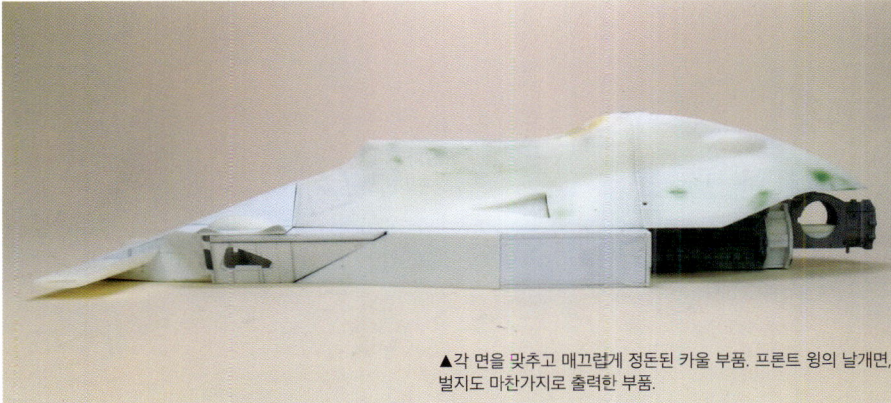
▲각 면을 맞추고 매끄럽게 정돈된 카울 부품. 프론트 윙의 날개면, 벌지도 마찬가지로 출력한 부품.

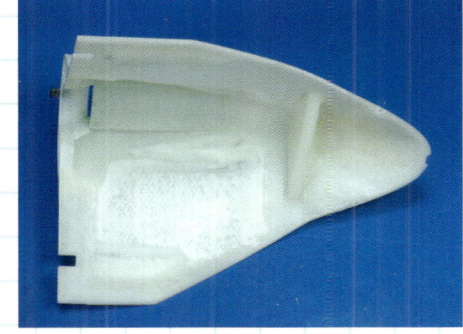
▲엔진 카울은 실제 차량보다 두껍게 만들어 테두리 부분을 얇게 깎고 내부와 닿는 부분도 깎아줬다. 스파스 구조가 노출된 부분을 메운 자국이 보인다.

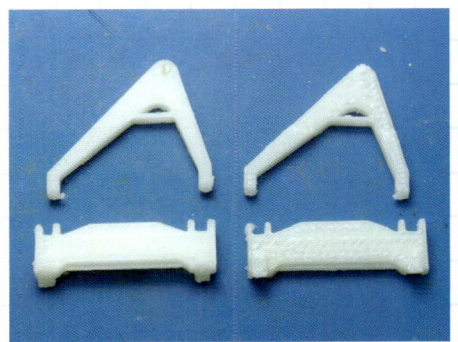
▲프론트 어퍼 암과 플레이트 부품 앞뒷면. 수평으로 늘어놓고 출력하면 뒷면이 이렇게 거칠어진다. 이것은 퍼티로 메우고 다듬었다.

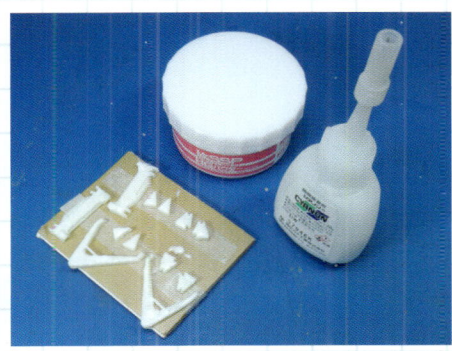
▲출력한 각 부품의 뒷면에 퍼티 대용으로 순간접착제 「시아논 DW」와 「Mr. SSP」를 섞어서 발라줬다. 수지에 잘 먹혀서, 이 조합을 자주 사용한다.

▲프론트 날개면을 출력한 것. 세워서 배치한 덕분에 위아래 면이 매끈한 상태로 출력됐다.

3D 프린팅으로 만든 부품들

 그밖의 3D 프린팅으로 만든 부품을 소개하겠습니다. 부품 전체를 출력한 것도 있고, 다른 소재와 조합하는 것을 전제로 일부만 만들거나 시험적으로 만든 부품도 있습니다. 전부 zortrax M200으로 출력했는데, 이건 기계를 갖춘 덕분에 자잘한 부품의 출력을 비교적 쉽게 시험해볼 수 있기에 가능했던 결과입니다.

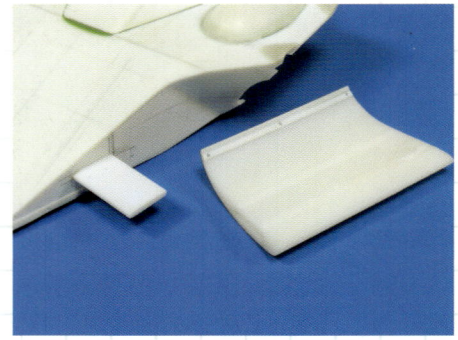
▲프론트 노즈의 날개면은 날개 단면을 한쪽으로 쭉 밀기만 하면 만들 수 있는 형태라서 데이터를 제작하기 쉽다. 연결판을 꽂을 수 있게 홈[凹]도 만들어줬다.

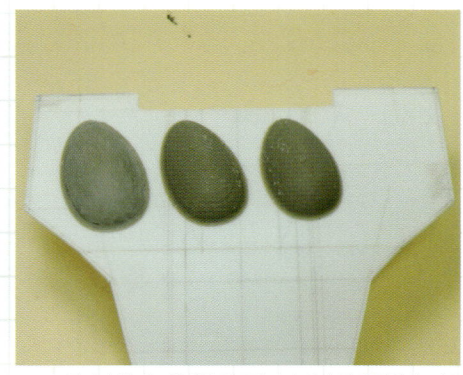
▲노즈 뒷면의 벌지는 형태를 검토하면서 여러 번 출력했다. 좌우의 모양을 확실히 맞출 수 있다.

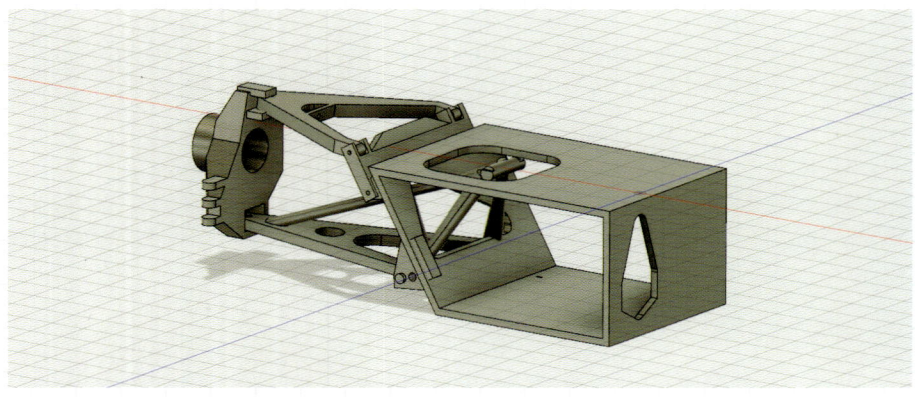
▲특히 프론트 서스펜션은 어퍼 암과 업라이트의 형태를 정하기 위해서 주변 전체를 3D CAD로도 만들어봤다.

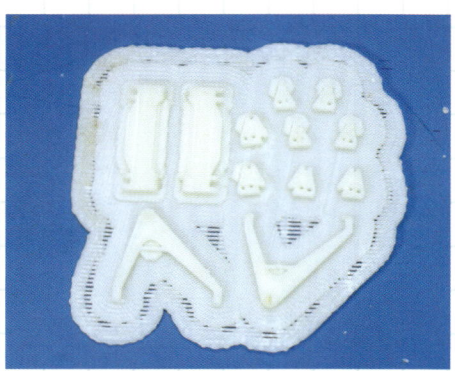
▲한번에 출력한 어퍼 암. 기부 플레이트, 로어 암 브래킷. 이런 작은 부품은 단시간에 출력할 수 있다.

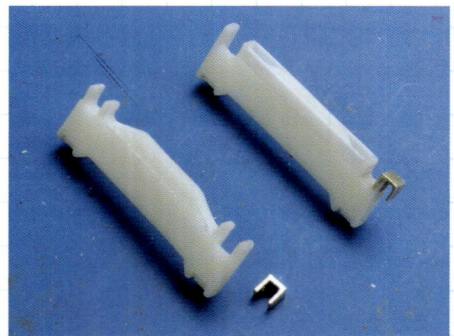
▲어퍼 암 기부의 플레이트는 얇은 부분에 프라판을 덧대고, 구부러지는 곳은 채널 자재를 접착. 이런 조합에 맞춘 데이터로 출력했다.

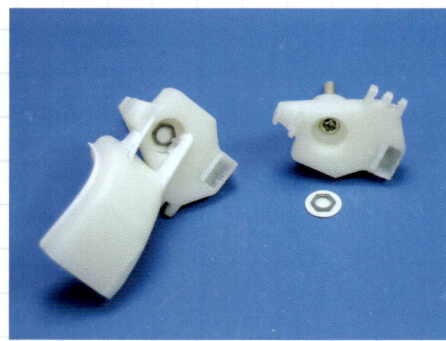
▲프론트 업라이트. 얇은 판 모양의 돌기에 다른 암을 고정하게 되는데, ABS 소재로 만들었다는 점 덕분에 제작하는 중에 안심할 수 있었다.

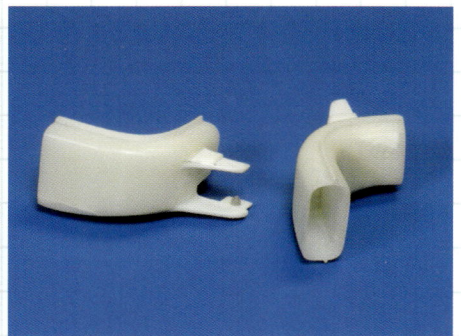
▲거기에 연결하는 브레이크 덕트. 접속하는 부분은 프라판. 출력물을 단순하게 하고 덧붙이는 쪽이 정밀도나 완성도가 좋아진다고 판단했다.

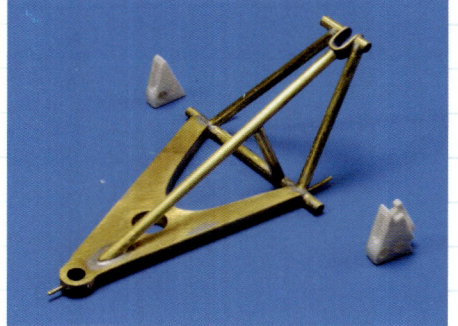
▲로어 암의 축을 지탱하는 삼각형 부품. 차체 쪽에 끼우기 위해 작은 돌기와 홈이 있는 모양으로 만들었다. 뒤쪽은 핀으로 평면에 고정.

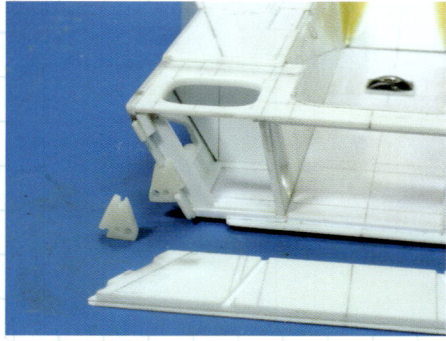
▲장착한 모습. 앞면 패널을 달면 접속면이 가려진다. 축 연결 구멍 주변이 얇아도 문제없는데, 이것도 ABS로 만든 덕분.

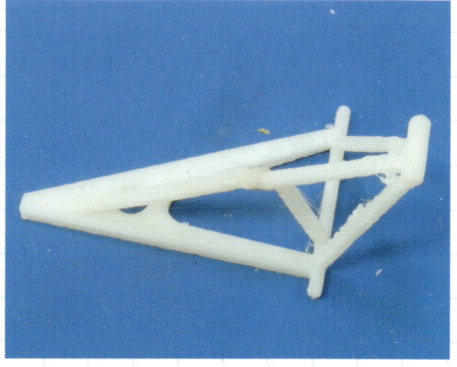
▲로어 암을 출력하면 어떻게 되는지 시험해봤다. 이것은 공간을 체크하는 더미로 활용.

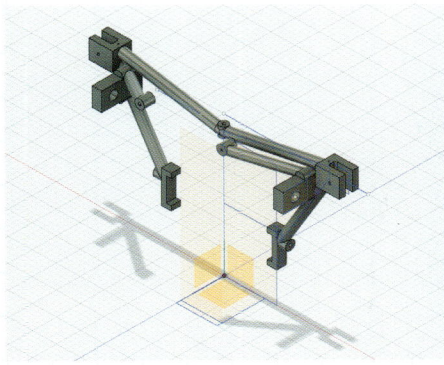
▲리어 댐퍼에 달리는 스테이. 댐퍼와 스태빌라이저의 배치가 어려운 부분. 그것도 검토할 겸 3D CAD로 만들었다.

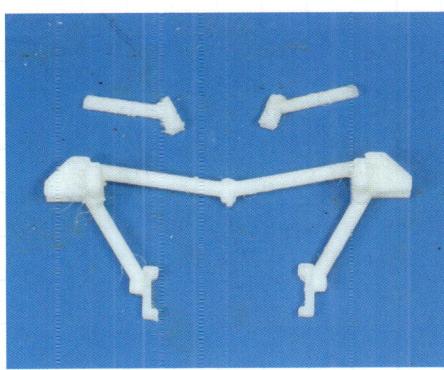
▲2개역 암은 하나로 만들기 어려워서 별도 부품으로. 스페이서에는 위와 옆에서 감싸는 모양으로 끼운다.

▲기어박스에 장착한 상태. 양쪽의 구멍 뚫린 판은 스태빌라이저 바가 들어가는 곳.

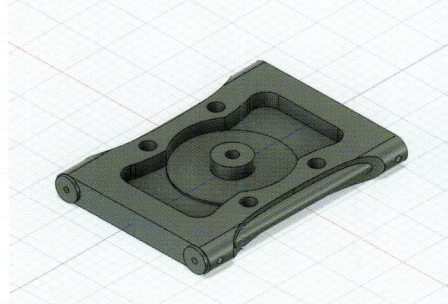
▲기어박스 밑면에 달리는 로어 암 마운트. 장착면을 키트 부품에 맞춰서 만들었다.

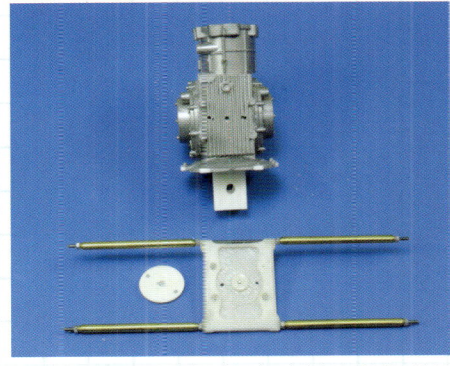
▲좌우로 연결된 암어 피아노선을 관통시켜서 강도를 확보한 곳. 그래서 이 플레이트도 ABS로 만들었다.

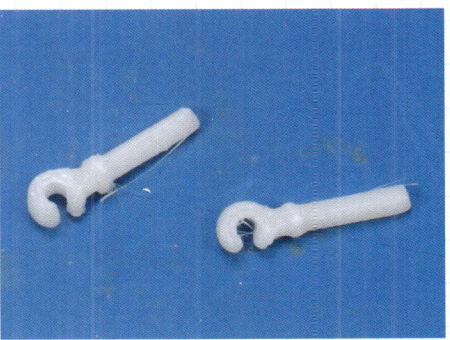
▲이 작품에서는 사용하지 않았지만, F1 프라고델에 자주 보이는 「C」모양 조인트 부분도 만들었다. 똑같이 쓸 수 있을 정도로 나왔다.

▲파이프를 복잡하게 조합한 형태의 리어 윙 스테이 마운트 부품. 금속으로 만들기 힘들 것 같아서, 출력하고 꼼꼼하게 다듬었다.

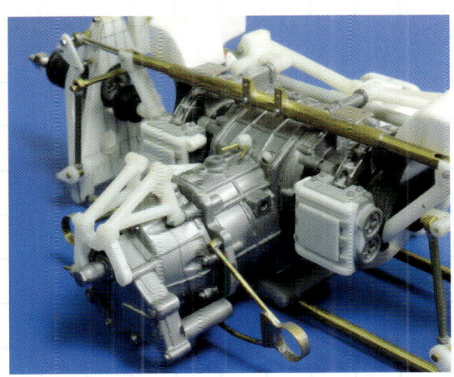
▲키트 부품의 볼트 위치에 맞춰서 장착. 뒤쪽의, 아래로 뻗은 부분은 프라판을 덧붙인 것.

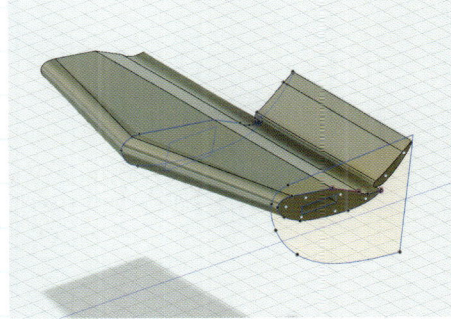
▲리어 윙은 중앙이 두꺼운 날개면. 중앙의 단면과 날개 끝의 단면을 '로프트' 기능을 이용해서 연결, 3D화. 돋랩, 날개 끝의 판을 따로 분할한 것과 일체화한 것을 만들어 양쪽 모두 출력해봤다.

▲분할해서 출력한 것. 주익과 날개 끝의 판에는 핀을 만들었다. 플랩에는 핀 구멍을 만들었는데 막혀버렸다.

▲일체 출력했더니 깔끔해서 이쪽을 사용하기로. 이런 저런 선택지를 직접 시험해볼 수 있는 것도 디지털만의 장점.

▲다음은 리어 윙. 날개 끝의 판은 데이터 두께가 1.4mm였는데, 표면을 깎아서 중앙이 0.8mm, 가장자리는 0.6mm로 만들었다. 거니 플랩은 플라스틱 자재를 이용해 추가했다.

06 부품 다듬기

자작하거나 가공한 부품 표면을 다듬는 작업과, 도색한 뒤에 연결할 핀 등의 가공, 도색과 그 뒤의 조립을 위한 준비, 그리고 지금까지 언급하지 않았던 부품에 대해 소개합니다.

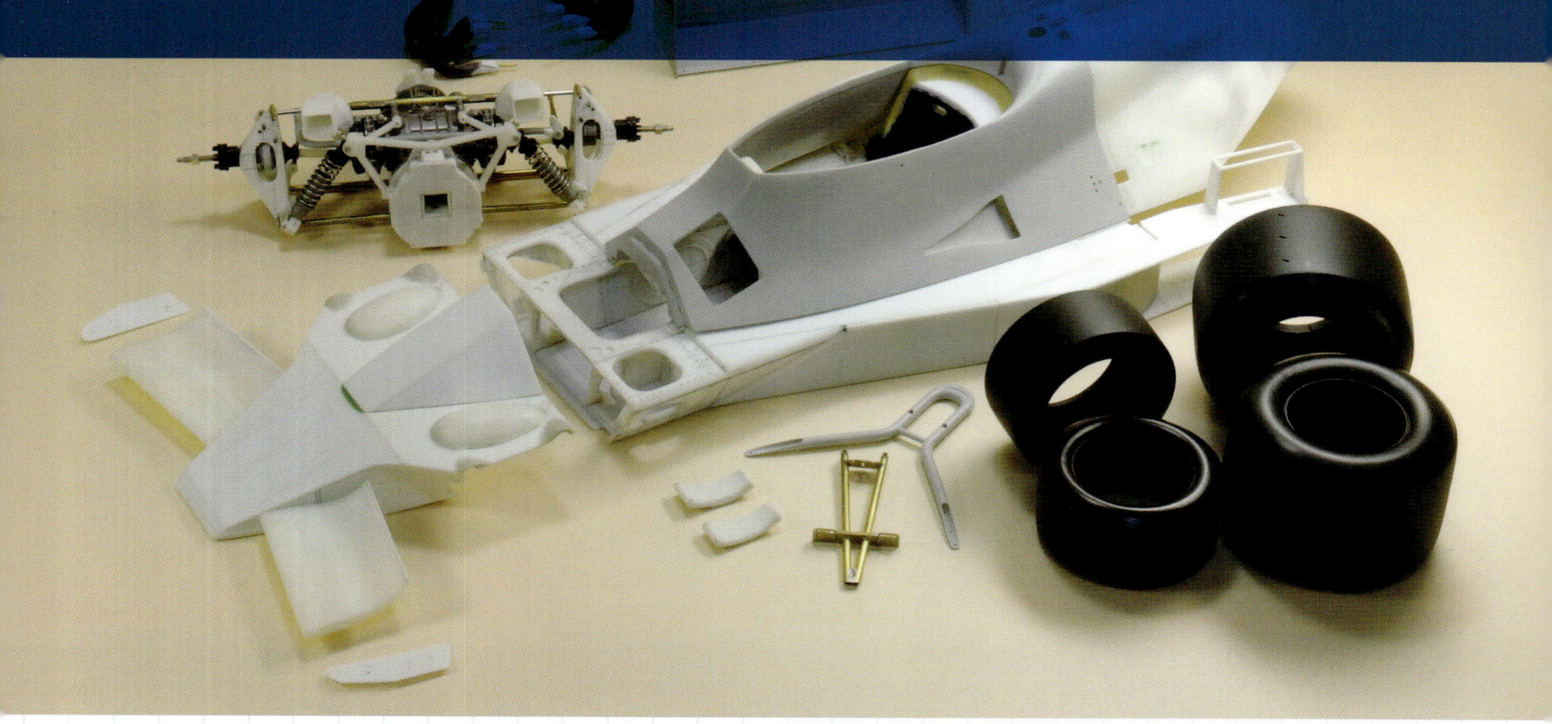

부품 표면 처리

복수의 소재를 사용해서 자작하거나 형태를 변경한 부품은 얼핏 보면 깔끔하게 처리된 것 같아도 가공한 흔적이 남아 있거나, 소재가 만나는 부분에서 미묘하게 변형이 발생하고는 합니다. 그런 것들을 다시 한 번 확인하고 다듬는 것이 '표면 처리'. 자동차 모델의 보디처럼 광택 도색하는 부분에서는, 도색면의 광택 때문에 거친 표면이 눈에 띄게 되니, 이 단계가 특히 중요합니다.

표면 처리에서는 자잘한 흠집을 메우고 표면의 색과 질감을 맞추기 위해서 '서페이서'를 사용합니다. 이것은 아주 얇은 퍼티 같은 것인데, 미세한 사포 자국 정도라면 이것으로 어느 정도 처리가 됩니다. 동시에 각 소재의 질감 차이(표면의 밀도나 색, 도료가 입혀지는 정도)도 서페이서로 전부 덮어서 맞춰주고, 밑색 도색 역할도 하게 됩니다. 플라스틱 재료 외에 ABS나 퍼티, 금속 등의 다른 소재가 섞여 있는 경우에는 그런 재료에도 접착성이 좋은, '프라이머'를 겸한 '프라이머&서페이서 타입'을 사용합니다.

프론트 노즈를 예로 들어보면, 주요 재료로 사용한 프라판들의 접합선은 물론이고, 에폭시 퍼티로 만든 좌우 4개의 불룩한 곳이나 ABS(3D 프린트로 만든)를 붙인 물방울 모양 벌지와의 경계가 매끄럽게 이어져 있는지가 집중해서 체크해야 할 포인트입니다.

서페이서를 뿌린 뒤에 흠집이나 모양을 체크할 때는 빛을 비추면서 이리저리 돌려가며 보거나, 세밀한 종이 사포를 사용해서 표면을 문지르는 것처럼 가볍게 절삭. 여기서는 사포 뒤에 지우개를 대고 쓰거나 스펀지 사포 등 탄력이 있는 제품을 사용하는 것도 효과적입니다. 약간 우묵한 곳은 서페이서의 도막을 이용해서 정리하고, 심하게 들어간 곳이 있다면 '액체 퍼티'나 '병 서페이서', 또는 '순간접착제'로 메워준 뒤에 사포로 다듬어줍니다. 서페이서를 뿌린 면에 사포질을 해서 소재가 드러난 부분에는 다시 서페이서를 뿌려서 전체를 다듬어주는데, 이 때 에어브러시를 사용하면 얼룩덜룩한 표면을 맞추기도 쉽고 서페이스의 도막이 두꺼워지는 것도 막을 수 있습니다.

◀흠집을 메우고 질감을 맞추기 위해 서페이서를 뿌린다. 퍼티나 금속에도 잘 먹는 '프라이머&서페이서 타입'을 사용

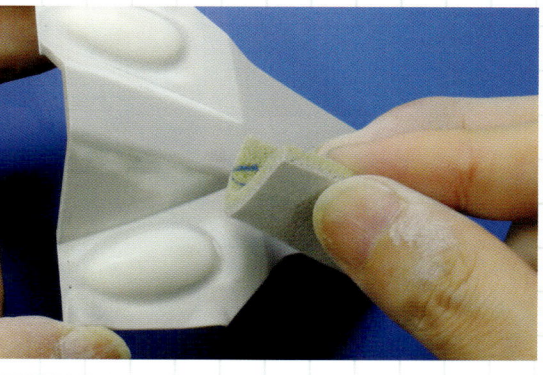

◀서페이서를 뿌린 뒤에 사포질. 세밀한 사포로, 표면을 살살 문지르듯 사포질을 한다. 곡면으로 연결된 부분에는 스펀지 사포를 쓴다.

다듬기 06

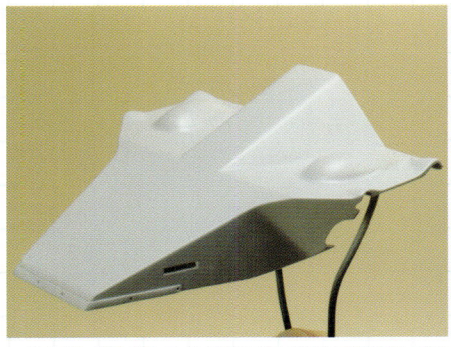
▲사포질을 해준 다음 다시 서페이서를 뿌려서 정리한다. 원래 소재와 접합선을 알아볼 수 없는 상태.

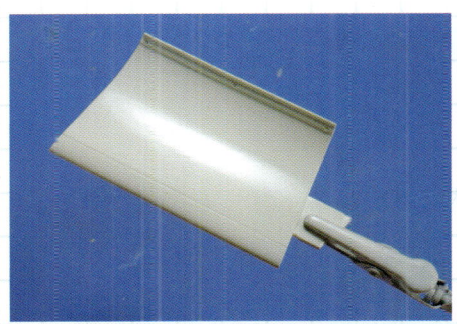
▲서페이서를 뿌린 면을 사포로 다듬기 전에 빛을 비추면서 확인하면 표면의 변형이나 홈집을 발견하기 쉽다. 상황에 따라서는 이 위에 퍼티로 메워주기도 한다.

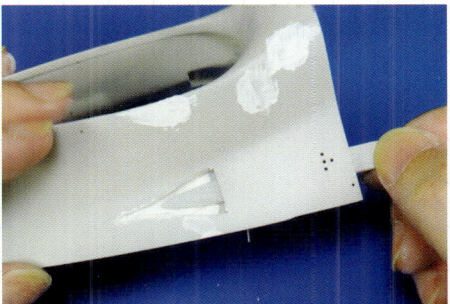
▲홈집이나 변형된 부분에 플라스틱 퍼티(화이트)를 발라서 다듬는 중. NACA 덕트 아래쪽을 다듬기 위해, 종이 사포를 붙인 프라판을 구멍으로 찔러 넣었다.

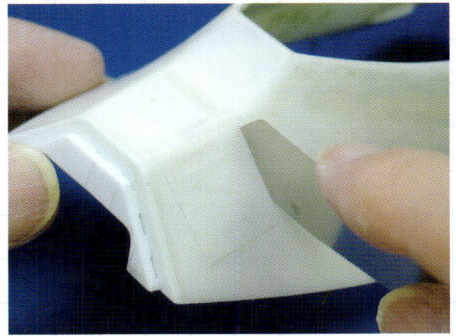
▲사각 패널은 완만한 곡면 위에 있어서 그 면을 살릴 수 있도록 잘단. 두께 0.1mm 톱을 이용, 잘리는 부분을 최소한으로 줄였다.

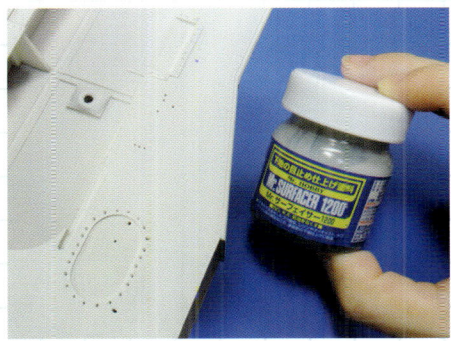
▲플라스틱 재료로만 만든 부분은 GSI 크레오스의 「Mr. 서페이서 1200」을 사용. 리벳 자국이 메워지지 않도록 하기 위한 배려다.

▲브레이크 덕트 표면 등 거친 면을 표현하고 싶은 곳에는, 타미야 병 서페이서로 붓자국이 남게 칠했다.

변형 수정

여기는 마무리하려다가 다시 다듬기로 돌아간 아쉬운 부분. 잘 다듬고 부품까지 맞춘 카울 부분이, 도색할 때까지 1년 가까이 지나다 보니 변형이 발생했는지, 잘 안 맞게 돼버렸습니다. 카울 표면에 복수의 소재를 사용하는 도수는 피하고 싶었습니다만, 소재 표면을 깎아서 맞춰주면 두께가 너무 얇아지게 되니, 어쩔 수 없이 에폭시 퍼티를 사용해서 다듬기로 했습니다. 사용한 에폭시 퍼티는 「매직 스컬프」(오사카 플라스틱 모델). 플라스틱에 잘 붙고 얇게 펴서 사용하기 편해서 선택. 도색한 뒤에 변형이 생긴 게 아니라 다행이라고 생각해야겠죠….

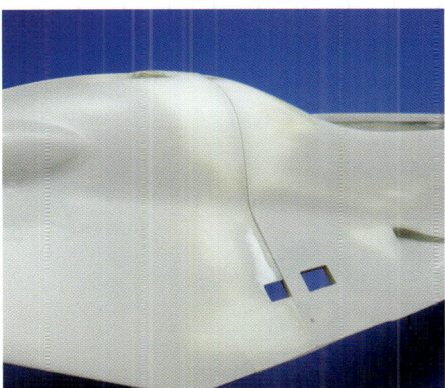
▲콕피트 쪽과 카울기 만나는 면. 시간이 지나면서 변형됐는지, 잘록한 부분이 안 맞게 돼버렸다.

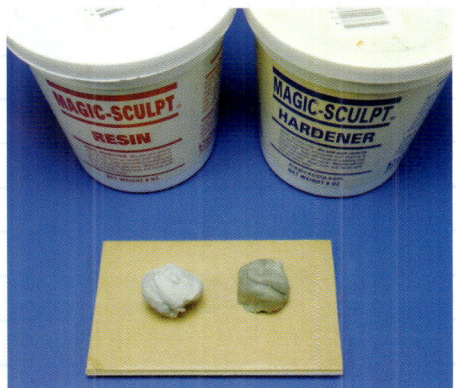
▲보수에는 플라스틱 등에 잘 붙는 에폭시 퍼티 「매직 스컬프」를 사용했다.

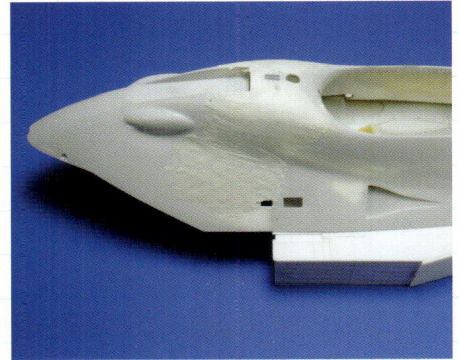
▲카울을 서로 고정한 상태에서 양쪽의 표면이 이어지도록 붙여 준다. 부분적으로 메우는 게 아니다.

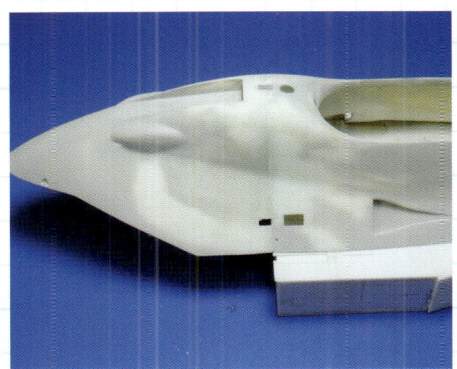
▲카울 전체가 자연스러운 라인으로 이어지게 다듬는다. 접합선에 들어간 퍼티는 나이프로 처리했다.

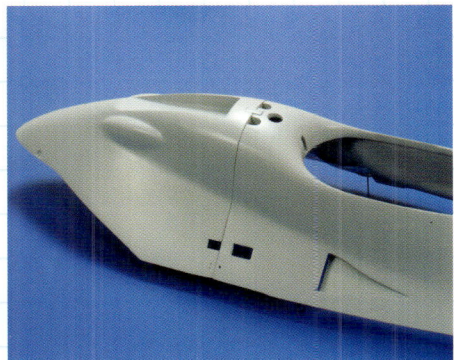
▲서페이서를 뿌려서 다듬은 카울 표면. 퍼티로 수정한 부분이 표나지 않고 카울도 딱 맞는다.

핀과 리벳 만들기

리벳이나 볼트의 '머리'를 재현하기 위해서 침핀이나 시판하는 금속 리벳을 사용하는 경우가 많은데, 이 작품에서는 그런 부분 외에도 서스펜션의 조인트나 세세한 부품을 장착하는데도 많이 사용했습니다. 그 부분은 실제 차량을 따라서 각 부품을 따로따로 만들었기에 느낄 수 있는 재미입니다. 정밀한 느낌도 향상되고, 직접 만드는 체험도 할 수 있습니다. 도색한 뒤의 조립 작업이 기대됩니다. 부품 제작 단계에서는 그런 부분을 핀이나 황동선으로 가고정해두고 나중에 보다 적합한 소재로 검토할 생각이라서, 도색하기 전에 소재 선택과 길이 조정 등을 결정했습니다. 사용하는 개수가 많다 보니 사전에 전체 상황을 파악해두지 않으면 조립하는 중에 「리벳이 모자라네」 사태가 발생할 수도 있으니, 미리 준비해두는 게 좋습니다.

주로 사용하는 소재는 기본적인 침핀과 모형용 금속 리벳, 그리고 극소형 나사도 일부. 최근에는 1.0mm 이하의 극소 나사도 구할 수 있게 되어 정말 다행입니다. 어느 정도 크기를 준비해야 할지 판단하기 힘들어서 돈이 많이 들기도 하지만, 돈을 들인 만큼 효과적으로 사용하고 싶습니다.

침핀은 가격이 저렴하고 크기를 고르기도 편해서 애용합니다. 길이도 부품을 고정하는데 충분(원래 곤충 표본 고정용이라 당연한 얘기입니다만). 핀의 머리는 둥근 모양(솔직히 찌그러진 공 모양)이라서, 볼트처럼 보이게 만들고 싶을 때는 머리를 평평하게 깎아서 사용했습니다. 핀이나 리벳의 머리를 다듬거나 일정한 길이로 자를 때는 구멍을 뚫은 프라판에 고정해서 가공합니다. 한 번에 가공할 수 있고 길이를 맞추기도 편하며, 플라스틱 부분을 작업 중에 '손잡이'로 사용할 수도 있으니, 한 개를 가공할 때도 편리합니다.

핀을 꽂을 쪽에는 미리 구멍을 뚫어주는데, 도색하면 구멍이 빡빡해질 수 있다는 점을 고려하세요. 또한 머리가 어떻게 나올지를 생각해서, 구멍 가장자리만 약간 넓게 조정해주기도 합니다. 축의 길이를 확보하고 싶지만 끝부분은 너트 모양으로 처리하고 싶은 곳 등에는 핀과 프라 리벳을 조합하거나, 반대로 금속 리벳(육각)의 축을 극소 황동 파이프에 꽂아서 연장하는 방법으로 대처한 곳도 있습니다.

극소 나사는 업라이트와 서스펜션 암의 조인트 등, 힘이 들어가는 부분에 사용했습니다. 나사 머리가 (+)나 (-)인 것이 조금 아쉽지만(가능하다면 육각이 좋습니다), 그것보다는 확실한 고정을 우선.

또한 콕피트와 블랙박스에 있는 '스위치'를 재현할 때는 핀의 머리를 부품 쪽에 묻고, 축 쪽이 튀어나오게 했습니다. 그리고 에칭 육각 와셔를 끼워서 '토글스위치'와 비슷하게 만들었습니다.

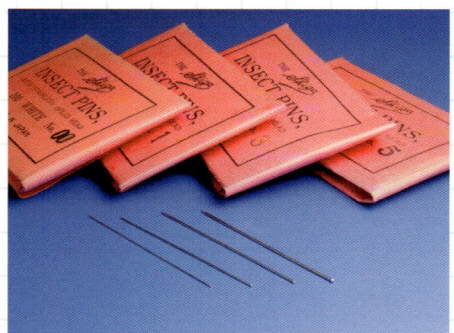
▲시가 곤충 보급사(志賀昆虫普及社)의 침핀. 축의 굵기를 드릴과 맞추기 쉬운 사이즈인 #00(0.3mm), #1(0.4mm), #3(0.5mm), #5(0.6mm)를 사용.

▲리벳 가공품은 모델 팩토리 히로의 알루미늄제나 아들러즈 네스트 제품을 깎아서 사용. 와셔류는 톱 스튜디오의 에칭 부품.

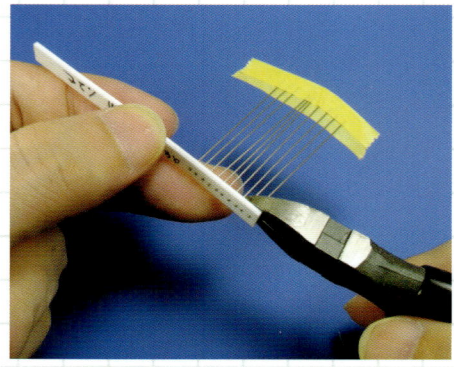
▲필요한 숫자가 많아서 침핀을 다듬고 절단할 때는 프라판에 줄지어 끼워서 작업. 이 방법이 다루기 편하다.

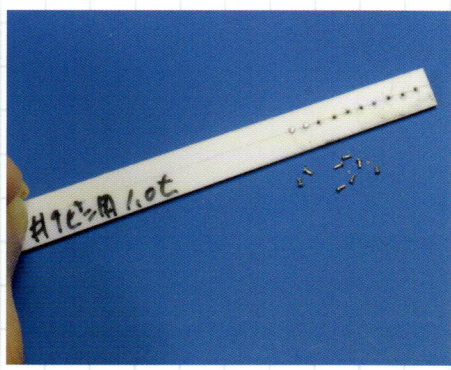
▲침핀의 머리를 평평하게 깎아서 리벳 모양으로 만들어서 사용. 프라판 가이드 덕분에 길이를 맞추기도 편하다.

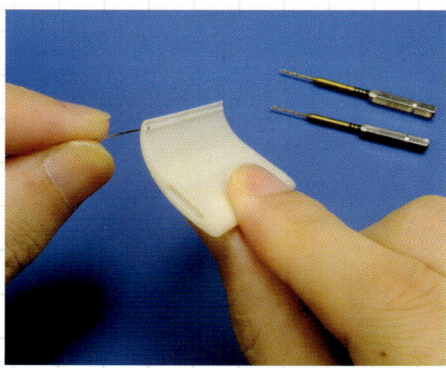
▲리벳 머리가 잘 나왔는지 확인 중. 부품 표면과의 밀착감을 고려해서 구멍을 가장자리만 약간 넓게 만들어줬다.

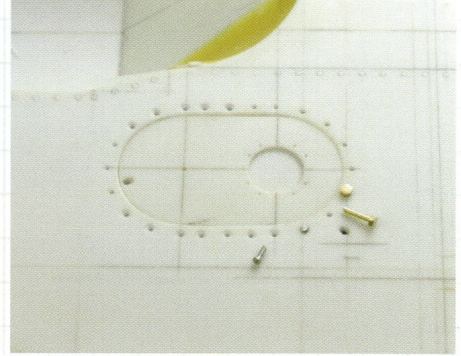
▲급유구 주위에는 육각 볼트와 머리가 튀어나오지 않는 리벳이 혼재. 구멍도 거기에 맞춰서 뚫어줬다.

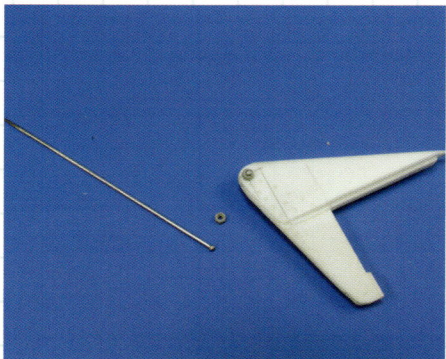
▲너트로 고정한 모습을 재현하기 위해, 핀과 프라 리벳을 조합한 부분.

▲스위치 재현에는 핀 머리를 안쪽으로 넣고, 에칭 부품으로 와셔를 재현했다.

다듬기 06

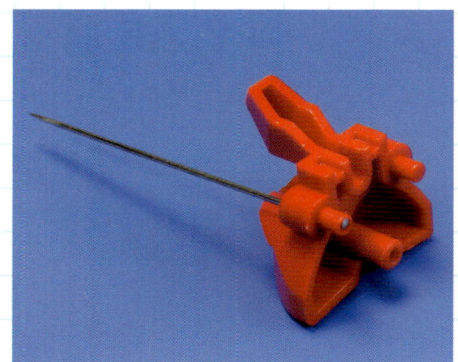

▲콕피트에 있는 붉은 커버에 달린 스위치는, 빨간 사출색 부품을 이용해서 만들었다.

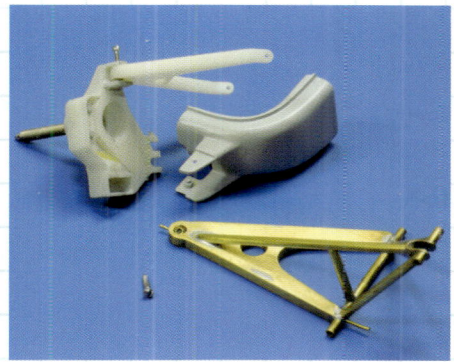

▲업라이트와 서스펜션 암은 1.0mm 나사로 고정. 볼 조인트의 모습도 재현.

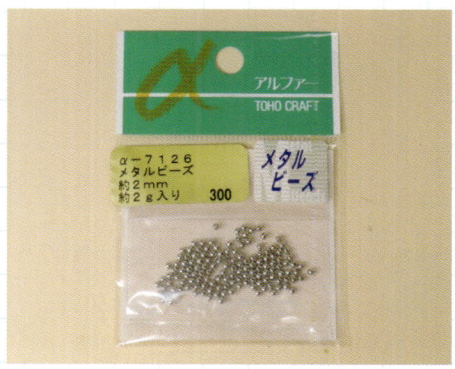

▲볼 조인트에는 메탈 비즈 2mm를 사용. 중심의 구멍은 드릴로 약간 넓혀줬다.

금속 부품 다듬기

금속 표면 자체를 살리고 싶은 부분은 연마제 등을 사용하고, 반대로 광택을 없애고 싶은 부분에는 일정한 방향으로 아주 가느다란 흠집(헤어 라인)을 만들어주는 등의 방법으로 표면의 질감을 조정합니다.

도색할 부품을 다듬으면서 생긴 사포 자국을 없애기 위해 밑도색도 겸하는 프라이머 겸 서페이서를 사용하는 것은 다른 부품과 마찬가지. 서페이서를 너무 두껍게 입혀서 금속의 샤프한 느낌을 망치는 것은 피하고 싶으니, 사전에 금속 표면을 다듬어 놓는 것도 중요합니다. 큰 흠집은 사전에 납으로 메우고 다듬었습니다.

황동으로 만든 서스펜션 암들은 반광 블랙으로 도색할 부분이라서, 프라이머를 뿌린 뒤에 검은색 서페이서를 조색한 도료로 칠했습니다. 서스 암은 조립 중에 긁히기 쉬우니까 프라이머로 도료를 잘 잡아주는 것도 중요합니다. 회색 서페이서를 사용하지 않은 것은 벗겨졌을 때의 보수 편의를 위한 것이고, 전부 에어브러시로 칠했습니다. 앞서 소개한 '도금 가공'을 이용해서 황동을 황동색에서 짙은 은색 계열로 바꿔줬습니다. 금속 느낌을 살리고 싶은 부분에 사용했는데, 벗겨져서 황동색이 보이는 경우의 대처 방법으로 도색하는 부분에도 니켈 도금을 해주는 게 좋았다고, 제작한 뒤에야 생각했습니다.

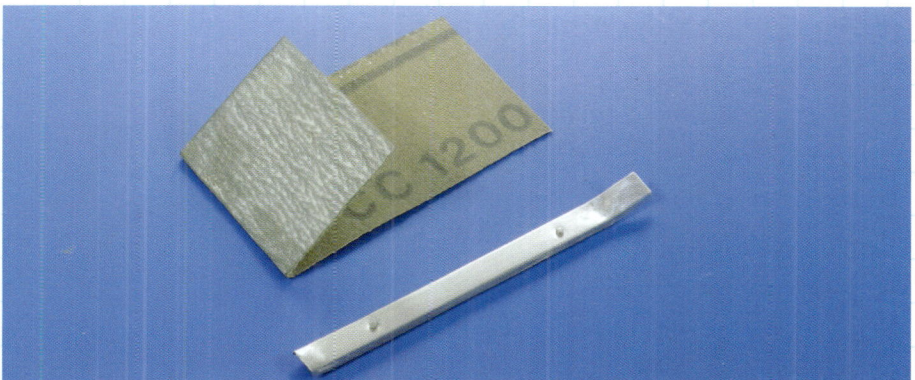

▲알루미늄 판을 구부려 만든 케이블 커버는 종이 사포(1200번)를 이용, 표면에 한 방향으로 흠집을 내서 광택을 잡아줬습니다.

▲화이트 메탈 부품(MFH제 1/12용 에어 밸브)도 광택을 내서 사용. 모터 툴로 회전시키면서 연마했습니다.

▲검게 칠할 서스 암은 프라이머를 뿌린 뒤에 블랙 서페이스를 바탕으로 조색한 도료로 밑도색을 했습니다.

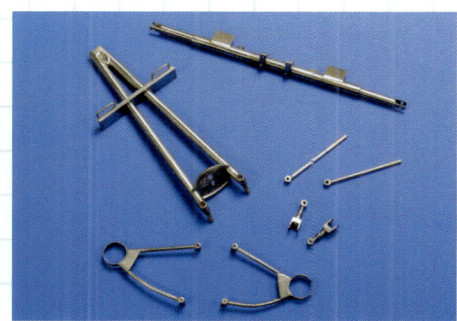

▲황동으로 만든 부품에 니켈 도금을 해서 금속만의 질감을 살릴 수 있습니다. 그 위에 또 도색을 해서 사용하기도.

고무 느낌의 타이어 만들기

나일론으로 출력한 타이어 부품. 분말을 레이저로 녹이고 굳혀서 적층한 것이다 보니 표면이 거칠게 나옵니다. 그 표면을 다듬어줘야 하는데, 단순하게 평평하게 만드는 것이 아니고 트레드면은 고무가 갈려나간 것처럼 거친 표면, 숄더 부분은 매끄러운 면으로 디테일에 차이를 만들어 실제 타이어의 분위기를 내줍니다.

먼저 나일론에도 사용할 수 있는 프라이머 「프라이머Z」(아이크래프트) 블랙. 이것을 몇 번 뿌리고 전체를 스펀지 사포로 다듬어줍니다. 일단 소재가 드러날 때까지 사포질을 한 뒤에 또 뿌려줍니다. 나일론은 의외로 단단해서 한 번 다듬어도 아직 거친 상태입니다. 트레드면은 이 거친 느낌을 그대로 살리고, 지금부터는 숄더 부분만 매끄럽게 만들어줍니다. 숄더면을 다듬 때 편리했던 것이 모터 툴의 비트, 디스크 페이퍼. 고무 패드에 원형 종이 사포를 붙이는 것인데, 가장자리의 원호와 적절한 탄력이 포인트. #240, #400 종이 사포를 양면테이프로 붙이는데, 컴퍼스 커터로 잔뜩 잘라놓은 뒤에 교환하면서 사용했습니다. 다듬은 뒤에 다시 프라이머Z를 뿌리고, 스틱 사포의 마무리용 녹색 면으로 연마해주니 1970년대 정도의 이미지가 됐습니다. 이 뒤에 도색을 해서 분위기를 향상시켰습니다.

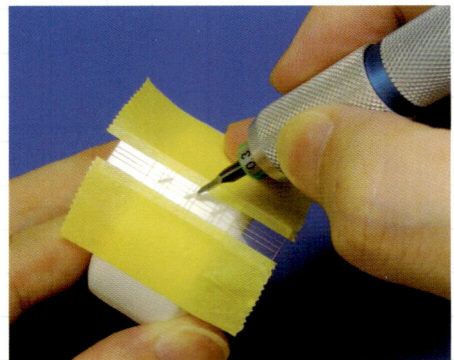
▲타이어 표면에 비스듬히 홈 몰드를 추가. 템플릿을 만들고 패널라이너로 새겼습니다.

▲나일론 표면에 「프라이머Z(블랙)」을 사용. 나일론에 잘 먹히는 데다 검은색이라서 선택.

▲프라이머를 뿌린 모습. 이대로는 거친 적층감도 남아 있어서, 표면을 사포로 정리.

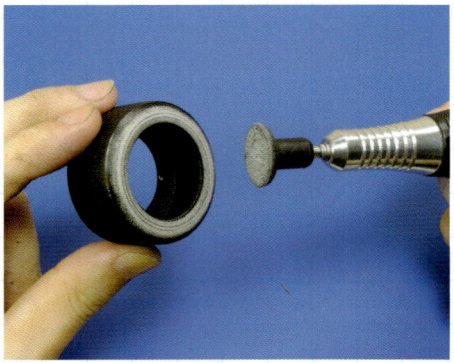
▲숄더 부분은 모터 툴을 이용해서 효율적으로. 고무 패드에 종이 사포를 붙이는 '디스크 페이퍼'가 편리했다.

▲다시 프라이머를 뿌리고, 이번에는 스펀지 사포로 다듬다. 처음보다 매끄러워진 것이 보인다.

▲프라이머를 또 뿌리고, 광택을 내기 위해서 웨이브의 「스틱 사포 피니시」로 연마. 성형된 고무의 분위기가 느껴진다.

▲트레드와 숄더의 질감 차이에 주목. 거친 표면을 타이어의 질감에 활용했다.

패드 질감 표현

롤후프 아래쪽에 검은 패드 같은 것이 있습니다. 실제 차량 사진에서는 표면에 그물눈이 보이는 천이라서, 좋은 게 없을까? 하고 찾아보다가 '접착 붕대'를 감아봤습니다. 작은 스케일이라면 도색이나 표면을 거칠게 해서 분위기를 살리겠지만, 이 스케일에서는 실물에 가까운 소재를 사용하기도 합니다. 뼈대는 에폭시 퍼티를 판 모양으로 만들고 곡면으로 구부려서 사용했습니다. 의도대로 표현돼서 만족스러웠지만, 완성하면 잘 보이지 않는 부분이라 여기서 어필합니다!

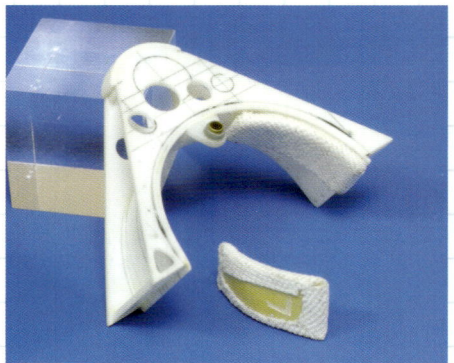
▲롤후프 아래 좌우에 쿠션 같은 것이 있다. 그 표면의 질감을 재현하기 위해서 붕대를 사용.

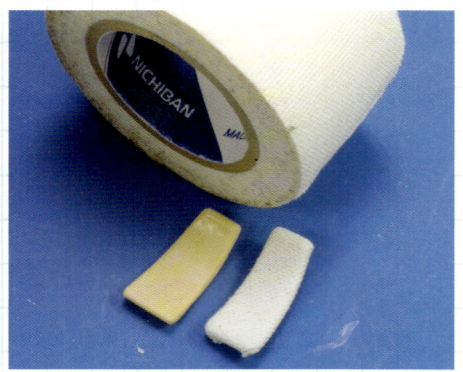
▲에폭시 퍼티로 뼈대를 만들고, 그 표면에 접착 붕대를 감았다. 우묵한 면에도 잘 붙었다.

부품 관리와 설명서

많은 부품을 자작한 작품인 만큼, 부품 숫자는 일반적인 1/12 스케일 F1 프라모델에 디테일업 부품을 산더미처럼 쌓아놓은 정도가 되는데, 그 부품 관리에도 신경을 썼습니다. 작게 구분된 부품 통도 썼습니다만 뒤집히지 않는다는 보장이 없고, 큰 부품은 그렇다 치고 세부 부품이나 핀, 너트는 잃어버리거나 혼동하기 쉽기 때문에 메모지에 적어 두고 지퍼백에 넣어서 관리했습니다.

동시에 조립이나 도색에 대한 구상도, 그 부분을 작업할 때 메모해두지 않으면 잊어버리게 됩니다. 키트 제작이라면 설명서에 적어두면 되지만, 풀 스크래치에서는 설명서가 없기 때문에 손으로 스케치를 하기도 합니다만, 이렇게 사진을 찍으면서 제작하고 있으니 거기에 적어두면 편할 것 같았고, 그래서 세부 부품의 지시나 파이핑 방법, 도색 지시 등을 설명서처럼 정리하기로 했습니다. 거기에 시간과 수고를 들일 필요가 있을까도 싶었지만, 그 뒤의 도색이나 조립 단계가 되어 보니 역시 만들어두길 잘 했다는 생각이 들었습니다.. 그 중에서 몇 가지를 소개하겠습니다.

▲작은 부품은 지퍼백에 넣어서 관리. 극소형 부품은 메모지(핑크색)에 붙이고 자세한 메모를 해뒀다.

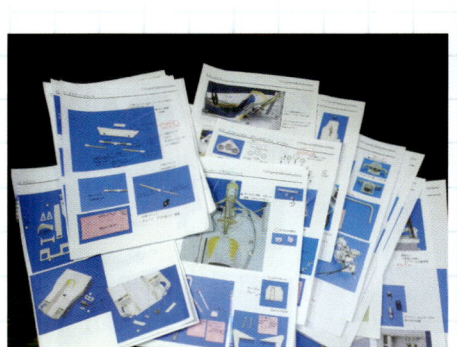

▲부품 제작 단계를 마치고, 도색이나 조립을 위한 정보를 설명서처럼 정리했다. 이것은 사용한 두라서 제작 중의 메모가 더 추가됐다.

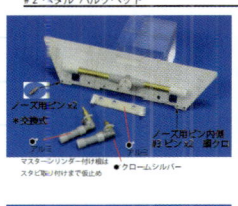
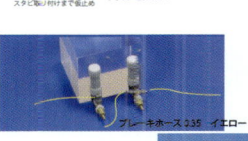
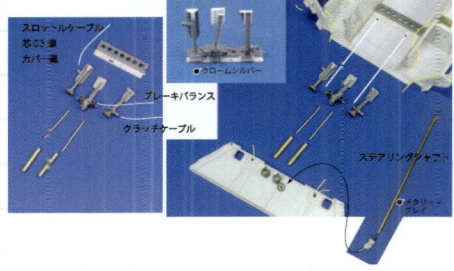

▲페달과 마스터 실린더 주변의 도색, 파이핑 지시가 적혀 있다.

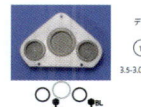

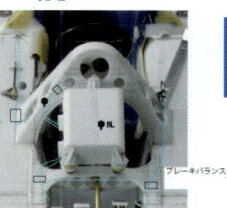
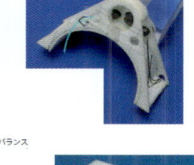

▲계기판 뒷면, 블랙박스에서 나오는 케이블 처리. 계기판에 끼울 클리어판의 지름 등.

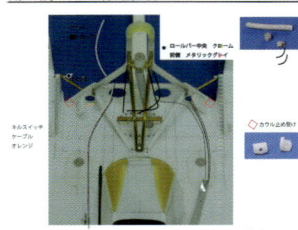

◀핀으로 고정하는 부분이 많은 롤바 주변. 세부 도색이나 에칭 부품을 붙이는 방법 지시도.

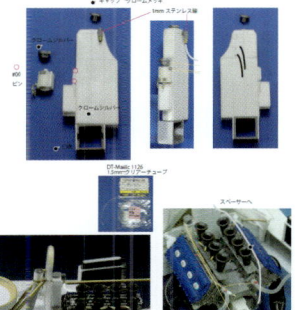

◀엔진, 오일 탱크 주변. 사용할 튜브 제품도 가조 립으로 확인한 사진을 넣었다.

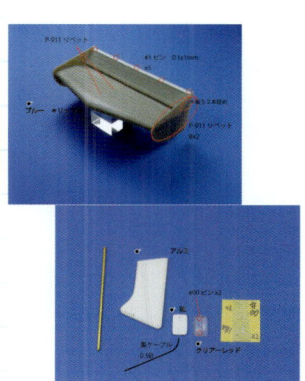

◀리어 윙 주변. 장착하는 핀, 리벳의 종류, 위치, 숫자를 적었다.

07 컬러링

공들여 만든 부품들의 도색. 이 공정은 기본적으로 프라모델 도색과 같습니다. 각 부분을 깔끔하게 구분해서 칠하는 것은 물론이고, 매끄러운 도막과 세부의 질감, 입체감을 높여주는 도색을 했습니다.

도색하기 전에

이 티렐 008은 대부분의 부품을 에어브러시로 도색했습니다. 그래서 먼저 에어브러시에 대해 소개하겠습니다. 이번에는 노즐 구경 0.18mm, 0.3mm, 0.5mm 이 세 개를 사용했습니다. 면적이 넓은 부분이나 광택 도색에는 0.5mm. 일반적인 부품에는 0.3mm. 아주 세밀하게 뿌려야 할 때는 0.18mm를 사용했습니다. 사용 중에는 끝부분의 니들 캡이나 뒤쪽의 테일 캡을 벗기는 경우도 있는데 그 이유는 오른쪽 설명을 참조하세요. 익숙하기에 사용할 수 있는 변칙적인 방법입니다. 캡을 벗기면 위험하니까 추천하지는 않지만, 나름대로 메리트가 있습니다.

에어브러시 도색에서는 공중에 도료를 뿌리기 때문에, 도색 부스를 사용하는 등의 환기 여건이 필요합니다. 사진의 도색 부스는 가정용 환풍기와 조합한 자작품. 이것은 제작 환경에 맞춰서 부스를 배치하기 위해서입니다.

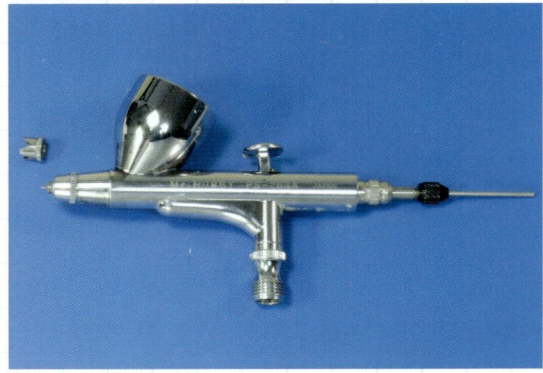

◀광택 도색, 금색 도색에서는 에어브러시 앞쪽의 니들 캡을 벗겨서 사용하는 경우가 많다. 이것은 미스트가 도색면에 강하게 부딪치지 않도록 하기 위해서. 또한 뒤쪽의 니들 커버를 벗긴 것은, 세척할 때 니들을 빨리 빼기 위해서.

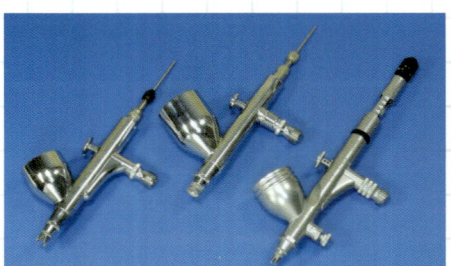

▲도색에 사용한 에어브러시. 왼쪽부터 노즐 구경 0.3mm, 0.5mm, 0.18mm. 도색할 면적과 광택 도색, 서페이서 등으로 구분해서 사용했다. 전부 버튼식 더블 액션.

▲에어브러시 도색에서는 주위에 미스트가 날아다니기 때문에, 그것을 빨아들이는 도색 부스 앞에서 작업한다.

▲벌집 구조의 필터 안쪽에 환풍기가 있다. 앞쪽의 미스트를 빨아들이기 위한 덕트도 위쪽에 있다.

컬러링 07

▲도색한 뒤에는 먼지가 묻지 않도록 건조 부스에 넣는다. 부스는 여열을 이용하고, 항상 작동시키지는 않는다.

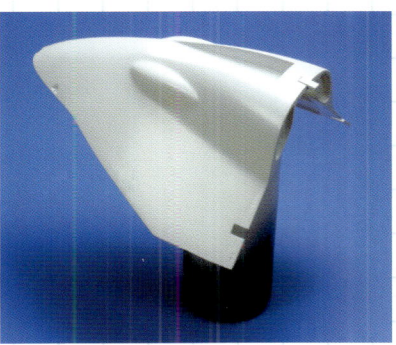
▲도색 중에 방향을 바꾸기 편하고, 건조할 때 안정되도록 빈 병을 손잡이로 사용한 예.

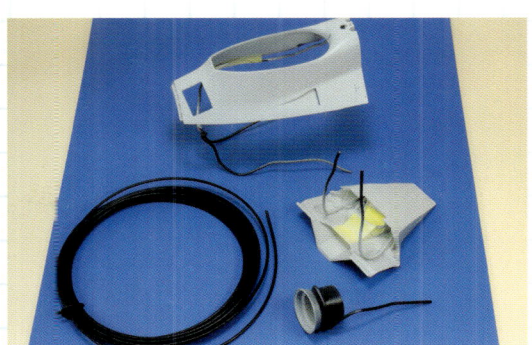
▲클립으로 잡을 수 없는 부품에 철사로 손잡이를 만든 예. 뒷면에 맞춰서 구부리고 테이프로 붙였다. 안정되게 놓을 수 있도록 아래쪽을 구부리거나 베이스에 꽂아서 사용.

카울 도색

카울은 광택 도색이라서 매끄러운 도막이 중요. 서페이서는 표면에 뿌리고 끝나는 게 아니라, 표면을 체크해서 도막이 거칠거나 미묘한 먼지가 붙었으면 고운 사포로 다듬어줍니다. 도색은 에어브러시를 뿌릴 때 미스트가 뭉치지 않도록 주의하면서, 처음에는 바로 마를 정도로만 얹어주고 그 뒤에 색을 확실하게 입히면서 전체 농도를 맞추고, 마지막에는 조금 젖은 상태에서 바로 마르지 않는 정도로 뿌리고 끝나는 흐름. 먼지 제거나 표면 상태가 신경 쓰이는 부분(흐르거나 도막이 거친 부분)이 있으면 마를 때까지 기다렸다가 다시 사포로 다듬고 도색합니다. 이것을 '중간 연마'로서 전체적으로 해주면, 광택이 더 좋아집니다. 카울 도색에서는 같은 색 부품들의 농도와 광택이 잘 맞도록 주의하는 게 포인트입니다.

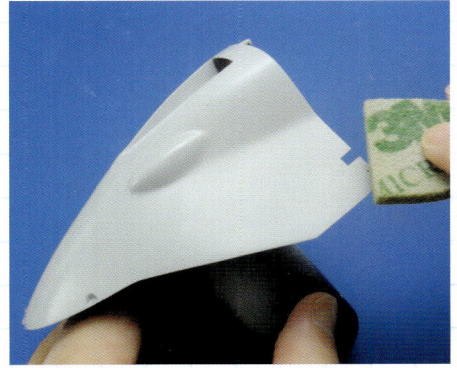
▲광택 도색 전에 서페이서 표면이 거칠지 않은지 확인. 고운 스펀지 사포로 문질러주듯이 정리한다.

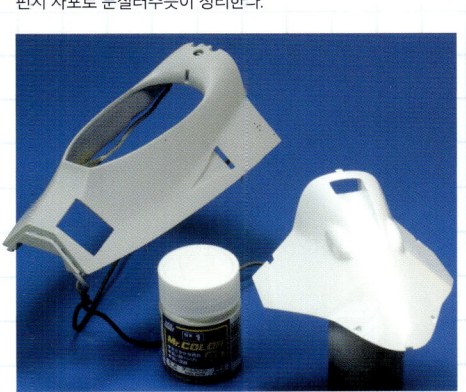
▲카울의 흰색은 「Mr. 컬러 GX-1 쿨 화이트」를 사용. 회색 서페이서가 비치지 않고 확실하게 발색해준다.

▲노즐 구경 0.5mm의 에어브러시를 사용해서 화이트를 도색 중. 부품과 에어브러시의 거리는 이 정도인데, 처음에는 약간 떨어져서, 마지막에는 가까이에서 뿌려준다. 색을 얹어주는 단계에서는 부품의 방향을 바꿔주며 전체가 균일해지도록 칠해준다.

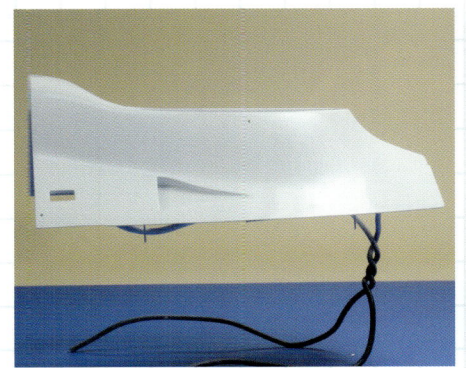
▲뭉친 곳 없이 매끄럽게 칠해진 카울. 반사광으로 그 광택이 느껴진다.

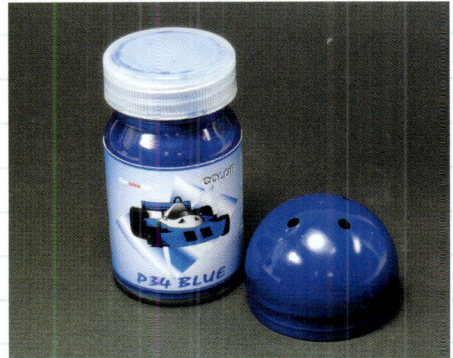
▲블루는 바르케타의 「P34 블루」를 사용. 이름 그대로 1977년의 P34에 맞춘 조색이다.

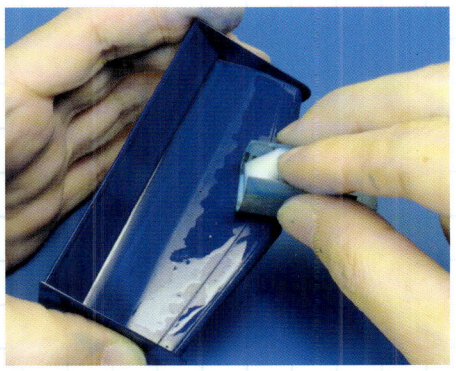
▲도색한 리어 윙을 「Mr. 라플로스 6000」으로 중간 연마. 미세한 요철을 잡아준 뒤에 덧칠해서 광택을 더 살려준다.

도색할 때 주의할 부분

현실은 「깔끔하게 칠합시다」라는 말로 전부 해결되지 않으니까, 주의점이나 실패한 부분을 소개하겠습니다. 노즈의 예는 미스트가 뭉쳐버린 상태. 사다리꼴 범위를 하얗게 칠할 때, 옆에서 뿌려서 미스트가 벌지와의 틈새에 고여 버린 것 같습니다. 이 경우에는 윗면에서 뿌려야 했는데, 부품을 든 상태에서 뿌리기 편한 방향에서 뿌린 게 실수였던 것 같습니다. 미스트를 가리는 것이 있는 부분에서 뿌리게 된 거죠. 뿌리는 도중에 알아차렸지만, 구분 도색할 부분이 아니라서 일단 계속하고 나중에 보수하기로 했습니다.

우툴두툴한 부분은 건조한 뒤에 중간 연마와 같은 요령으로 연마해서 정리합니다. 아쉽게도 벌지의 곡면 부분에서 밑색이 노출돼서, 그 부분은 블루를 칠하기 전에 에어브러시로 서페이서를 부분 도색합니다. 이렇게 고이기 쉬운 부분에는 뿌리는 방향을 잘 생각해야 하는데, 라디에이터 앞쪽의 핀은 별도 부품으로, 칠한 뒤에 붙였습니다. 또 하나 도색한 뒤에 갈아낸 곳이 카울의 사각 패널. 도색했더니 안 들어가게 돼버려서, 접하는 면을 도막째 다듬었습니다. 단면을 다시 뿌릴 때는 표면 쪽이 벗겨지지 않도록 뒷면 쪽으로만 줄을 움직여서 다듬습니다. 데칼을 붙이고 클리어도 뿌려야 하니, 좀 여유롭게 열리게 해주고 그 부분만 화이트를 다시 칠해줬습니다.

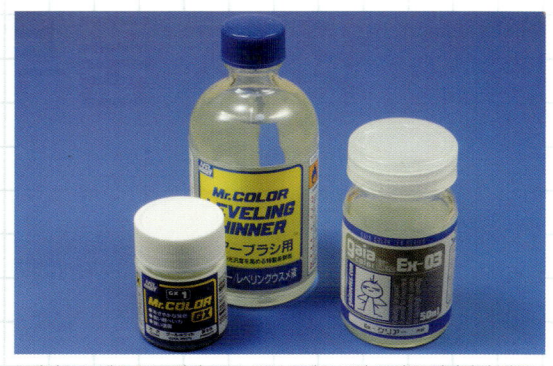
▲화이트 도색은 「Mr. 컬러 GX-1」(GSI 크레오스)와 도막을 평평하게 해주는 「레벨링 희석액」(GSI 크레오스)을 사용. 화이트 위에는 구분 도색에 대한 보호용으로 「Ex-클리어」를 덧칠했다.

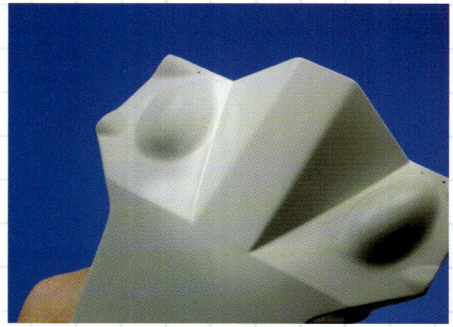
▲화이트 도색 전, 벌지(부푼 곳)와의 사이에 미스트가 알갱이 모양으로 뭉쳐버렸다. 뿌리는 방향과 미스트가 거칠었던 것이 원인.

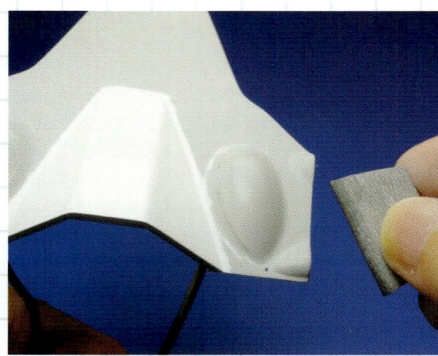
▲거친 면은 마른 뒤에 종이 사포로 표면을 다듬는다. 밑색이 드러난 부분에는 다시 서페이서부터 뿌려준다.

▲도색면 수정이나 중간 연마에 사용하는 연마재. 「타미야 피니싱 페이퍼」(타미야) #1200 이상, 3M의 「래핑 필름 #4000」, 「Mr. 라플로스」(GSI 크레오스) #6000 등.

▲통째로 칠한 리어 윙에서는 날개 끝판 안쪽과 플랩이 겹쳐지는 부분에서 뭉치지 않도록 여러 방향에서 뿌려줬다.

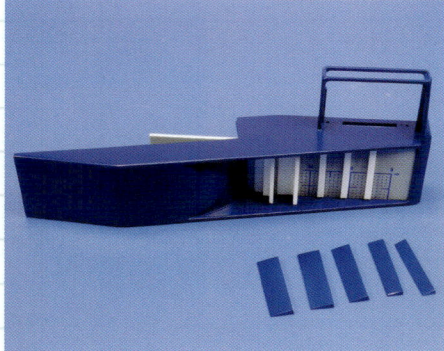
▲보디 측면 5개의 핀은 칠하기 쉽게 별도 부품으로 만들었다. 도색한 뒤에 붙여서 뭉치는 것을 막았다.

▲표면에 우묵한 리벳이 있는 차체 윗면은, 몰드가 지워지지 않도록 몰드를 피하면서 중간 연마를 했다.

패널 맞추기

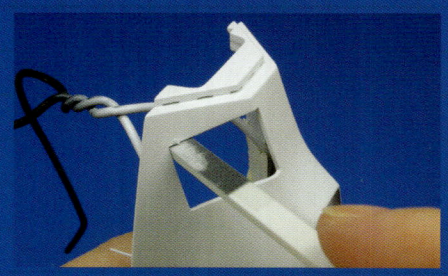
▲억세스 패널이 도막 두께 때문에 잘 들어가지 않아서 테두리를 갈아내기로. 표면에 영향이 가지 않도록 갈아준다.

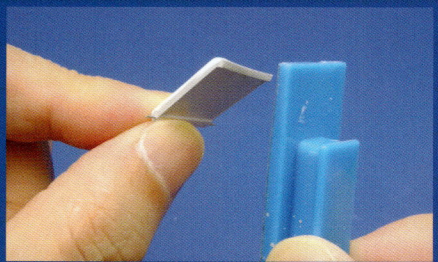
▲패널 쪽도 가장자리를 다듬는다. 표면 쪽은 그대로 두고, 가장자리가 잘 들어가도록 테이퍼 모양으로 깎았다.

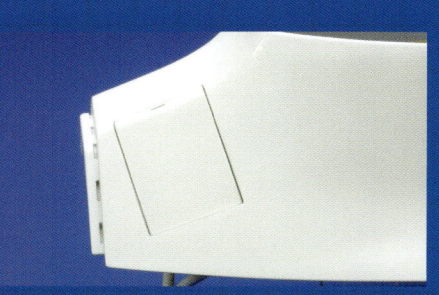
▲다듬은 뒤. 이곳은 데칼을 붙이고 클리어도 뿌리는 곳이라서, 약간 틈이 생기게 해줬다.

마스킹을 이용한 구분도색

노즈의 화이트 부분 주변에 블루로 도색할 부분은, 마스킹 경계면을 샤프하게 해주고 싶죠. 이런 곳에는 종이 마스킹 테이프가 아니라 비닐이나 필름 등 잘 구겨지지 않는 것을 사용하는 게 좋습니다. 화이트 면은 클리어도 올려줬기 때문에, 마스킹이 완벽하지 않았더라도 화이트 면에 데미지를 주지 않고 갈아낼 수 있습니다. 또한 직선적인 마스킹을 하면 각이 뾰족해지는 것이 마음에 걸려서, 그 부분은 붓으로 수정했습니다.

모노코크에서는 실버와 블루 도색을, 반대쪽을 전부 마스킹하는 방법으로 칠했습니다. 이것은 색이 겹쳐지지 않도록 하기 위한 것과, 발색을 다른 부품과 맞추고 도막이 두꺼워지지 않도록 하기 위해서. 다행히도 경계선 대부분이 다른 부품에 가려지거나 각진 부분이라서 수정이 어렵지 않았습니다.

마지막 예는 롤바의 이중으로 된 부분의 위쪽만 색감을 바꿔주기 위한 마스킹. 이곳은 곡면을 다라서 마스킹하기 위해 잘라서 벗겨낼 수 있는 타입의 마스킹 졸을 사용. 졸이 마른 뒤에 불필요한 부분을 잘라내고 도색했습니다.

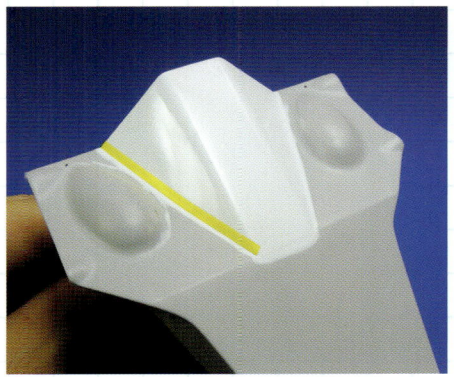
▲구분 도색의 경계선에 맞춰 비닐 마스킹 테이프를 붙인다. 종이보다 덜 구겨진다.

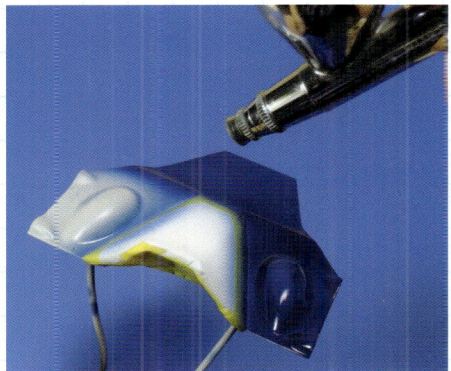
▲블루 도색 중. 마스킹 가장자리에 도료가 고이지 않도록 주의하며 뿌린다. 흰색 중심부는 종이로 덮었다.

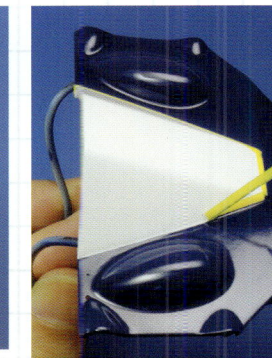
▲블루 도색면. 거친 면을 다듬은 흔적이 보여서, 중간 연마를 한 뒤에 블루를 다시 칠했다.

▲마스킹을 벗기는 도중. 스며들지 않은 상태로 보인다.

▲끝부분이 약간 스며서 종이 사포로 갈아낸다. 클리어 층이 있어서 화이트 층에는 데미지가 없다.

▲마스킹한 각이 너무 뾰족해서 블루를 살짝 리터치해서 각을 줬다. 이건 봤을 때의 인상 문제.

▲구분 도색한 노즈 윗면. 블루 면의 클리어 코트는 데칼을 붙인 뒤의 클리어 도색으로 겸한다.

모노코크 마스킹 예

▲블루를 칠하는 면을 마스킹하고, 안쪽 면을 실버로 도색한 상태. 내벽 등은 분리해서 따로 도색했다.

▲마스킹을 벗기고 실버를 칠한 면과 접착면이 되는 부분을 마스킹했다. 이 상태에서 블루를 도색한다.

▲롤바 위쪽만 색감을 바꿔주기 위해서 마스킹. 졸 타입을 바르고, 마른 뒤에 칼집을 내서 불필요한 부분을 제거.

금속색 도색

금속색 도색에는 주로 「Mr. 컬러 슈퍼 메탈릭」(GSI 크레오스)와 「알클래드Ⅱ」(플라츠). 슈퍼 메탈릭 계열은 모노코크 등의 알루미늄이 드러난 부분, 그리고 롤바. 전부 주변에 부품이 있거나 조립하면서 만지는 부분이라서 클리어로 코팅해주고 싶은 부분. 밑색은 서페이서면을 연마해주고, 뿌릴 때는 너무 세지 않게 살짝 얹어주는 느낌으로, 입자가 도색면에 흐르지 않게 해줍니다. 그래서 니들캡을 벗기고 뿌리기도 했습니다. 하지만 마른 느낌에서도 광택이 죽을 수 있으니, 잘 판단해야 합니다.

또한 알클래드Ⅱ는 같은 알루미늄 표면이라도 단조롭지 않도록 변화를 주고 싶은 부분이나 엔진 주위에 많이 사용했습니다. 사실 이 도료는 에나멜 도료라서 먹선을 넣고 닦아내도 잘 지워지지 않고, 어지간한 웨더링도 잘 먹혀서 사용하기 편합니다. 기본적으로 에어브러시용이지만 도색이 벗겨진 표현 등에 금속 느낌을 추가하는데도 효과적입니다. 가격은 좀 세지만, 색감까지 포함해서 편리하게 사용했습니다. 그리고 금속이 탄 표현 등에 클리어 컬러를 겹쳐주는 방법도 있는데, 이번에는 배기관 주변 등을 무광으로 처리. 그 부분은 「Mr. 웨더링 컬러」(GSI 크레오스)의 러스트 오렌지와 셰이드 블루 등을 필터링하는 느낌으로 사용했습니다.

▲「Mr. 컬러 슈퍼 메탈릭」에서 슈퍼 파인 실버는 알루미늄 부분, 슈퍼 아이언은 롤바, 슈퍼 티탄은 세부 조인트 등에 사용.

▲알루미늄 부분은 서페이서면에 슈퍼 파인 실버를 도색. 보호를 위해 클리어를 얇게 코팅했다.

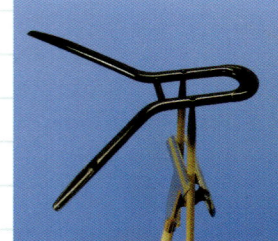
▲롤바는 깊이가 있는 금속색을 바탕으로 유광 블랙으로 도색. 도색면도 연마해준다.

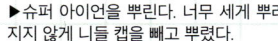
▶슈퍼 아이언을 뿌린다. 너무 세게 뿌려지지 않게 니들 캡을 빼고 뿌렸다.

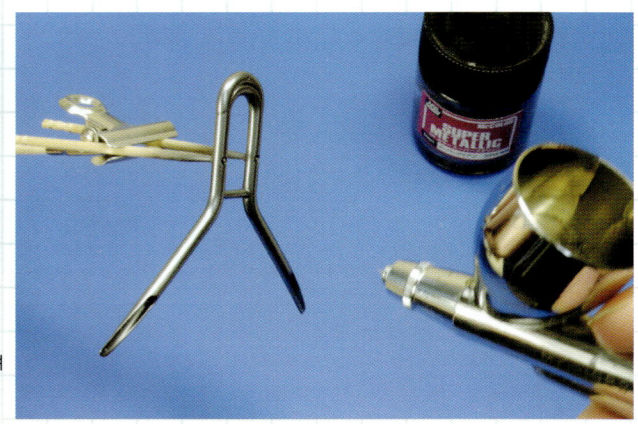

▲「알클래드Ⅱ」의 101 알루미늄. 알루미늄 중에서도 약간 광택을 강조하고 싶은 부분에 사용했다.

◀「알클래드Ⅱ」 도료의 도색면 비교. 왼쪽부터 101 알루미늄은 반짝이는 알루미늄 부분. 102 두랄루민은 엔진 블록, 조인트류. 107 크롬은 보기(補機)류, 거울면. 111 마그네슘은 브레이크 캘리퍼. 115 스테인리스는 깎아낸 부품. 116 반광 알루미늄은 리어 휠 등.

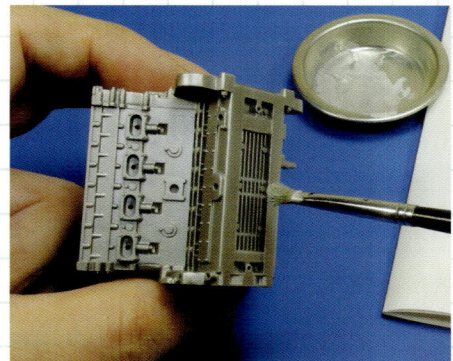
▲엔진 블록은 ALC102 두랄루민을 칠한 뒤에 101 알루미늄을 드라이 브러싱해서 + 몰드를 강조해줬다.

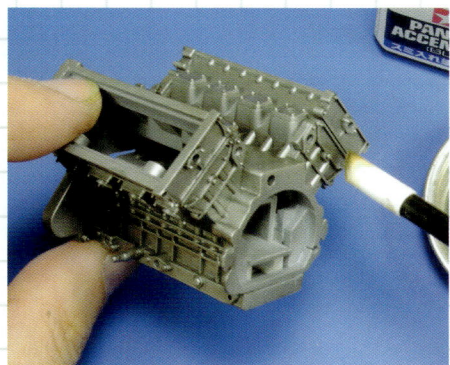
▲그리고 먹선과 닦아내기를 해주니, 몰드를 따라서 음영이 생기며 필터 같은 효과로 그럴듯한 분위기가 생긴다.

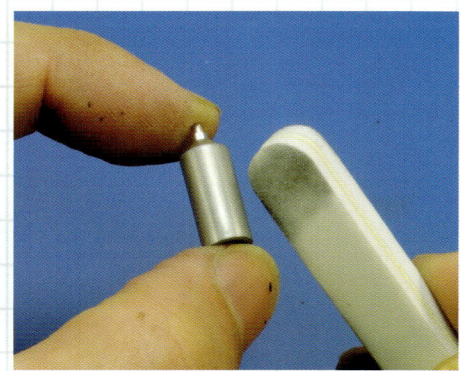
▲도색한 뒤에 좀 더 빛나게 해주고 싶은 부분은 「스틱 사포 피니시」로 연마. 너무 갈아내면 밑색이 노출되니 주의.

컬러링 07

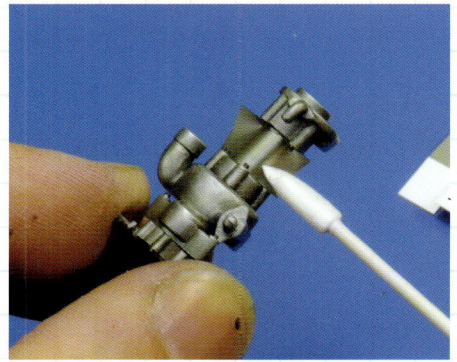
▲원통 부분의 금속 표현에는 하세가와의 피니시(점착형 마무리용 필름)와 금속 테이프 등도 효과적.

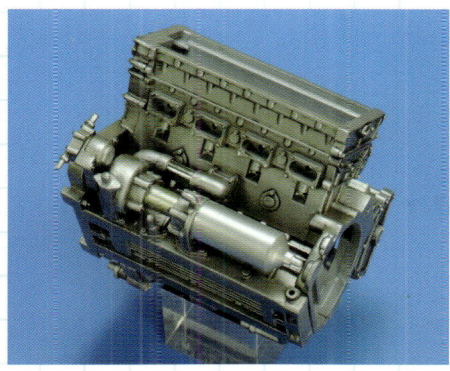
▲엔진 블록을 옆에서. 금속 표면을 문지르거나, 우묵한 부분에는 때가 낀 표현을 해줬다.

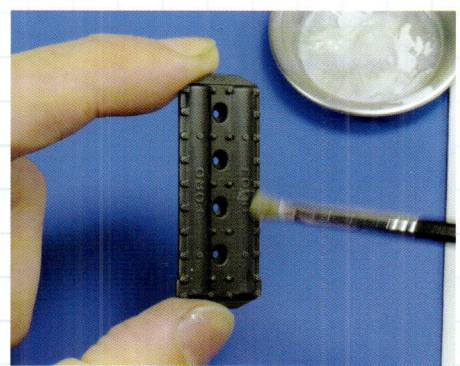
▲헤드 커버는 플랫 블랙(실버+그레이 약간 첨가) 바탕에 ALC116 반광 알루미늄으로 문지르듯이 드라이브러싱.

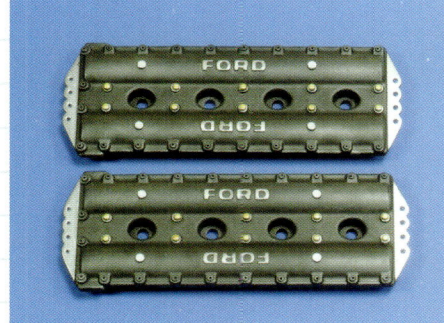
▲그 뒤에 +몰드 도색, 먹선을 한 캠 커버. 양쪽 끝의 금속 색은 먼저 칠하고 마스킹했다.

▲프론트 휠도 마찬가지로 드라이 브러싱과 먹선을 이용해 현실감을 더해준다. 들도록. 볼트 부분은 꼼꼼하게 붓도색.

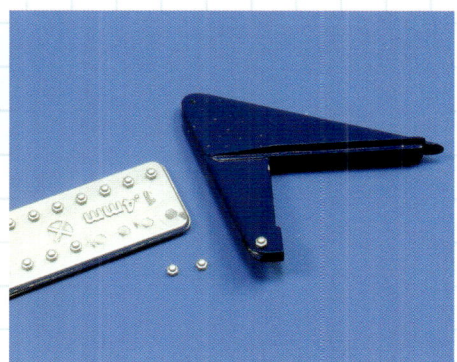
▲이쪽은 도색한 플라스틱 볼트를 붙인 부분. 구분 도색보다 완성도가 좋다. 도막을 녹이지 않는 접착제로 붙였다.

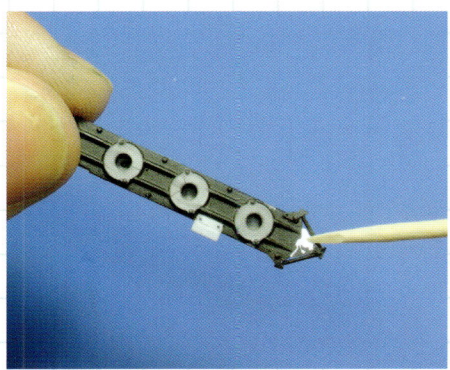
▲스로틀 플레이트 끝에 추가한 양철판 표면은 도막을 문질러서 소재 색을 노출시켰다.

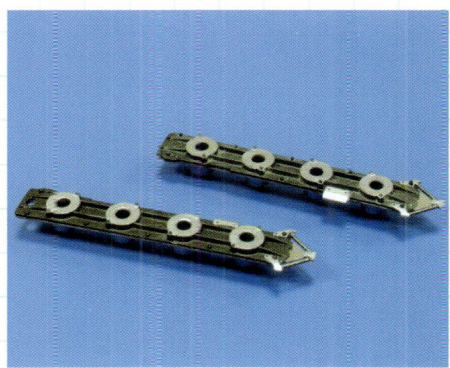
▲스로틀 플레이트 측견에 넣은 몰드를 기준으로 위아래를 구분 도색. 전체적으로 모래색 계열 웨더링.

▲더러워진 필터 같은 색감을 추가하는 데는 「Mr. 웨더링 컬러」를 사용. 캡에 붓이 달려 있어 쓰기 편하다.

▲기어박스는 3/4 무광 블랙 메탈릭으로 하고, 리브 가장자리에 살짝 때가 고인 표현을 줬다.

▲좌우 브레이크 덕트는 블랙에 그레이를 덧칠해서 표면의 질감을 강조. 브레이크 디스크 표면은 모래 갈색으로 구분 도색.

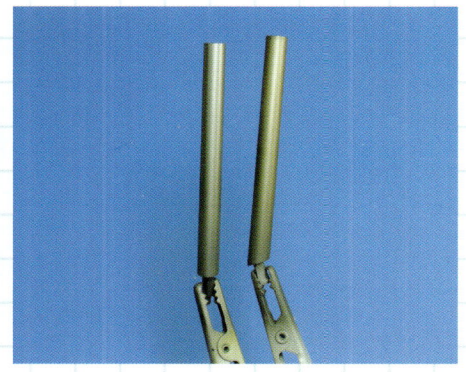
▲배기관은 메탈릭 색으로 그러데이션(왼쪽)한 위에, 웨더링 컬러 스테인 브라운으로 색감을 추가했다(오른쪽).

08 데칼 자작과 붙이기

차체 곳곳에 붙이는 마킹은 F1 머신을 스크래치 빌드할 경우에 피할 수 없는 과제.. 이 작품에서도 주요 마킹은 자작했습니다. 데칼 데이터 제작부터 컬러 프린터 인쇄, 붙일 때의 주의점과 수정하는 방법, 데칼 보호 클리어 코트까지 소개합니다.

데칼 제작 준비

티렐 008의 컬러링은 전년도의 P34 1977년 모델과 거의 같아서, 이 작품을 제작하기 전에는 「색이 다른 카 넘버와 콕피트 앞의 타원형 마크만 자작하면 되지 않을까?」라고 생각했습니다. 그런데 제작을 시작해보니 자잘한 차이가 눈에 띄었고 「elf 마크는 인스턴트 레터링으로 만드는 게 좋겠는 걸」 그렇게 생각이 바뀌면서, 주요 마킹들을 거의 자작하게 됐습니다. 이것도 만들고 싶은 것을 끝까지 추구한 결과인데, 자세한 내용은 일단 뒤에서 설명하고 먼저 데이터 작성부터.

마킹 데이터를 만드는 단계에서는 마크의 도판을 구하고, 붙일 크기를 계산하고, 인쇄용 데이터로 정리하는 작업을 합니다. 이것도 언젠가를 위해서 모아둔 자료 중에 하나인데 겨우 활용하게 됐습니다. 하지만 같은 마크라도 데칼에 따라서 미묘한 차이가 있기도 하니까 실제 사진과 비교하고 다시 한 번 검증하며 작업했습니다. 크기와 배치 계산에서는 부품 위에 스케치를 하거나 복사한 도판을 직접 대어 보면서 검토. 그럴 때 부품 표면에 매직테이프를 붙여주면 필기하기 편하고, 그 테이프를 벗겨서 스캔하기도 편합니다. 무엇보다 부품 표면이 다치지 않으니까요. 크기를 잡았으면 그것을 스케치한 테이프를 벗겨서 프라판 등의 평면에 붙여서 스캔합니다. 이 평면으로 다시 붙이는 단계에서 깔끔하기 펴기 힘든 부분이 있는데, 그 부분은 데칼로 만들었을 때 붙이기 힘들겠다고 상상할 수 있습니다. 타원 마크 부분은 상당히 난이도가 높아 보입니다.

스캔해서 제작할 때는 드로잉 소프트(어도비 일러스트레이터)를 사용했습니다. 스캔한 이미지를 바탕으로, 그것을 따라 그리는 방식으로 마킹 데이터를 만들어갑니다.

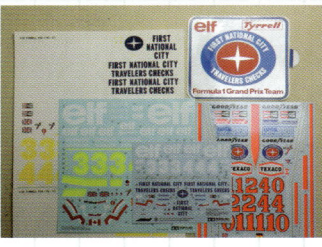
▲유용이나 자작에 참고한 데칼과 스티커. 오른쪽 위의 스티커는 이 제작을 구상한 1990년대에 입수한 것.

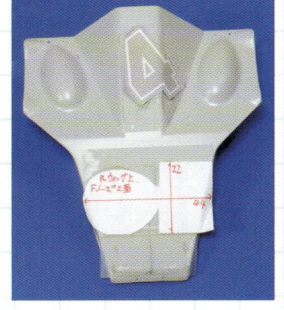
◀부품 표면에 밑그림을 그리고, 거기에 데칼 복사한 것을 대보면서 사이즈와 붙일 위치를 검토. 카 넘버는 거의 그대로.

▲스캔한 타원 마크는 부품 분할선이나 주변의 글자 등의 위치도 적어 뒀다. 글자는 곡면에 붙인 것을 펼쳤기 때문에 커브를 그리고 있다.

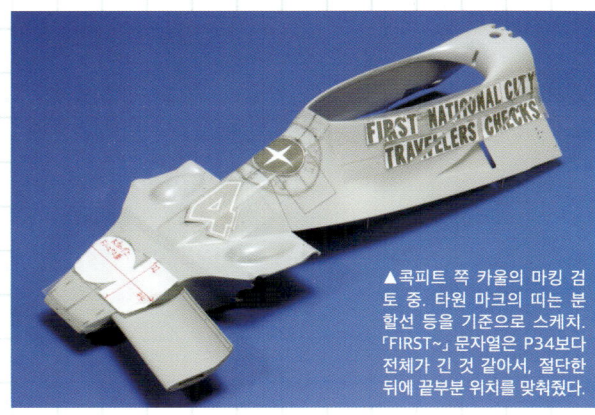
▲콕피트 쪽 카울의 마킹 검토 중. 타원 마크의 띠는 분할선 등을 기준으로 스케치. 「FIRST~」 문자열은 P34보다 전체가 긴 것 같아서, 절단한 뒤에 끝부분 위치를 맞춰줬다.

컴퓨터로 데이터 작성

여기서부터는 밑그림 데이터 위에 맞추는 것처럼 마킹 모양에 윤곽선을 그려줍니다. 「FIRST~」 문자열에서는 심플한 문자는 사각형을 조합하고, S나 O는 비슷한 폰트(문제 데이터)를 윤곽선으로 만들어서 가공하는 등. 검은 테두리가 있는데, 그 굵기는 실제 사진과 비교해서 결정했습니다. 그런 문자들을 간격을 조정하면서 늘어놓고 좌우 분량을 배분. 일단 글자 간격도 맞췄습니다. 타원 마크 주위의 띠는 이 문자열 데이터를 바탕으로 만들었습니다. 그대로 쓸 수 있을 거라고 생각했는데, 자세히 보니 R과 S의 디자인이 달라서 그 부분을 수정했습니다. 함정이라고 할까요, 직접 데이터를 만들지 않으면 놓치기 쉬운 부분입니다. 사실 그런 부분이 카 넘버 쪽에도 있었습니다. 그 부분은 1/12 P34용 데칼과 같아서 색만 바꾸면 될 것 같았는데, 만들어보니 뭔가 분위기가 다릅니다. 뭐가 다른지 이리저리 알아본 결과, 008에서는 2중 윤곽선의 '폭'에 달랐습니다. 참고로 삼은 P34용 데칼은 두 개가 같은 폭이지만, 008에서는 안쪽이 넓고 바깥쪽이 좁습니다. 그래서 전체 크기는 바꾸지 않고 그 부분만 수정했습니다. 1/20이라면 모르겠지만 1/12에서 알게 되면 놓칠 수 없다고 할까, 아마 이렇게 적지 않으면 아무도 모를 부분입니다. 아무튼 실제 P34는 어떤지 확인해보니 1/12용 데칼과 마찬가지로 테두리 폭이 같은 것도, 바깥쪽이 넓은 것도 있었습니다. 물론 이런 정보는 넘어가도 됩니다.

그렇게 만든 마킹을 인쇄할 용지에 맞춰서 배치. 색은 타원 마크의 블루가 다른 부분보다 밝아서, 그렇게 색을 지정했습니다.

▲스캔한 이미지에 맞춰서 글자 데이터를 만들고, 글자 간격이나 테두리의 굵기는 실제 사진과 비교하며 조정했다.

▲타원 마크 주위도 그것을 이용해서 만들었는데, 이쪽은 R과 S의 디자인이 다르다는 걸 알고 수정.

▲카 넘버는 1/12 P34용 데칼을 참고하면서, 하얀 테두리의 폭이 넓어진 008용 데이터로 제작.

▲각 마킹이 완성. 데칼 용지에 인쇄하기 전에 보통 용지로 시험 인쇄를 해봤다.

인쇄는 컬러 레이저로

인쇄에는 시판 데칼 용지(클리어 데칼 등)를 쓸 수 있는 컬러 레이저 프린터를 사용했습니다. 레이저 프린터는 업무용이라는 이미지가 있지만 가격이 싼 기종도 있어서, 여기서 사용한 것은 약 5년 전에 구입한 입문형 모델입니다.

데칼 용지는 HiQ-PARTS의 「클리어 데칼 TH」와 파인몰드의 「화이트 데칼」. 바탕색이 클리어와 화이트 양쪽을 시험해보기 위해서입니다. 인쇄할 때 주의점은 프린터의 용지 설정에서 '두꺼운 종이'를 선택하는 것. 인쇄 데이터는 A4, B5 어느 쪽이건 사용할 수 있게 B5로 설정하고, 예비를 포함해서 꼼꼼하게 배치. 중간에 데이터가 거꾸로 되어 있는 것은 인쇄면에 문제가 있을 때 전부 날리지는 않도록 배치를 바꾼 것입니다.

인쇄 자체는 양쪽 용지 모두 깔끔하게 처리됐습니다. 그대로 데칼로 쓸 수도 있지만, 잘라내는 중에 인쇄 면을 건드려서 흠집이 날 수도 있으니까, 보호하기 위해서 얇게나마 클리어 코팅을 하고 쓰는 쪽이 안심이 됩니다. 마킹 자체에 칼집을 내어 인쇄가 벗겨지는 경우도 있는데, 그것도 방지할 수 있습니다. 화이트와 클리어를 비교하기 위해 도색 면에 붙여봤는데, 화이트 쪽이 약간 색이 진하게 나옵니다. 하얀 도색 위에서는 양쪽 모두 여백이 눈에 띄지 않는 상태. 데칼의 필름은 화이트 데칼 쪽이 두껍고 단단합니다. 완만한 곡면에 붙일 수도 있지만 타원 마크 부분은 쉽지 않은 느낌. 그래서 측면의 문자열과 카 넘버는 하얀 바탕을, 타원 마크는 클리어 바탕을 사용하기로 했습니다.

◀사용한 레이저 프린터는 약간 오래된 염가 모델. 실사용에는 문제없음.

◀회색 면에 시험 삼아. 데이터의 하얀 부분은 출력되지 않으니, 클리어 데칼을 사용하면 이렇게 비친다.

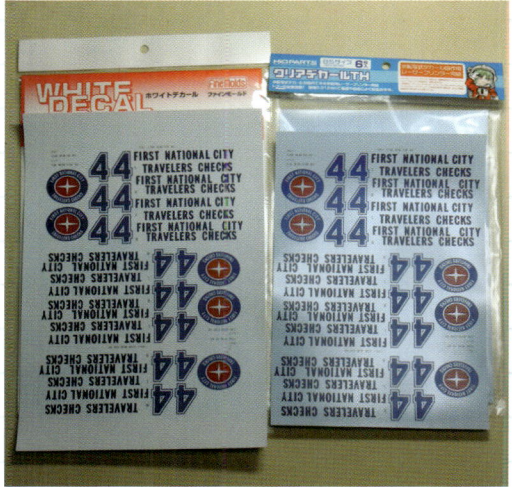
◀같은 데이크를 화이트 데칼과 클리어 데칼로 인쇄. 발색과 붙이는 편의를 비교하고 구분해서 사용.

▲하얀 도색 면에 붙였을 때 비교. 오른쪽의 클리어가 약간 밝은 색감. 필름이 얇아서 곡면에 붙이기도 쉽다.

데칼 붙이기

　이 작품의 데칼을 붙일 때 어려웠던 부분을 철저히 소개하겠습니다. 그 부분은 바로 콕피트 앞의 타원 마크. 붙이는 위치가 세로로 꺾인 데다 옆에는 각진 부분까지. 게다가 부품 분할이 두 방향이나 있는 곳. 하지만 자작 데칼을 여러 장 인쇄해둔 덕분에 실패해도 다시 붙일 수 있으니, 약간 공격적으로 붙여보기도 했습니다. 레이저 프린터로 인쇄한 데칼은 프라모델에 포함된 데칼보다 인쇄면이 단단하고, 데우거나 연화제를 써도 잘 늘어나지 않는 느낌입니다. 그런 특성을 지닌 데칼을 어떻게든 붙여봤습니다.

▲타원 마크 잘라내기. 아슬아슬하게 자르면 인쇄면에 흠집이 생길 수 있어서 약간 여백을 남기고 잘랐다.

▲다루는 방법은 보통 데칼과 같다. 물에 담가서 필름이 떨어지게 되면 붙일 면에 얹어준다.

▲중앙 면에 얹은 모습. 주위의 카울이 떨어지지 않게 테이프로 고정했다.

▲전체를 밀착시키려고 하니 꺾이는 부분이 주름진다. 그래서 순서를 바꿔서 다시 붙이기로.

▲붙이기 쉬운 중앙을 먼저 밀착시키고, 그 위에 옆으로 꺾이는 부분을 부드럽게 해주기 위해서 붓으로 더운 물을 발라준다.

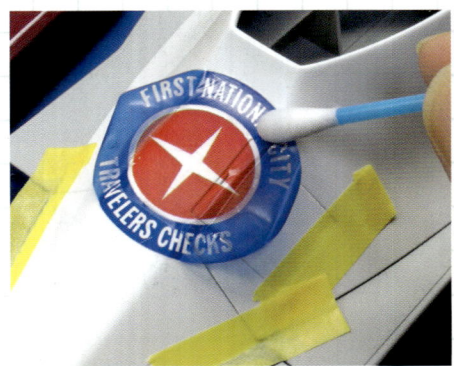
▲필름이 열로 부드러워지면 면봉으로 조금씩 눌러준다.

▲작은 주름이 있지만 전체적으로 붙었다. 이대로 한동안 건조시키고, 나머지는 패널을 분리해서 붙여주기로.

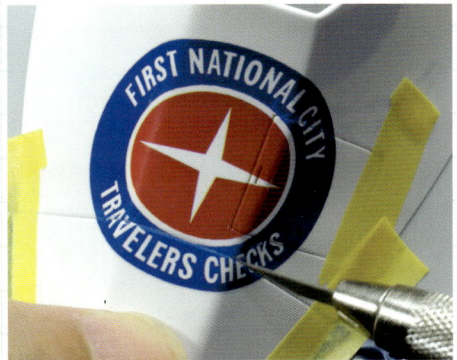
▲자를 때는 데칼이 걸리지 않도록 새 칼날을 사용. 흔들리지 않게 홈을 따라 그어준다.

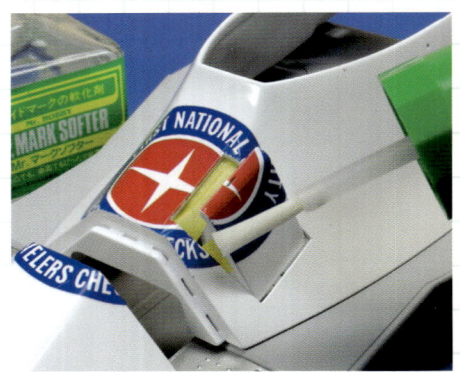
▲잘라낸 곳이 뜨기 쉬우니 데칼 연화제를 발라준다. 동시에 주변의 주름도 처리한다.

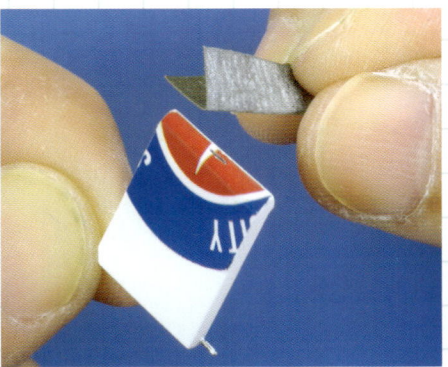
▲실제 차량에서는 마킹이 테두리 조금 앞에서 끝나서, 그것도 재현했다. 끝에 걸리는 부분을 깎았다.

▲그리고 홈 주위도 잘라줬다. 사소한 부분이지만 이런 특징도 그냥 넘어가지 않았다.

수정

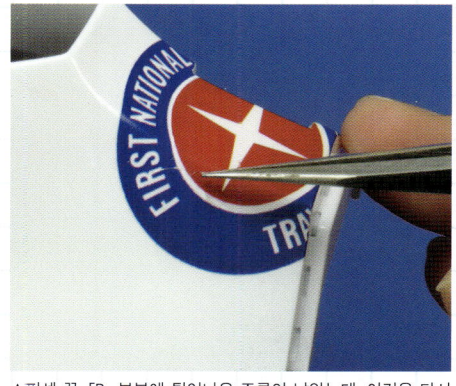

앞 페이지 상태에서 마무리하고 싶었지만, 실은 마음에 걸리는 주름이 남아서 그 부분을 그냥 둘지 수정할지 고민했습니다. 주위가 잘 붙었는데 괜히 손을 대면 더 악화될 위험이 있기 때문입니다. 그렇다고 다시 또 붙이는 건 여기까지 와서는 하기 싫고. 그래서 수정을 해봤습니다.

먼저 주름이 번뜩이는 걸 잡으려고 도료를 발라 보았습니다. 하지만 아무리 작아도 돌기처럼 튀어나와 있으니, 각도에 따라서는 눈에 들어옵니다. 이런 때는 너무 신경 쓰는 것도 좋지 않으니 당분간 다른 작업을 해서 마음을 리셋시킨 뒤에 다시 생각하는 것도 중요합니다. 냉정하게 생각해서 「이 건 잘라내고 평평하게 만드는 수밖에 없겠네」라고 생각을 고쳤습니다. 인쇄한 데칼은 아직 많으니까. 어느 정도 자를지가 문제인데, 작게 잘라서 골이 생기는 것도 좋지 않으니, 어느 정도 면에서 '평탄하게' 해주는 게 좋을 것 같아서 주변을 사각으로 잘랐습니다. 거기에 예비에서 잘라난 데칼을 붙입니다. 하지만 클리어 데칼이다 보니 겹쳐지면 색이 진해지겠죠. 그래서 겹쳐진 부분은 붙인 뒤에 잘라냅니다. 이걸로 주름은 없어졌지만, 덧붙인 면이 미묘하게 우묵해 보이는 건가. 다시 마음을 가라앉히고, 클리어 코팅한 뒤에 주위에 사포질을 하고, 그리고 다시 클리어 코팅. 그리고 주위와 표면의 높이를 맞췄습니다. 이제야 겨우 수정한 것이 안 보이게 됐지만, 일부러 그 흔적이 보이는 사진도 찍어뒀습니다.

▲핀셋 끝, 「R」 부분에 튀어나온 주름이 남았는데, 이것을 다시 붙이지 않고 수정하려다 힘든 싸움이 시작됐다.

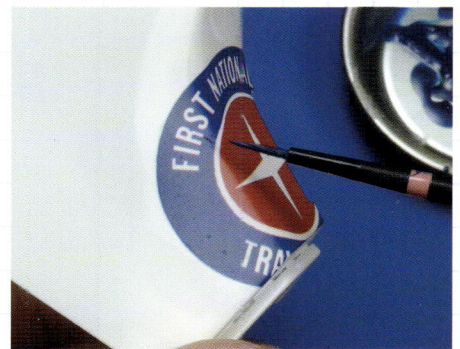

▲주름 부분의 인쇄가 벗겨져서 허옇게 보이기에 살짝 색을 칠해봤다. 조금 진한 선이 됐다.

▲돌기가 튀어나온 건 변함이 없어서, 파랗게 칠해도 눈에 보인다. 그래서 '평평하게 만드는' 쪽으로 방향 전환.

▲그곳만 다시 붙이기 위해서 예비 데칼의 같은 부분을 잘라 붙인다. 자작 데칼이니 망설임이 없다.

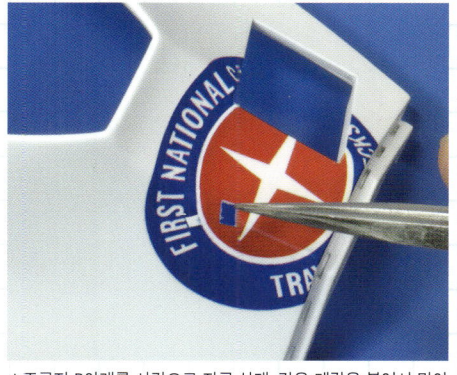

▲주름진 R아래를 사각으로 자른 상태. 같은 데칼을 붙여서 막아주는 작업.

▲막고 싶은 곳보다 큰 데칼을 붙인 모습. 겹쳐진 부분의 색이 진하다. 그 부분은 잘라낸다.

▲색은 맞췄지만 처음에 데칼을 자른 부분이 우묵해졌다. 여기는 클리어 코팅 층으로 다듬기로.

▲클리어 코팅과 연마를 거듭한 결과. 빛에 따라 약간의 흔적이 보이지만, 얼핏 봐선 모르는 상태가 됐다.

▲이런 과정을 겪으면서 카울의 데칼을 전부 붙였다. 작은 마크는 타미야 1/12 타이렐 P34의 데칼에서 유용.

크로마텍
(드라이 데칼)

크로마텍은 윗부분을 문질러서 붙이는 씰 같은 것. 드라이 데칼이라고도 하며, 사용하는 방법은 시판 인스턴트 레터링과 같습니다. 원하는 디자인의 데이터를 만들고 전문 업자에게 의뢰하면 오리지널 데칼을 만들 수 있습니다. 특징은 여백이 없는 마킹이 나온다는 것. 다양한 색을 지정할 수 있는데, 흰색이나 금색, 은색도 가능합니다. 008은 곳곳에 「elf」 로고가 들어가고 그 부분을 1/12 P34용 데칼에서 유용할까도 했습니다만, 보디 사이드는 사용하는 장수도 많고 여백 없이 또렷한 쪽이 매력적이라서 크로마텍을 사용하기로 했습니다. 요즘은 인터넷에 업자 분들이 많아서, 일러스트레이터로 데이터만 제작하면 간단히 발주할 수 있습니다. 여기서 만든 시트는 흰색 1색에 3000엔 정도. 예비를 잔뜩 넣어서 만들었습니다.

붙일 때 주의할 점은 점착성이 강하고 데칼처럼 미끄러트릴 수가 없으니, 위치를 정할 때까지는 아래쪽 종이를 벗기지 말 것. 그리고 문지를 때 움직이지 않게 앞쪽 필름을 테이프로 고정해야 합니다. 실제로 완성된 모습을 보고 사용하길 잘 했다고 생각했습니다.

▲업자 분께 주문해서 제작한 크로마텍. 실수하면 다시 붙일 수 없으니 예비를 많이 넣었다.

▲날개 끝판에 붙이기. 앞면 필름에 테이프를 붙여서 고정했다. 이때까지는 뒷면 종이를 벗기지 않는 게 좋다.

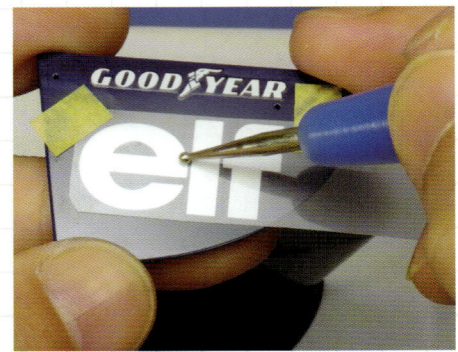
▲문지를 때는 끝이 둥근 것이 좋다. 스크린톤 붙이기 등에 사용하는 맥슨 트랜서 No.3을 사용.

▲충분히 문질러서 인쇄면이 떨어지면 필름을 벗긴다. 여백이 없는 마킹이 마치 도색면에 스티커를 붙인 것 같다.

▲리어 윙 윗면의 각도가 있는 면에 붙이기. 앞쪽을 문지르는 동안 안쪽이 밀착되지 않도록 주의.

▲문자가 각진 부분과 직각이 되도록 신중하게 위치를 정했다. 경사진 부분에도 잘 붙었다.

▲노즈 옆의 크게 꺾인 부분에도 처리. 가능한 꺾인 부분 모퉁이부터 문질러주면 주름지는 걸 막을 수 있다.

▲보디 측면에는 구멍이나 작은 단차가 있다. 작은 구형 촉을 살려서 거기에 밀착되도록 붙여준다.

▲부품이 분할되는 부분을 절단. 여기도 데칼과 마찬가지로 자르는 중에 구겨지지 않게 주의.

▲가른 부분을 옆으로 밀착시킨다. 물을 묻혀서 약간 물렁해진 이쑤시개를 사용.

클리어 코팅

데칼과 도색을 보호하기 위해, 마지막으로 클리어 코팅을 합니다. 클리어 코팅은 최대한 얇게 하는 쪽이 취향이라서, 데칼의 단차가 없어질 정도로 두껍게 뿌리지는 않지만, 최대한 없애고 싶어서 중간 연마와 덧칠을 거듭했습니다. 클리어 코팅한 뒤에는 광택감이 좋으면 그대로, 마음에 걸리는 부분은 컴파운드로 연마했습니다. 컴파운드는 개인적으로 자주 사용하는 모델러즈의 「탑 컴파운드 2000」과 하세가와의 「세라믹 컴파운드」. 클로스는 하세가와의 「슈퍼 폴리싱 크로스」를 작게 자르고 지우개 등에 감아서 사용합니다.

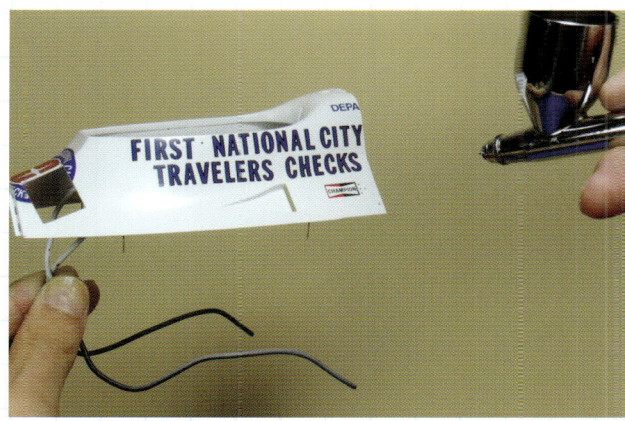

◀데칼을 붙인 뒤에 클리어 코팅할 때는 가이아 컬러의 「Ex-클리어」를 사용. 광택 도색과 마찬가지로 표면이 매끄러워지도록 뿌린다.

▲문자열 데칼 부분은 가장자리에 단차가 생기는데, 좀 더 매끄럽게 해주고 싶다.

▲#1500 사포로 가장자리를 다듬는 중간 연마. 도막과 데칼이 갈리지 않도록 적당히.

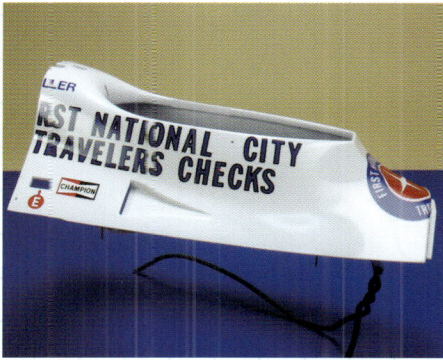

▲다시 클리어를 부려서 마감한 상태. 전체에 #6000으로 중간 연마를 했으니 잔뜩 뿌려도 매끄럽다.

▲클리어를 뿌린 뒤에 연마한 부분. 리어 윙은 날개 끝판 뒷면과 플랩 앞쪽 등. 버프 스틱 각을 사용했다.

▲컬지 안쪽은 면봉을 장착한 모터 툴도 사용했는데, 세게 대면 상하니까 신중하게.

▲직립한 곳 구석은 지우개에 클로스를 감아서 연마. 틀 주변 등 거칠어지기 쉬운 부분도 마찬가지로.

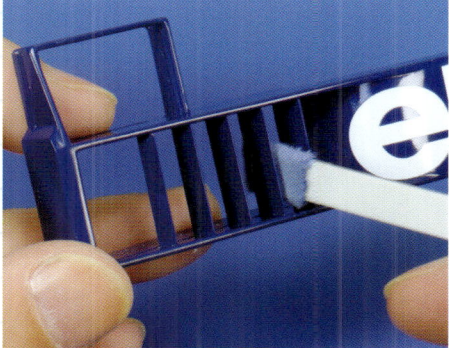

▲핀 안쪽도 프라판에 천을 감아서 약간 연마해줬다. 이 핀은 클리어 코팅 전에 접착했다.

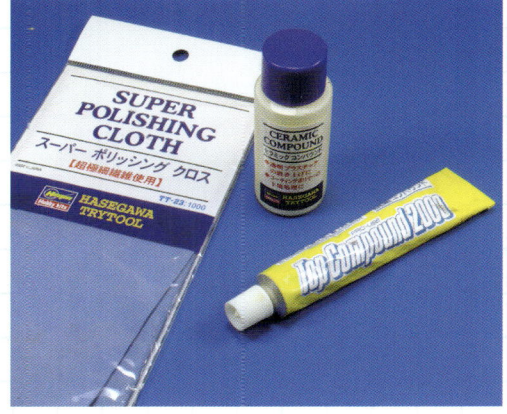

◀사용한 컴파운드와 클로스. 인터 얼라이드의 「탑 컴파운드 2000」은 흠집을 지우는 효과는 좋지만, 유분이 강해서 도막이 약해지니 많이 쓰면 좀 위험하다. 그래서 신경 쓰이는 흠집을 없앨 때 등에 한정적으로 사용. 하세가와 「세라믹 컴파운드」는 수성이고 유분이 남지 않아서 마지막 마무리 연마에. 이것들을 사용하기 전 단계로 「타미야 컴파운드」 고운 타입을 사용하기도. 중간 연마를 한 덕분에 마지막 컴파운드 작업량이 줄었다.

▲데칼 자작부터 클리어 코팅을 거쳐서 아름답게 마무리된 외장 부품. 남은 건 각 부품을 조립하는 피니시 워크다.

09 피니시 워크

부품 제작부터 컬러링까지 마치고, 마지막으로 조립하는 단계입니다. 주요 부품들은 완성됐지만, 그것들을 조립하면서 추가되는 요소, 최종적인 마무리와 조립할 때 주의할 점 사고 대처 방법 등등, 완성에 도달하는 과정을 소개합니다. 그리고 F1 머신에 맞춘 드라이버 헬멧도 제작했습니다.

완성을 향해서

드디어 여기까지 왔습니다. 여기서부터는 하나하나의 부품이었던 것들이 서서히 조립돼서 F1 머신의 모습을 드러내는 단계. 만들면서 이 모습이 보고 싶었다는 생각에 가슴이 뛰는 공정입니다. 사실 조립하기 전에 부품을 전부 늘어놓고 일람을 만들어보고 싶었지만, 그럴 틈도 없이 조립을 시작해야 했던 것이 조금 아쉽습니다. 실제로 그랬다면 부품 한 두 개 정도는 잃어버렸을 것 같지만.

자, 실제로 여기서 할 일은 각각을 만들면서 지금까지 가조립, 가고정했던 부분들을 확실히 고정하면서 조립하는 것입니다. 프라모델이라면 어디와 어디에 어떤 접착제를 쓰는지 등을 설명하는 공정이죠. 하지만 이 작품에서는 부품 대부분의 위치를 결정하고 조립을 해뒀기 때문에, 실제로 접착제를 사용하는 것은 조금밖에 안 돼서 할 이야기가 별로 없는 것도 사실입니다. 플라스틱용 접착제나 순간접착제를 사용한 곳도 있지만, 도막이 더럽혀지지 않게 투명한 수성 접착제를 사용한 곳이 많았습니다. 부품간의 접착만이 아니라, 고정 핀 끝에 발라서 꽂아주는 방법도 썼습니다.

이렇게 여러 부품을 조립해가는 사이사이 필요한 작업이 각 부분의 파이핑. 한쪽 끝은 미리 달아둔다고 해도, 반대쪽까지의 길이 조정과 연결 다른 케이블과의 정리 등을 그때그때 적절히 처리해야 합니다. 물론 파이프류를 어떻게 장착할지는 그때마다 생각하는 게 아니라, 사전에 미리 계산해둬야 합니다.

최종 조립은 사실 위험이 숨어 있는 단계이기도 합니다. 조립이 진행되면 될수록 잡을 수 있는 부분, 건드릴 수 있는 부분이 줄어들어서 다룰 때 신경을 많이 쓰게 됩니다. 그러는 중에 잘 들어가지 않는 부품이라도 있으면 억지로 끼우려다가 주위에 흠집이 나거나 접착제가 묻어버리는 일도 흔하죠. 위험해 보이면 무리하지 말고 차분하게 대처 방법을 생각하세요. 스스로 반성하는 의미도 포함된 말입니다.

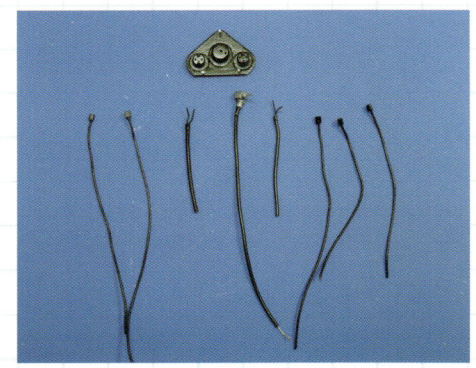
▲조립하는 단계에서는 케이블류의 장착도 동시에 진행. 만들다가 고민하지 않도록 미리 준비한다.

▲경우에 따라서는 조립 단계에서 약간의 가공이 필요하다. 그 때는 도색면이 상하지 않게 조심하자. 예는 리벳을 꽂는 구멍이 막힌 것 같아서 다시 뚫는 모습.

◀이 작품의 접착에는 도막이 녹지 않는 수성 접착제를 사용한 곳이 많다. 그걸로 끝낼 수 있도록 부품을 만들었다고도 할 수 있다.

파이핑 관련

코드, 와이어, 호스류. 이것들이 커브를 그리면서 차체 곳곳에 배치된 모습은 디테일 재현과 동시에 기계가 살아있다는 느낌을 주는 악센트가 됩니다. 거기에 사용된 소재는 아주 가는 리드선과 비닐 파이프 등. 모형용으로 발매된 것 외에도 전자 공작이나 수예용품, 낚싯줄 등에서 찾기도 했습니다. 겉보기 외에도 어떻게 구부러지는지에 따라 구분해서 사용하기도 했습니다. 여기서는 그런 코드류를 다루면서, 어떤 포인트에 손을 댔는지 설명하겠습니다. 파이핑을 하면서 접속하는 부분과 조인트를 도색하거나 샤프하게 다듬어주면 보다 멋지게 보입니다.

▲미터류의 배선. 플러그 코드나 오일 라인 등을 재현할 파이핑 용품. 모형용 외에도 색 전기 배선 등도 사용.

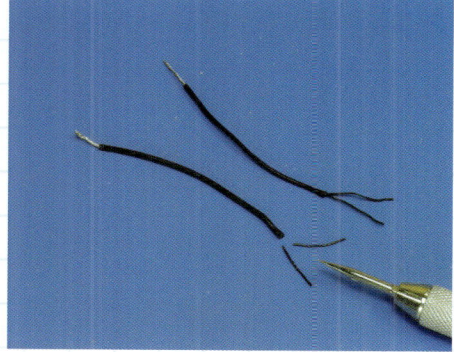
▲케이블 속에 코드 2개가 들어 있는 표현. ㄴ 들로 찔러서 구멍을 넓혀주고 가느다란 배선을 넣어준다.

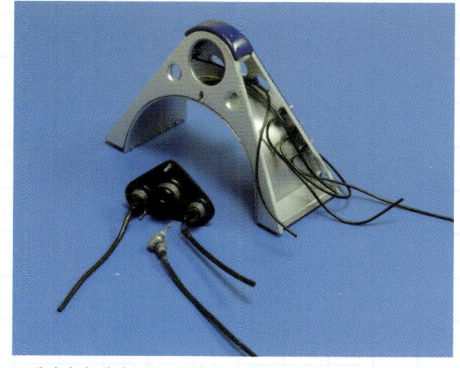
▲계기판의 배선 부분. 스위치 배선은 스위치 본체로 골라둔 프라판에 코드를 꽂고, 그것을 붙였다.

▲부품 장착 편의를 위해 케이블을 잘라서 통과시킨 부분을, 케이블 고정용 테이프로 붙여 놓은 지점에서 절단 흔적이 보이지 않게 처리했다. 테이프는 하세가와의 「무광 검정 피니시」

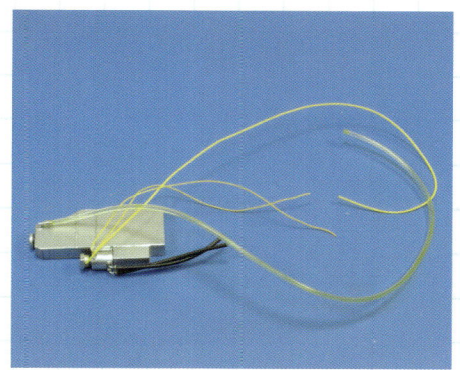
▲오일 탱크에서 나오는 호스들은 먼저 이쪽에 고정. 엔진 후방까지 이어지는 곳은 길게 해서, 연결하면서 조정.

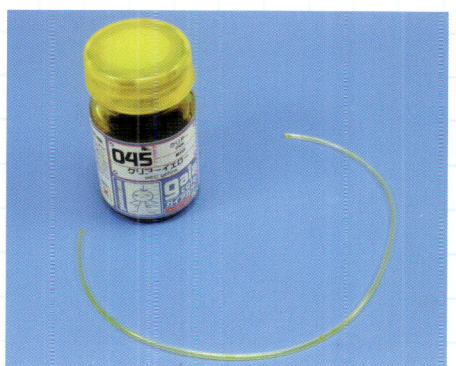
▲노란 투명 호스를 표현하기 위해, 도료를 칠한 황동선을 안에 넣어주는 방법으로 파이프 안에 클리어 옐로를 입혔다.

▲연료 파이프의 까만 피막 부분은 투명 부분을 마스킹하고 멀티 프라이머를 칠한 뒤에 소프트 비닐용 블랙을 칠해줬다.

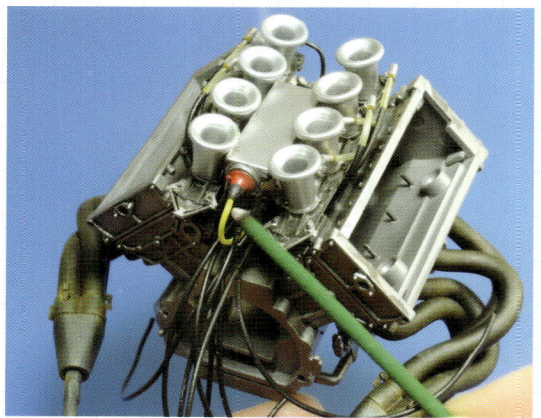
◀케이블 접속구에 달린 캡을 재현하기 위해 열수축 튜브를 입히고 향으로 가열. 엔진에 조립하기 전에 해주는 게 더 좋지만, 어쨌든 잘 처리됐다.

◀기어박스 위쪽의 오일 라인은 그물망이 있는 왁스 코드를 사용했다. 그 옆에 보이는 노란 코드는 브레이크 오일 라인.

시트 벨트

레이싱카 모델 제작에서 포인트가 되는 것 중에 하나가 시트 벨트. 로고나 벨트색이 프린트된 천 모양 시트가 키트에 포함돼 있거나 시판되는 디테일 파츠도 있지만, 그 표현이 조금 아쉽습니다. 그래서 벨트에는 수예점에서 파는 새틴 리본을 사용. 이것은 리얼함보다 분위기가 마음에 들어서 사용했습니다. 금속 부품은 에칭을 사용해도 되지만, 1/12라면 두께가 좀 있어도 좋을 것 같아서 타미야「1/12 윌리엄즈 FW14B」에 포함된 플라스틱 부품 D를 사용했습니다. 버클 레버 모양과 옆의 슬릿이 없는 부분 등은 디테일업을 해줬습니다.

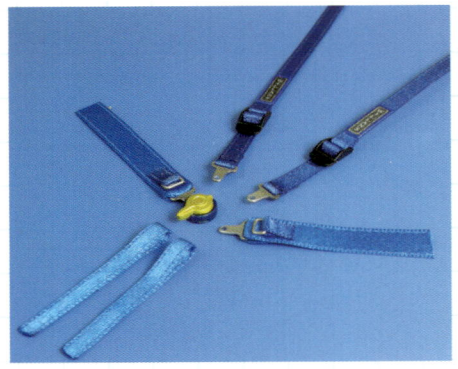
▲시트 벨트는 콕피트의 분위기를 살려주는 중요 포인트. 수예용 리본을 써서 입체감 있게 만들었다.

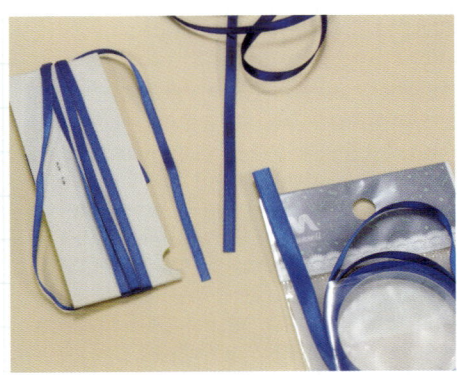
▲파란 새틴 리본 6mm, 4mm, 3.5mm 띠를 사용. 양쪽 끝이 스티치된 것으로 통일했다.

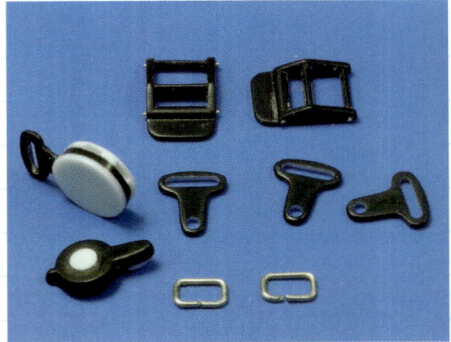
▲금속 부품은 1/12 FW14B를 사용. 버클 부분은 슬릿을 추가하고 레버를 디테일업 했다.

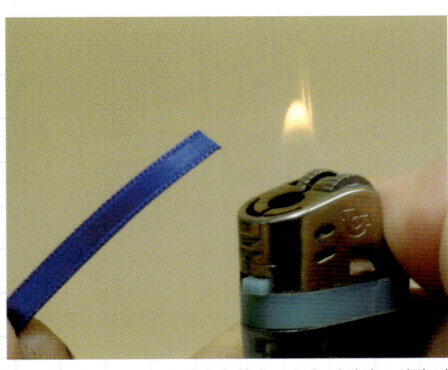
▲리본을 자른 부분은 풀어지기 쉽다. 그곳은 라이터로 살짝 지져주면 풀어지는 걸 막을 수 있다.

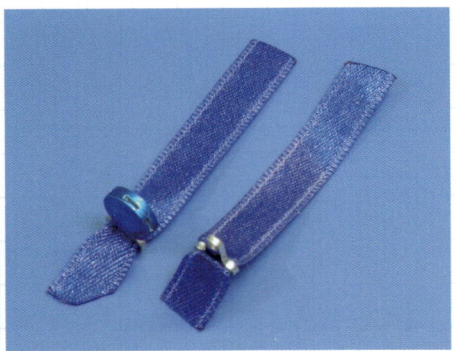
▲리본 폭보다 가는 구멍에 넣을 때는 끝을 비스듬하게 자르고 구멍에 넣은 뒤에 천천히 당겨주면 된다.

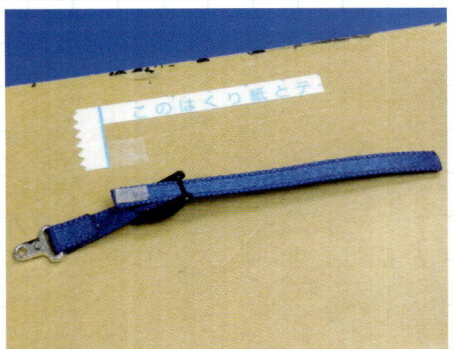
▲금속 부품에 끼운 뒤에 접는 부분은 양면테이프로 고정했다. 접착제를 쓰면 젖어서 질감이 달라지기 때문에.

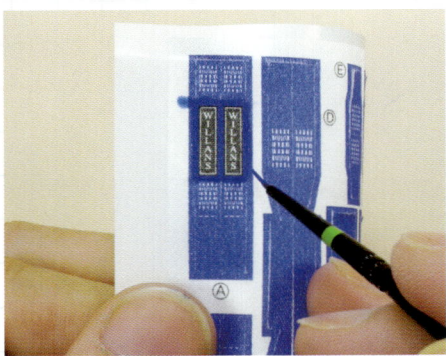
▲메이커 로고는 P34에 포함된 시트에서 잘라냈다. 섬유의 흰색이 보이지 않도록 파란 도료로 적셔줬다.

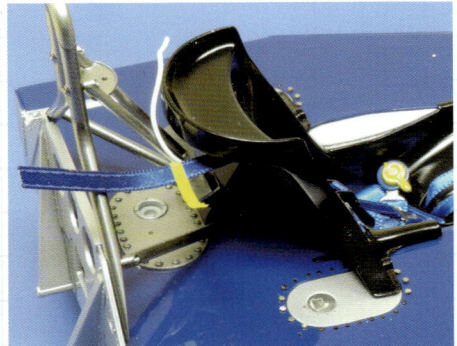
▲어깨의 벨트는 시드 뒤쪽의 스테이에 고정한다. 차체에 시트를 얹은 상태에서 길이를 계산했다.

카울 피팅

차체에 다양한 부품을 조립한 뒤에 카울을 얹어봤더니 뭔가 피팅이 이상한 경우가 있습니다. 콕피트의 카울 왼쪽 내부에 케이블 커버가 약간 닿은 것 같아서, 카울 안쪽을 깎는 방법으로 대처했습니다. 또한 노즈 카울은 잘 맞지만 중량이 앞으로 쏠려서 앞으로 기우는 문제가 발생. 그래서 모노코크와 만나는 뒷면에 소형 네오디뮴 자석을 넣어서 고정시켰습니다. 두 개로는 효과가 부족해서 네 개로. 이런 단계를 모두 거치고 난 다음 카울 안쪽을 블랙으로 칠했습니다.

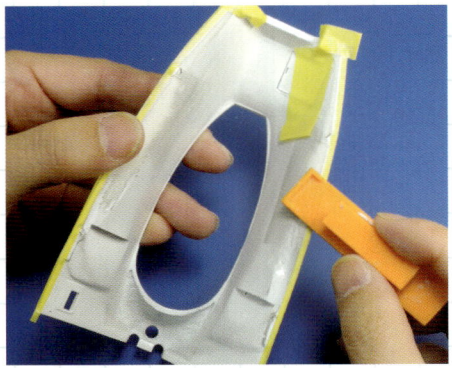
▲차체 옆쪽 부품과 안 맞는 게 보여서 안쪽을 약간 깎아줬다. 카울 테두리가 다치지 않도록 마스킹해서 작업.

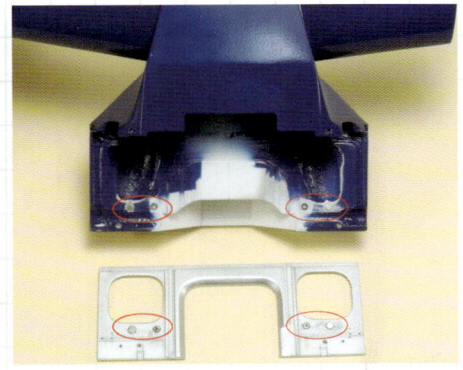
▲노즈의 지지력을 높이기 위해서 표시한 부분에 자석을 추가했다. 겉보기에 영향이 없도록 뒷면에 심어줬다.

휠&타이어 마무리

포뮬러 머신에서는 크게 노출되는 부분인 만큼 휠&타이어의 마무리에는 끝까지 신경을 쓰고 싶습니다. 타이어의 질감 표현은 먼저 소개했으니, 여기서는 마지막 마무리 부분. 측면의 메이커 로고에는 에칭 템플릿을 사용. 스튜디오 27의 1970년대 F1용 제품으로 홈이 있어서 표면에 맞추기 쉽고 자작한 타이어에도 잘 맞습니다. 그 뒤어 타이어에 연한 회색을 부분적으로 뿌려서 실제로 사용된 것 같은 느낌을 연출. 휠은 에어 밸브를 추가하고, 휠 밸런스 추를 붙인 모습을 재현. 하는 김에 실제로 얇은 씰과 메탈릭을 겹쳐봤습니다.

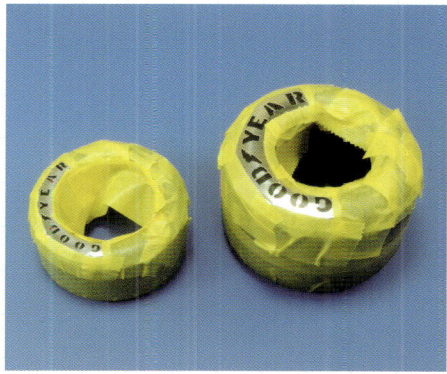
▲타이어 로고 템플릿을 대고 그 주위를 마스킹. 그 뒤에 무광 화이트를 뿌린다.

▲템플릿을 벗긴 모습. 로고 가장자리가 적줄히 번져서, 에어 도색한 분위기가 나온다.

▲그리고 트레드면과 숄더의 볼톡한 면 등에 회색을 살짝 덧칠. 약간 때가 탄 모습이 된다.

▲프론트 휠에서는 림의 에지 부분 등에 굵은 표면을 추가. 에어 밸브와 림 주위의 핀 등을 추가.

▲휠 림에 밸런스 웨이트를 붙인 모습도 재현. 메탈릭 씰이 겉보기의 악센트도 된다.

액시던트!

조립 과정을 촬영하는 중에 설마 했던 사고가 벌어지고 말았습니다. 실수로 삼각대를 쓰러트려서 카메라가 롤바에 격돌, 똑 하고 부러지고 말았습니다. 정신적 대미지가 컸지만 좌절하고 있을 때가 아니죠. 그래서 수복한 과정을 고개합니다. 소개한 부품은 3D로 출력한 아크릴제. 파손 부분을 맞춰 보니 약간 이가 빠지기는 했지만 대략 맞는 상태. 그래서 아크릴용 접착제를 바른 뒤에 순간접착제도 틈새에 발랐습니다. 그리고 그 접합선을 다듬었는데, 중간 연마에 사용하는 종이 사포나 연마재를 이용해서 신중하고 꼼꼼하게 다듬었습니다. 밑색이 나오는 건 어쩔 수 없고, 아무튼 단차나 홈집이 남지 않도록. 그 뒤에 다시 도색. 조립한 상태에서 부러졌으니 도색도 그 상태에서 해야 합니다. 실패는 용납되지 않습니다. 사전에 어떻게 뿌려야 할지 연습한 뒤에 칠했습니다. 간신히, 자세히 보지 않으면 모를 정도로 복구된 것 같아서 안심했습니다.

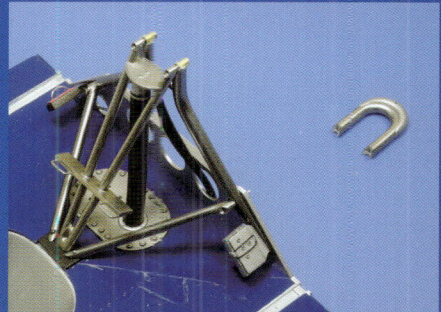
▲조립 중에 생각지도 못한 사고가! 이 사진을 촬영한 카메라와 부딪쳐서 파손된 잔혹한 모습.

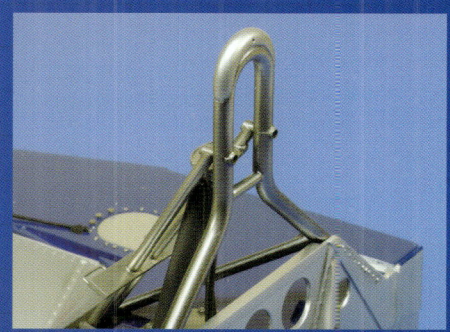
▲부러진 곳을 붙이고 틈새는 순간접착제를 발라서 메웠다. 모양을 다듬기 쉽도록 두껍지 않게 발랐다.

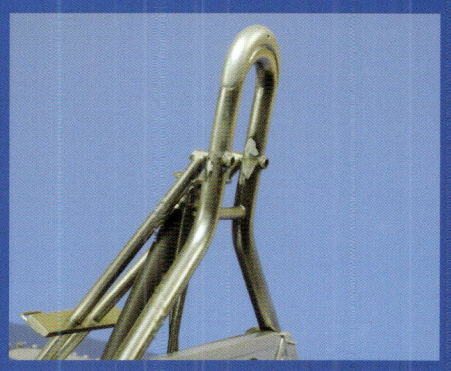
▲접합선을 다듬는 중. 밑색이 드러난 부분도 있지만, 매끄럽게 이어지는 걸 우선해서 꼼꼼하게 다듬었다.

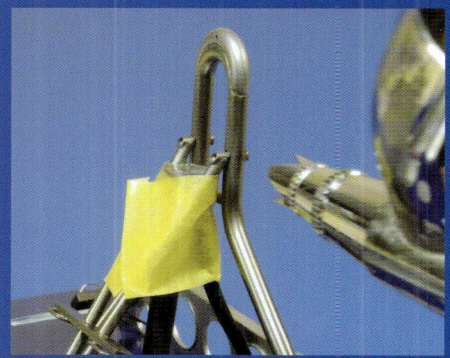
▲다듬은 뒤의 보수 도색. 두껍게 칠해지거나 흐르면 안 되니까, 프라봉으로 연습한 뒤에 부품에 칠해줬다.

차체 각부의 결합

피니시 워크의 최종판. 모노코크 쪽, 엔진 쪽을 각각 조립한 상태에서 이어붙이는 단계입니다. 이 부분은 확실히 접속할 수 있으니 걱정은 없지만, 앞뒤에 달리는 서스펜션 암과 시프트 링키지의 상태를 확인하면서 진행합니다. 엔진에서 모노코크까지 연결하고 나면, 두 부분 사이의 파이핑 작업과 캠 커버 브라켓 장착. 이어서 측면의 라디에이터 부분도 장착하고 라디에이터와 오일 쿨러의 배관을 연결합니다만, 주위에 둘러싸인 상태가 되기 때문에 핀셋을 재주껏 집어넣고 작업했습니다. 이렇게 뒤쪽이 끝난 뒤에 프론트 서스펜션으로 들어갑니다만, 프론트를 뒤로 미룬 이유는 먼저 조립하면 뒤쪽을 조립할 때 세우거나 옆으로 눕히기가 힘들기 때문입니다. 그 부분도 지금까지의 가조립을 통해서 시뮬레이션했습니다.

▲모노코크는 프론트 서스펜션을 제외하고 조립. 엔진 쪽은 리어 서스펜션 부분까지 조립 완료. 이 상태에서 양쪽을 접속한다. 축 부분을 끼운 뒤에 측면에서 나사로 고정.

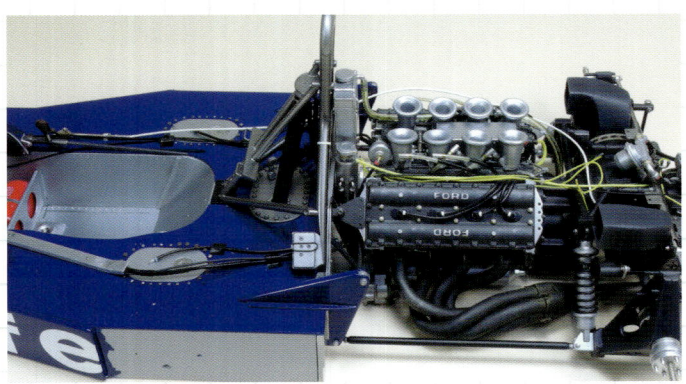

▲엔진까지 연결하고 캠 커버 브라켓을 장착. 사진은 아직 나사를 끼우기 전. 리어 스태빌라이저 케이블도 전방의 레버 쪽으로 이어줬다.

▲측면의 라디에이터를 장착한 뒤 파이핑 작업. 엔진 쪽과의 체결은 차체 하부에서 하게 된다. 바닥에 들어가서 작업하는 메카닉이 된 기분.

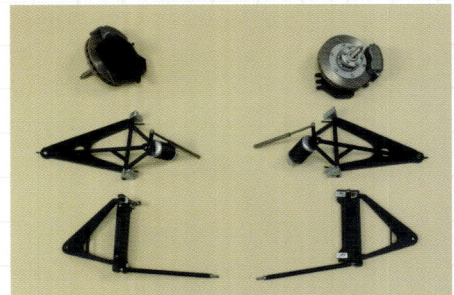

▲프론트 서스펜션 부품을 업라이트 부분, 어퍼 쪽, 로어 쪽을 가조립한 상태. 핀과 나사로 고정한다.

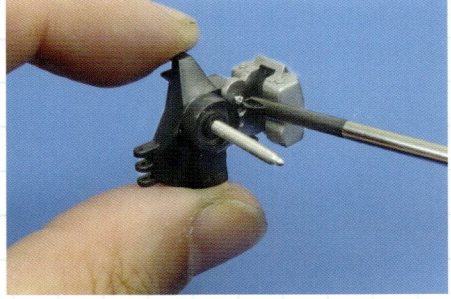

▲브레이크 캘리퍼는 극소 나사로 업라이트에 튼튼하게 고정. 드라이버는 #00이라는 사이즈.

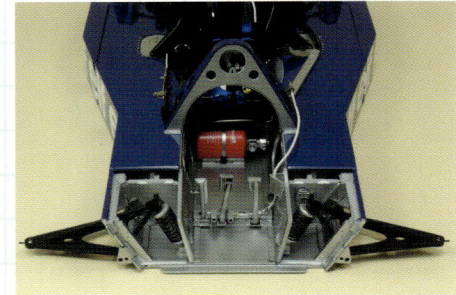

▲프론트 로어 암을 조립했다. 이 뒤에 모노코크 윗면과 앞면 패널을 끼운 뒤에 어퍼 암을 장착.

▲프론트의 브레이크 파이프를 장착하기 위해 눕힌 모습. 안정시키기 위해서 황동 블록을 붙였다. 파이프는 0.35mm로 로어 암 앞쪽으로 눕혔다.

▲프론트 부분을 장착하고 차체로서 모양이 잡힌 모습. 이제 블랙박스만 실으면 차체 쪽은 완성. 휠을 달고 카울을 씌워서 완성한 모습은 이 다음 페이지에서!

헬멧 제작

F1 머신 모형을 만들 때, 가능하다면 그것을 조종한 드라이버의 상징물도 조합하고 싶습니다. 1/20 스케일이라면 드라이버를 태우기도 합니다만, 1/12 스케일에서는 헬멧만 옆에 놓는 게 어울릴 것 같습니다. 그래서 데파예의 헬멧도 제작했습니다. GPA제로 열린 부분이 좁고 바이저를 옆쪽으로 끼우는 타입. 헬멧이 포함된「타미야 1/12 드라이버」도 다 써버렸으니, 뼈대가 될 헬멧 모양을 3D 프린트. 데칼은 1/12 P34용에서 유용했고, 부족한 부분은 자작 데칼로 추가했습니다.

▲턱어 단차가 있고 옆에 슬릿이 들어가는 부분이 붙은 헬멧 형태를 대략적으로 제작. 아직 전체적으로 애매한 상태.

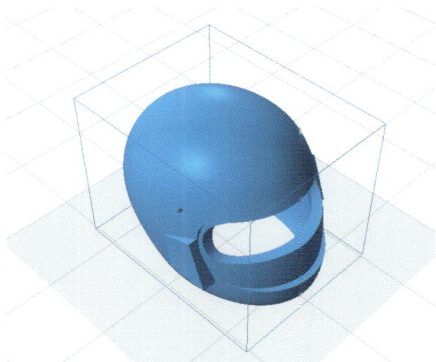
▲그래서 실제 4륜용 헬멧의 치수를 재고, 그 1/12 크기가 되도록 조정. 그럴듯한 모양이 됐다.

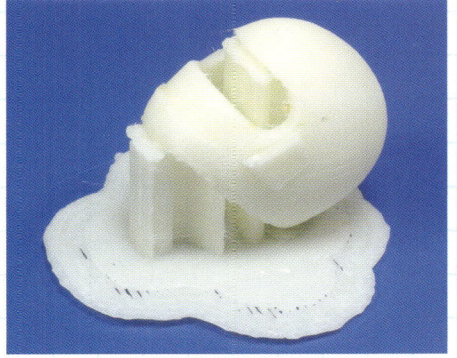
▲3D프린팅했다. 분위기는 나니까, 이걸 바탕으로 수작업하기로.

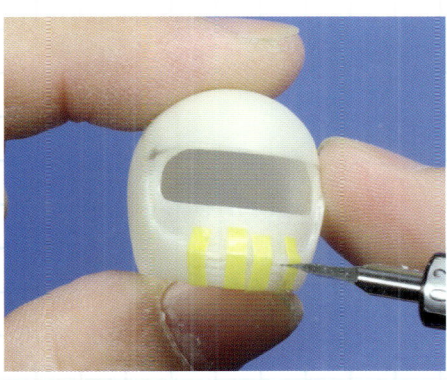
▲표면을 다듬은 뒤에 세세한 부분을 가공. 이것은 턱 부분의 슬릿을 스크리퍼로 깎는 모습.

▲안쪽에 에폭시 퍼티를 채워서 두께를 주고, 뚫린 부분과 아래쪽 테두리를 추가해서 대략적으로 완성. 이것을 도색한다.

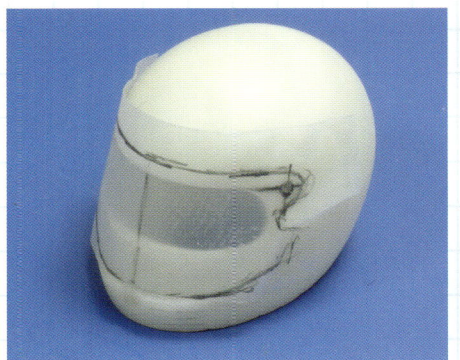
▲바이저 부분을 만들기 위해서 매직테이프를 붙이고 형태를 스케치한다.

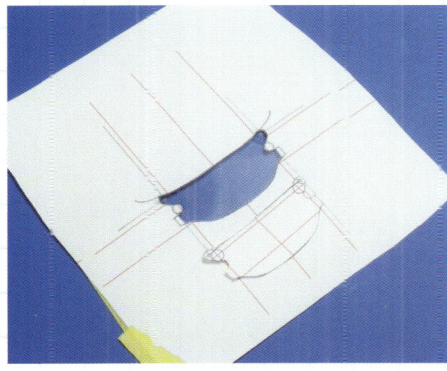
▲스케치를 스캔하고 PC쪽에서 모양을 다듬는다. 그것을 인쇄해서 PVC 판에 대고 잘랐다.

▲구분 도색 마스킹에서 테두리는 하세가와 피니시 시리즈를 가늘게 잘라서 썼다. 곡면에 잘 붙어서 편리.

▲데파예의 헬멧 데칼은 타미야 1/12 P34에서. 1978년용과 일부 다른 곳은 자작 데칼로.

▲메틸룩을 사용해서 아래쪽 테두리 도색을 위해 마스킹. GPA와 바이저 아래의 적청 끼가 자작 데칼.

▲바이저를 (-)나사로 고정하고 완성. 이것이 추가된 모습은 다음 페이지에서!

티렐 008,
끝없는 집착으로 마침내 도달한 곳

하나하나 완성도에 수긍이 갈 때까지 만들며 언제 끝날지 모르는 기약 없는 시간을 보낸 끝에 다다른 지점. '이런 것을 보고 싶다' 그렇게 염원했던 작품이 겨우 완성됐습니다. 제작 중에 많은 시행착오가 있고, 거기서 얻는 발견이나 경험 또한 있는 것이 스크래치 빌드의 재미. 오랜 시간동안 거기에 빠져 있을 수 있다는 것은 모형 취미를 가진 사람에게 있어 행복한 시간인 것이죠. 그 경험을 다음에… 는 잠시 미뤄두고, 지금은 이 모습을 감상해겠습니다.

CHAPTER 3 "THE CHAMP" 003 & "SIX WHEELER" P34

2대의 티렐, "궁극"으로 가는 여정

천리 길도 한걸음부터. 풀 스크래치로 가는 길도 우선은 키트에서 시작. 이 장에서는 1/12 스케일 티렐 008을 만들게 된 발단이자 모티베이션인, 디테일 재현과 도색 표현을 판단하는 기준이 된 두 개의 작품을 소개합니다.

하나는 타미야 1/12 스케일 「티렐 003」. 두 번째로 제작한 이 작품은 2016년에 티렐 008의 전초전으로 제작. 예전에 만들었던 것보다 더 높은 완성도를 추구하기 위해 세세한 부분을 디테일업.

또 하나는 타미야 1/12 스케일 「타이렐 P34」. 1976년의 키트를 1977 모나코 GP로 개조했고, 1993년에 제작. 당시에 열심히 만들었던 작품의 모습과, 25년이 지난 다음 수리한 과정을 소개합니다.

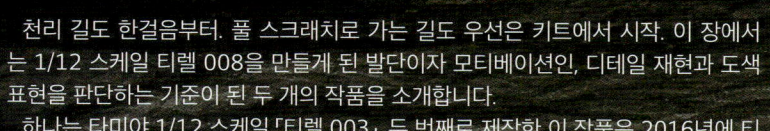

Tyrrell 003
1971 Monaco Grand Prix winner
TAMIYA 1/12 scale plastic kit conversion modeled by Ken-ichi NOMOTO

1971년 F1 시즌, 11전 중에서 6승을 거두고 드라이버, 컨스트럭터 모두에게 타이틀을 가져다준 티렐 003. 드라이버는 1969년, 1973년에도 챔피언을 획득했던 재키 스튜어트.

003하면 타미야 1/12 빅 스케일 시리즈 No 9 「타이렐 포드」로 발매됐고, 스포츠카 노즈와 인덕션 포드를 장착한 이미지도 강하지만, 1971년 전반에는 전년도의 머신 001과 같은 플랫 노즈를 달았습니다. 그 모습을 재현한 것이 2015년에 발매된 1/12 빅 스케일 시리즈 No.54 「타이렐 003 1971 모나코 GP」. 구 키트의 부품을 일부 변경했고 에칭 부품 등을 추가했습니다.

사실은 스포츠카 노즈 키트밖에 없던 시절에 이 노즈를 자작해서 모나코 GP 사양으로 만들었기 때문에, 1/12로 만든 건 두 번째. 그 경험을 살려서 각 부분에 디테일을 추가한 것이 이 작품입니다. 자세한 내용을 다음 페이지에서 소개하겠습니다만, 모나코 GP의 연습 주행에서만 사용했던 마트라풍 노즈도 만들었습니다.

원래는 1973년에 발매된 오래된 키트지만, 지금 만들어도 보람이 있는 빅 스케일 시리즈. 이 시리즈를 만들면서 많이 단련했습니다.

타이렐 003 1971 모나코 GP
● 발매원:타미야 ●생산 중지 ●1/12 스케일
●약 35.5cm ●플라스틱 키트

Tyrrell 003
1971 Monaco Grand Prix winner

▲'1971 모나코 GP'라는 이름의 키트에, 조사한 내용을 더해서 제작. 배기관은 도금 파이프로 교환하고, 당시의 사진을 참고로 5mm 정도 연장했다.

▶모노코크 윗면은 금형의 흠집도 보여서 꼼꼼하게 다듬었다. 콕피트 주변에는 케이블과 배관도 추가.

▼노즈에서 시작된 날카로운 디자인과 완만한 조형의 콕피트 주변이 융합된 보디 스타일. '티렐 블루'는 타미야 컬러 TS-15를 에어브러시로 도색.

▼메카닉이 가감 없이 노출된 것이 이 시대의 매력. 각 부분의 도금 부품은 새로 칠하거나 금속 파이프로 교체해서 질감을 높였다.

▼도금 도색이 빛을 발휘하는 프론트 서스펜션 주변. 키트의 스티어링 연동 기구를 없애고 모양 우선으로 재현.

▼미러를 지탱하는 3개의 스테이는 침핀으로. 카울 쪽 벌지는 보다 물방울 모양에 가까워지도록 깎아줬다.

▼플랩이나 스태빌링은 핀 고정으로 변경했고, 실제로 조정도 된다. 당시의 사진을 참고로 그 위치에 세팅했다.

◀모노코크 내벽은 빛이 나도록 서페이서 사용 시점부터 연마하며 도색. 계기 주변은 스위치를 핀과 리벳으로 재현. 시프트 레버는 나무 느낌으로 붓도색.

▶엔진 주변은 퍼널과 오일 쿨러 전면에 메시를 추가. 캐치 탱크로 이어지는 호스는 스프링 파이프를 도색한 것.

▼003의 3가지 노즈. 왼쪽부터 초기의 플랫 노즈. 모나코에서 시험했던 마트라풍 노즈(프라판으로 자작). 그리고 스포츠카 노즈(구 키트). 플랫 노즈에서 스포츠카 노즈로의 변화가 극단적인 만큼, 그 중간에 이런 모양을 시험했다는 게 흥미롭다. 흑백 사진 한 장만 가지고 이런 걸 만드는 것도 다 모델러이기 때문.

플랫 노즈

마트라 노즈

스포츠카 노즈

Detail UP!!

1/12 Tyrrell 003 1971 Monaco GP
명작 키트를 더 정밀하게 만들자!

그냥 만들어도 재현도가 높은 빅 스케일 모델을 보다 실제 차량과 비슷해지도록 다듬겠습니다. 굳이 그럴 필요가 없다고 생각하실 수도 있지만 이 키트는 그 너머를 추구할 수 있는 소재이기도 합니다. 프라모델은 확실한 조립을 위해 배려한 부분이 있는데, 그 부분을 한 걸음 더 파고들어서 가공하거나 표현을 더해주면 더욱 정밀하게 만들 수 있습니다.

■ 노즈~카울

▲노즈 아래쪽 열린 부분에 달아주는 금속망. 키트에서는 안쪽에 직립시키라고 되어 있는 부분을 좀 더 앞쪽으로 옮겨 비스듬하게 달리도록 변경. 연결 부분에 몰드와 틀도 추가.

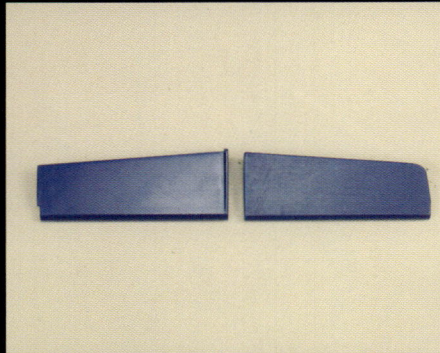
▲프론트 윙의 플랩. 왼쪽이 키트의 부품이고 「001」의 모양. 「003」에서는 오른쪽처럼 바깥쪽이 약간 비스듬하고, 각이 둥글게 바뀌었다.

▲카울 옆의 벌지 모양. 파란 선이 키트, 빨간 선이 실제 차량의 라인. 사출 성형 사정상 아래쪽을 좁게 만들 수 없어서, 퍼티로 뒤쪽을 메운 뒤에 깎아줬다.

▲윈드 실드를 얇게 만들고 핀 고정을 재현하기 위해, PVC판으로 새로 만들었다. 키트의 부품을 가이드로 퍼티로 원형을 만들고, 0.5mm PVC로 진공 성형.

▲윈드 실드와 벌지 부분 완성. 앞의 사이드미러는 스테이를 직경 0.5mm 침핀으로 변경했고, 기부에 극소 와셔를 끼웠다.

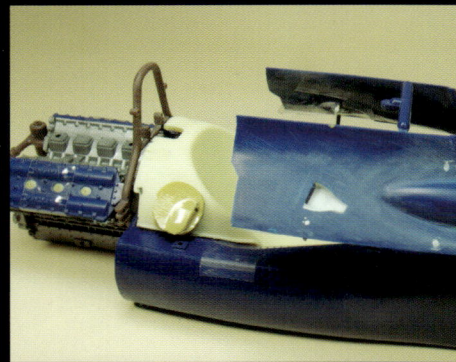
▲카울 옆의 NACA 덕트는 안쪽의 슬로프를 추가. 거기에 연결되는 덕트도 시트 쪽에 설치. 시트 쪽에 퍼티를 바르고 카울을 눌러서 위치를 맞췄다.

▲NACA 덕트 내벽은 폴리퍼티로 원형을 만들고, 달군 프라판으로 눌러서 모양을 만들었다. 이것을 뒤집어서 카울 안쪽에

■ 모노코크

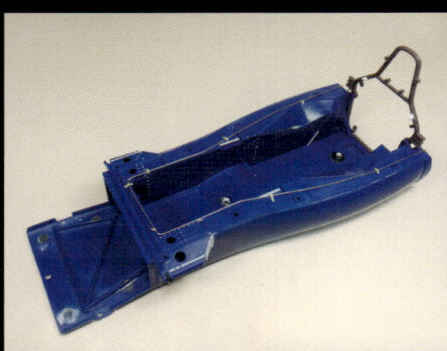
▲부품의 접합선과 결합핀 흔적을 다듬고, 사포질하다가 사라진 리벳을 붙여줬다. 도색한 뒤에 붙여줄 배관도 미리 위치와 모양을

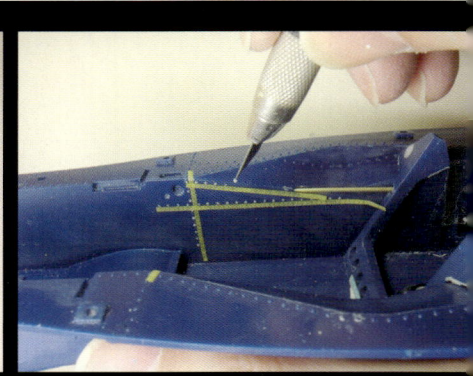
▲리벳을 추가할 때는 간격을 맞추기 위해서 모눈 마스킹 시트를 붙이고 가이드로 삼았다.

▲F 어퍼 암은 모노코크에 끼워지는 축을 잘라내고 황동선을 끼우는 것으로 변경. 덕분에 도색한 뒤에 장착할 수 있다.

▲페달 부분은 베이스 플레이트의 파인 부분을 뚫어줬다. 각 페달의 로드도 황동 파이프 등으로 자작. 액셀 페달 부근 내벽에는 타원형 구멍과 패널을 추가했다.

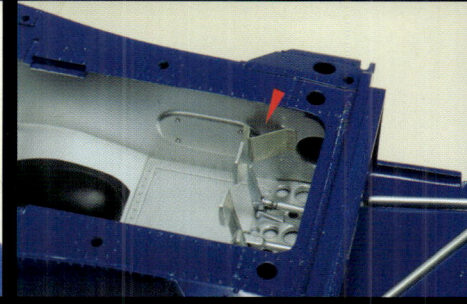
▲페달 부분 왼쪽. 클러치 페달 옆에 풋 레스트를 추가. 0.1mm 양철판을 구부려서 만들었다.

■ 프론트 서스, 스티어링 주변

▲벌크헤드 부분 아래쪽에는 옆으로 튀어나온 모양의 덕트를 추가. 이것은 플라스틱 재료를 겹친 뒤에 깎아냈고, 끝에 #100 메시를 붙였다.

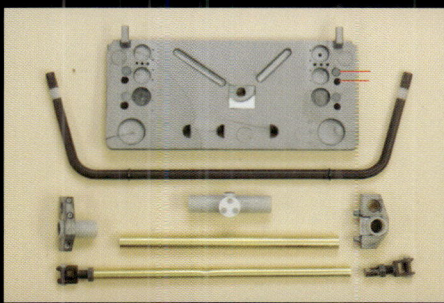
▲키트에서는 랙&피니언 기어로 스티어링이 가동하지만, 스케일의 느낌을 우선해서 실제 차량 모양의 부품을 자작. 장착 위치도 붉은 선으로 표시한 곳으로 내려줬다.

▲스태빌라이저 링크 부품. 양쪽 끝을 0.8mm 황동선으로 '?' 모양으로 구부리고 납땜한 뒤에 다듬었다. 1.0mm 스테인리스 파이프로 연결했다.

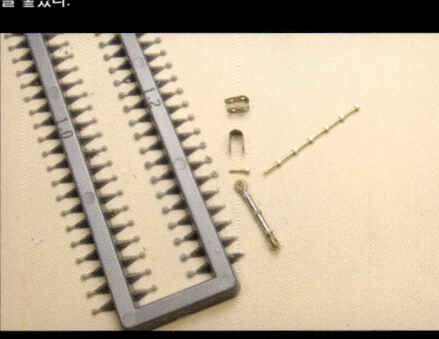
▲접속 부분의 'U' 모양 브라켓은 양철판을 구부린 것. 육각 볼트와 프라 리벳을 끼우고 접속.

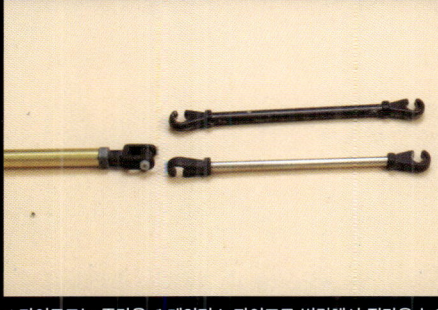
▲타이로드는 중간을 스테인리스 파이프로 변경해서 질감을 높이고, 조인트의 방향을 90도로 바꿔줬다. 이것도 실제 차량에 따른 것.

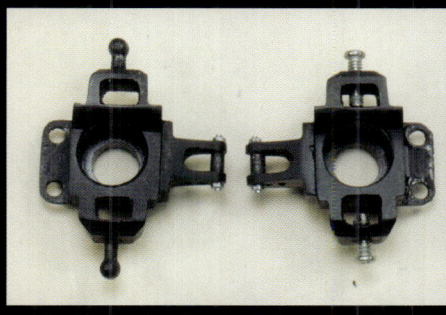
▲프론트 업라이트. 상하 축은 서스 암에 딱, 끼우는 부분인데 파손되기 쉽다. 부러졌을 때에는 극소 나사 1.4mm로 바꿔주면 딱 좋다.

▲브레이크 디스크면에 에칭 부품을 붙이고 모터 툴로 회전시키면서 다듬었다. 측면을 다듬기 쉽고, 디스크면을 연마해주면 실제로 회전한 분위기도 난다.

■ 시트

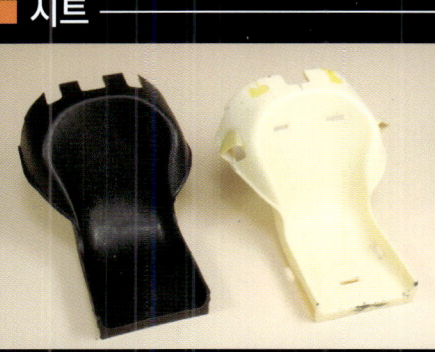
▲시트는 검은색 연질 수지라 다듬기 힘들어서, 레진으로 복제한 뒤에 덕트와 벨트 구멍을 추가했다.

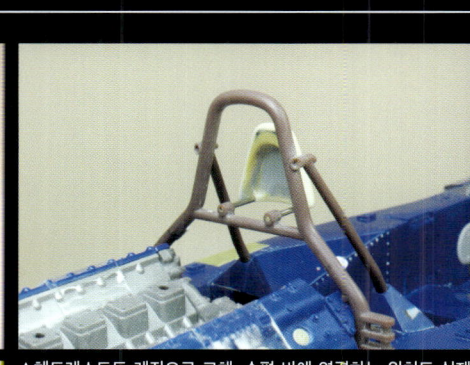
▲헤드레스트도 레진으로 교체. 수평 바에 연결하는 위치도 실제 차량에 맞춰서 낮춰줬다.

방열주 배관

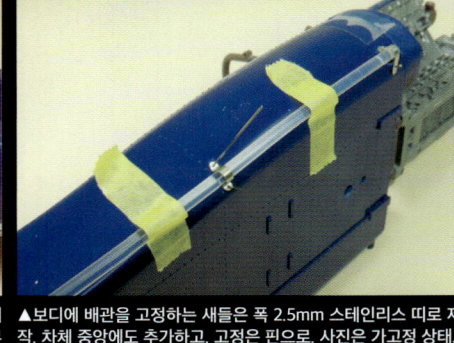
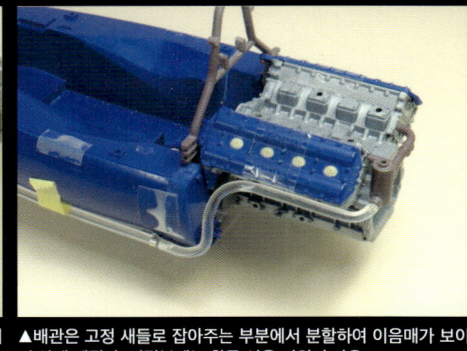

▲차체 좌우로 지나가는 배관은 앞뒤 부품과 연결할 수 있게 3mm 소프트 프라봉으로 교체했다. 프론트는 완만한 S자로 구부려서 라디에이터와 연결.

▲보디에 배관을 고정하는 새들은 폭 2.5mm 스테인리스 띠로 제작. 차체 중앙에도 추가하고, 고정은 핀으로. 사진은 가고정 상태.

▲배관은 고정 새들로 잡아주는 부분에서 분할하여 이음매가 보이지 않게 해줬다. 연결부에는 황동 선을 끼워서 사용.

엔진 주변, 리어 부품

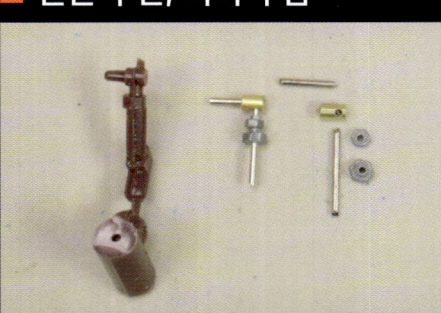
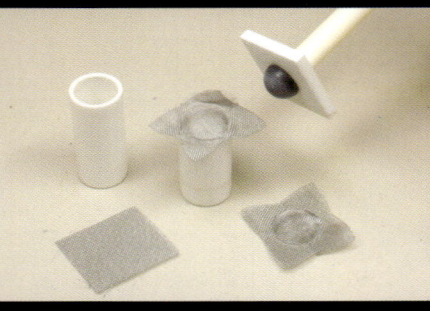
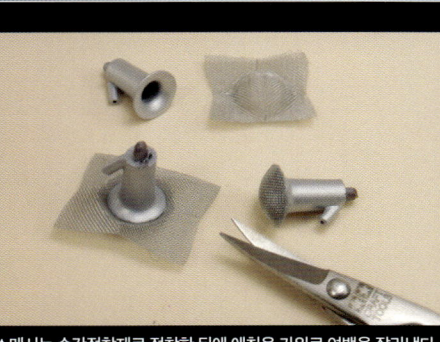

▲인젝션 노즐은 파팅 라인 때문에 어긋난 부분도 있고 해서 황동 파이프와 양철선, 프라 리벳을 조합해서 자작.

▲에어 퍼널의 메시는 #100 스테인리스 메시를 돔 모양으로 프레스. 모양철은 에버그린의 9.5mm 파이프와 웨이브 I-팁[丸] 7mm.

▲메시는 순간접착제로 접착한 뒤에 에칭용 가위로 여백을 잘라냈다.

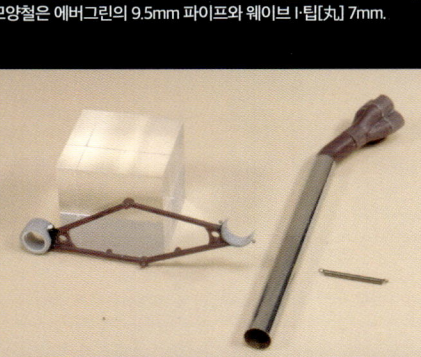

▲헤드 커버의 플러그 홀은 시기에 따라서는 성형 부품 캡이 달린 경우도 있지만, 1971 모나코 GP에서는 간단한 칸막이 같은 모양이라서 에폭시 퍼티를 메워서 재현.

▲배기관의 직선 부분은 라디오 안테나를 분해한 금속 파이프로 교환하고 길이도 5mm 정도 연장. 스테이에 고정하는데 스프링을 사용한 것도 재현.

▲오일 쿨러 앞면의 메시는 에칭 부품이 아니라 철망으로 재현. 틀도 만들어서 테두리를 감아줬다.

▲서스펜션 암의 직선 부분은 도금 파이프로 연결. 끝의 조인트에는 키트의 부품을 끼웠다.

▲뒤쪽에 달리는 오일 캐처 탱크 부분. 고정쇠는 양철판. 벨트는 가죽 씰을 사용해봤다.

▲엔진 뒤쪽을 조립한 모습. 기구 부품과 금속관이 집합된 모습은 올드 F1의 큰 매력이다.

컬러링

▲보디 색은 키트에서 지정한 타미야 컬러 스프레이 TS-16을 사용. 캔 스프레이 도료를 짜내서 에어브러시로 도색.

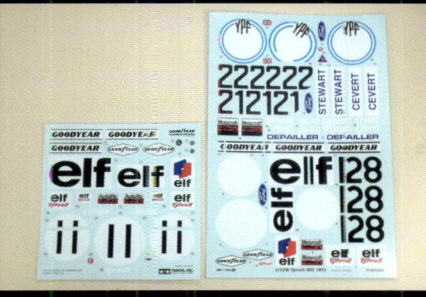
▲데칼은 키트의 데칼(왼쪽)과 스튜디오 27의 「1/12th Tyrrell 003 1972」를 사용. Ford 마킹 때문에.

▲마킹이 끝난 카울은 클리어를 뿌려서 도막과 데칼을 보호. 단색 느낌을 망치지 않게 얇게 덧칠하는 정도로 끝냈다.

▲서스 암 등의 도금 부분은 화이트 밑색에 멕기 실버 NEXT를 겹칠했다.

휠, 타이어

▲타이어의 파란 띠와 굿이어 로고는 아크릴 과슈를 붓칠.

▲휠 림 안쪽에 몰드를 추가하기 위해서 비슷한 모양의 에칭 부품(카울 고정구)를 붙였다.

▲휠 너트는 구멍이 뚫린 샤프트에 플런지가 달린 너트로 고정한 모습을 재현. 캐치 핀도 양철선을 구부려서 추가.

▲너트는 2mm용 플랜지 너트를 추가. 위쪽을 깎아서 샤프트 끝을 재현. 아래쪽 너트 모양과 기능은 그대로 살렸다. 육각의 크기도 이쪽이 실제 차량에 가깝다.

▲너트 가공은 나사를 끼워서 모터 툴에 고정하고 금속 줄로 깎아서 했다. 알루미늄이라서 가공하기 쉽다.

마트라풍 노즈

◀연결하는 쪽은 키트의 부품을 사용하고, 앞부분을 프라판으로 이어 붙였다. 마킹을 임시로 얹어보면서 모양을 검토.

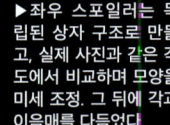

▶좌우 스포일러는 독립된 상자 구조로 만들고, 실제 사진과 같은 각도에서 비교하며 모양을 미세 조정. 그 뒤에 각과 이음매를 다듬었다.

Tyrrell P34
1977 Monaco Grand Prix version
TAMIYA 1/12 scale plastic kit conversion   modeled by Ken-ichi NOMOTO

티렐 P34. 아마도 역사상 가장 많은 프라모델이 팔린 F1 머신이고, 가장 많은 사람에게 트라우마를 준 F1 머신. 그리고 타이어가 가장 많은 F1 머신입니다. P34가 질주했던 2년 동안은 1970년대의 후지 F1과 겹쳐지기도 해서, 그 시절을 아는 사람에게는 더욱 기억에 남을 것입니다. '타이어가 6개 있는' 특이한 스타일이 당시의 어린 저에게 미래에서 온 자동차처럼 느껴졌습니다. 그 메카니즘을 프라모델이나 RC카로 체험한 것은 모형이기에 가능한 정보 전달 방법이었고, 그 매력을 담뿍 느끼게 해줬습니다. 이 작품은 「월간 하비 재팬」 1993년 9월호에 게재된 것으로, 타미야의 1/12 빅스케일 시리즈 No.19 「타이렐 P34」를 베이스로 제작한 1977년 모나코 GP 사양입니다. 키트는 전년도인 1976년 사양이라서 각 부분을 개수하고 컬러링도 변경. 사실 이 블루&화이트의 컬러링 때문에 이 사양으로 만들었습니다. 나중에 에칭 부품이 포함된 키트로 재생산됐습니다만, 제작 당시에는 없었기 때문에 다양한 소재로 디테일업을 시도했습니다.

제작한 때부터 벌써 사반세기. 일부 파손된 부분과 데칼이 열화한 부분 등이 보여서, 이번에 이 책에 재수록하면서 수복, 리페어를 했습니다. 그 내용을 108페이지부터 게재했으니 같이 참고해보세요.

타이렐 P34 식스 휠러(에칭 부품 포함)
● 발매원/ 타미야 ● 생산 중지 ● 1/12 스케일, 약 33.6cm ● 플라스틱 키트

1/12 스케일
타이렐 P34 1977 모나코 GP
제작 / 노모토 켄이치

Tyrrell P34
1977 Monaco Grand Prix version

▼1977년에는 대형 풀 카울을 장착한 P34지만, 모나코 GP 전후에는 전년도 형 카울로 출전. 하프 카울&청백의 외관은 2년 동안 보여준 외관의 절충형이라고 할 수 있는 모습. 이를 타미야의 1976년 사양 키트를 베이스로 제작했다.

▲다른 데선 찾아볼 수 없는 '식스 휠러'. 작례는 패트릭 데파예가 드라이버를 맡았던 P34/7을 재현.

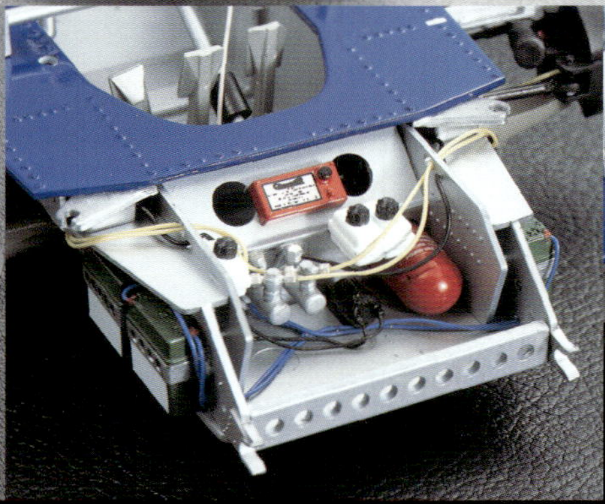

▲노즈 내부는 브레이크 오일 호스 등을 추가. 빨간 탱크는 소화기. 좌우의 녹색 박스는 배터리.

▲앞바퀴 주변은 스태빌라이저를 위쪽으로 이설&자작. 전후를 연결하는 스태비 조인트 장착 부분을 변경. 브레이크 덕트도 자작하고 녹인 퍼티로 우툴두툴하게 해줬다.

▲모노코크의 리벳을 전부 새로 박아줬다. 날개 끝판과 L형 판, 친 스포일러 고정구를 양철판으로 제작. 친 스포일러에 들어간 섬유 패턴 도색이 보이려나.

▲미터와 스위치툭의 파이핑을 추가. 시트 부분에 구멍을 냈고, 시트 벨트는 새틴 리본으로 자작.

▲롤바는 좌우로 꺾인 1977년형 모양으로 변경. 오일 탱크도 거기에 맞췄다.

▲미터 패널 부근 카울의 립은 삭제. 카울 양 사이드의 리브를 삼각형으로 늘린 런너로 새로 만들고, 미러의 벌지에서 연결되도록 했다.

◀모노코크는 프라판을 이용해 윗면 중간에 이음매가 있는 형태로 자작. 측면의 카울 끝으로 슬쩍 보이는 부분도 얇은 두께와 리벳줄을 재현했다.

▼퍼널 커버는 스테인리스 메시를 프레스한 것을 추가. 롤바 주변은 구형 카울과 모양이 달라졌다.

▼배기 파이프는 바깥쪽으로 펼쳐지는 모양으로. 스태빌라이저와 링키지는 자작. 윙 스테이와 오일 탱크 모양도 변경.

▼엔진 부분은 큰 변경이 없고, 파이프류를 추가해서 디테일업. 리어 윙 아래의 오일 쿨러를 2개를 합쳐서 면적 확대.

Repair!

1/12 Tyrrell P34 1977 Monaco GPW
25년 전의 작품을 수복!!

공들여서 만든 작품도 세월에 따른 색바램이나 열화는 피할 수 없고, 생각도 못한 파손이 발생할 수도 있습니다. 여기서는 완성한지 25년이 지난 모형의 모습과, 그것을 부활시키기 위해 리페어한 과정을 소개합니다. 하는 김에 디테일도 더 추가했습니다.

수복에는 「008」 제작을 위해 부품을 떼어낸 1/12 타이렐 P34의 키트 부품과 데칼을 유효하게 활용했습니다.

■ 파손 상황

▲리페어 전의 모습. 파손이 선명한 부분은 휠 주변과 리어 윙. 도색과 데칼에도 흠집이 보인다.

▲휠 주변에는 「C」 모양으로 끼운 부분이 많고, 깨진 부분도 다수.

▲시트 벨트의 리본도 빛이 바래서 새로 만들기 위해 벗겨냈다. 이런 변화는 시간이 지나보지 않으면 모른다.

▲하얀 카울에서는 데칼의 여백이 누렇게 변색됐고, 때도 묻었다. 도색의 광택도 죽었다.

▲실차처럼 '도색면에 직접 스티커를' 붙이고 클리어 코팅을 안 했기 때문에 데칼에 흠집이 생겼다.

서스펜션 수복

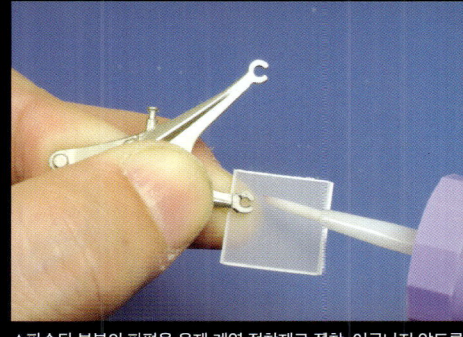

▲리어 서스펜션의 로어 암. 떼어낸 뒤에 교환할 수 있는 부분은 키트 부품으로 새로 제작.

▲용접 자국을 재현한 프론트 로어 암. 깨진 부분단 고치기로.

▲파손된 부분의 파편을 용제 계열 접착제로 잽착. 어긋나지 않도록 뒤에 PP판을 대면서 작업했다.

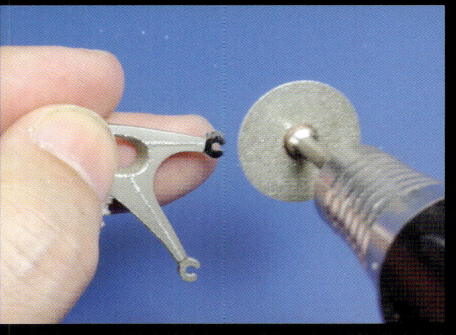
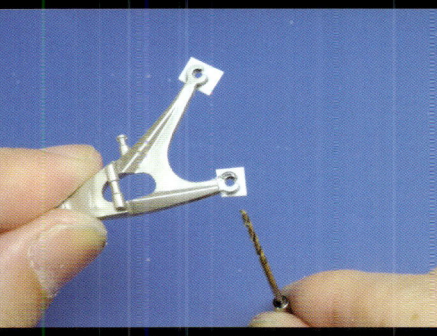
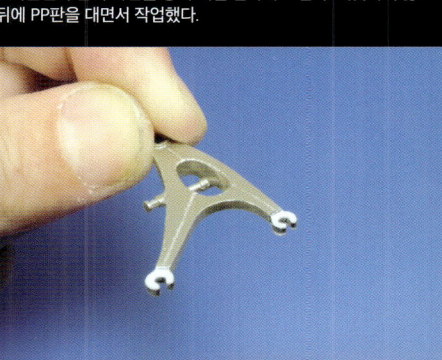

▲프라판으로 보강하기 위해서 그 두께만큼 깎는 작업. 원반 모양 비트와 모터 툴로 절삭.

▲0.3mm 프라판을 붙여서 「C」면을 보강. 구멍과 여백을 만들 때는 끝이 이어진 상태에서 작업한다.

▲다듬은 상태. 금이 간 것은 한쪽만, 완전히 부러진 쪽은 양면을 보강했다.

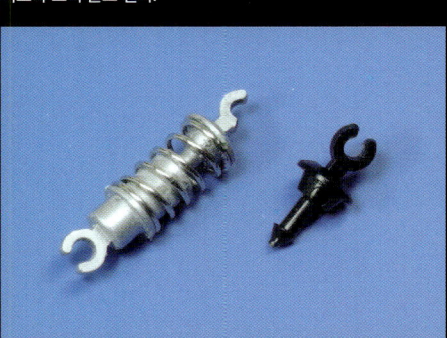

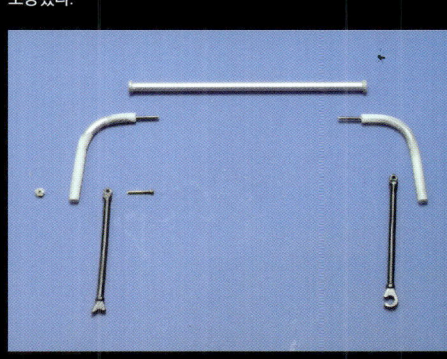

▲댐퍼 끝의 조인트가 파손. 끼워 넣기로 조립한 부품이 빠지지 않아서 그대로 바꿔줄 수는 없었다.

▲조인트 부분을 잘라내고 핀을 끼워서 접속하는 광법을 사용.

▲리어 스태빌라이저는 복구하기 쉽도록 바 전체를 차체에서 떼어 내기로. 얇은 날 톱으로 세 토막을 냈다. 피아노선을 넣어서 연결하는 방법으로 바꿨다.

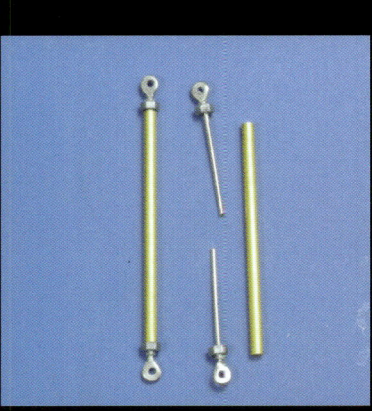
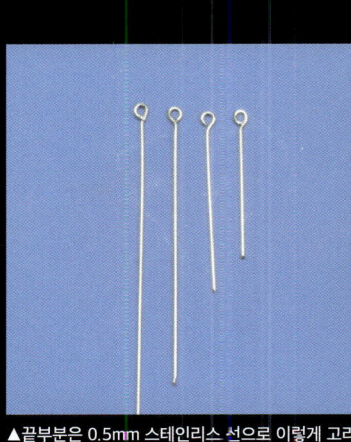

▲스태비 조인트는 금속으로 새로 제작. 끝부분은 스테인리스 선을 가공해서 만들고, 황동 파이프로 연결했다.

▲끝부분은 0.5mm 스테인리스 선으로 이렇게 고리를 만들고, 납땜한 뒤에 다듬었다.

▲스태빌라이저를 조립한 상태. 조인트는 위아래 모두 침핀으로 고정했다.

노즈 데칼 다시 붙이기

▲노즈 카울의 흠집 난 데칼을 다시 붙인다. 잘게 떨어져나간 상태라서 벗긴다기보다 긁어내는 느낌으로.

▲잘게 찢어졌지만 도막은 상하지 않았다. 데칼과 겹쳐지는 L형 핀(양은판으로 추가한 부품)도 벗겨냈다.

▲도색면을 컴파운드로 약간만 연마하고 물로 씻은 뒤에 새 데칼을 붙인다. 이쪽은 1/12 타이렐 P34에 포함된 데칼.

▲복구된 노즈 카울. 다시 붙인 마크의 흰색이 두드러져서 다른 마크가 약간 누렇게 보인다.

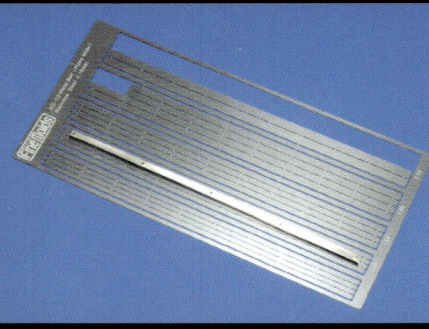
▲노즈에서 벗겨낸 L형 핀이 휘어져서 파인몰드의 「에칭 금속 띠」로 다시 만들었다.

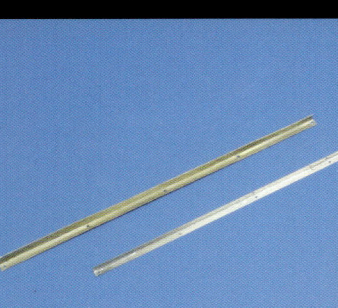
▲오른쪽이 새로 만든 것. 에칭 금속 띠의 게이트를 이용해서 2개를 90도로 구부려줬다. 게이트 사이의 틈새는 납땜으로 메웠다.

하얀색 카울 재도색

▲하얀 도색면은 데칼을 벗기기 힘들고 도색도 광택이 죽어서…

▲사포로 데칼을 깎아내고 도색부터 새로 하기로!

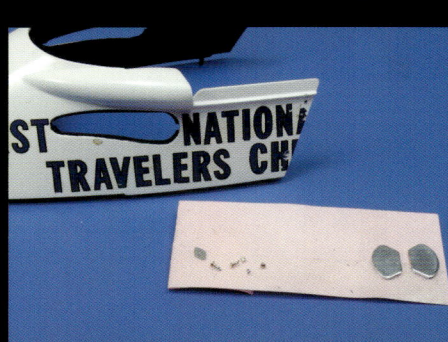
▲거울이나 에칭 퍼스너는 사전에 떼어내서 재활용.

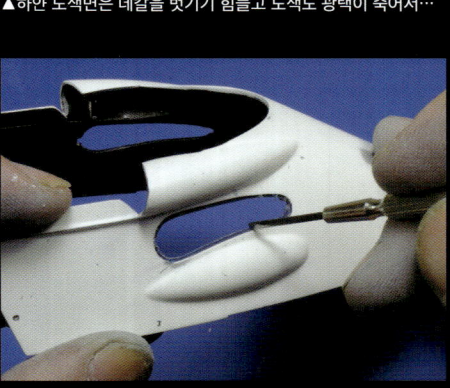
▲PVC로 교체했던 창도 떼어내고 접착면을 다듬기 위해 평평한 끌로 새겨준다.

▲전체를 사포로 다듬은 모습. 표면의 왜곡을 수정한 부분만 사출색이 노출됐다.

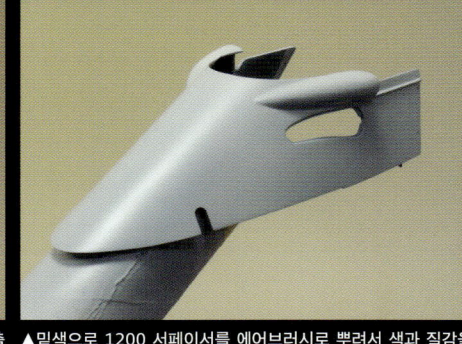
▲밑색으로 1200 서페이서를 에어브러시로 뿌려서 색과 질감을 맞췄다. 이 뒤에 흰색으로 도색.

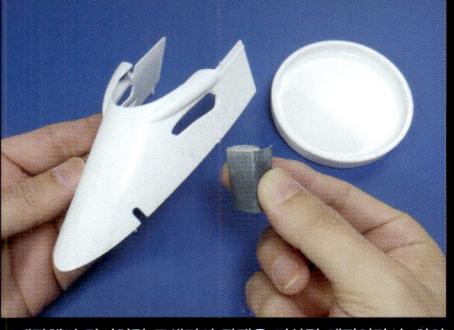
▲제작했던 당시처럼 도색면의 광택을 되살릴 예정이라서, 하얀 도막을 중간 연마. Mr. 라플로스 6000을 사용.

▲연마한 뒤에 흰색을 덧칠해서 단색 광택으로.

▲문자열 데칼은 여백이 눈에 띄지 않도록 이렇게 잘라줬다.

▲카울 이음매에 데칼이 걸려서, 일단 차체 쪽으로 고정. 뒤쪽 카울도 하얀 면을 다시 칠했다.

▲부품 가장자리에서 데칼을 자른 부분은 밀착에 신경 써주자. 연화제를 이용해서 잘 붙여준다.

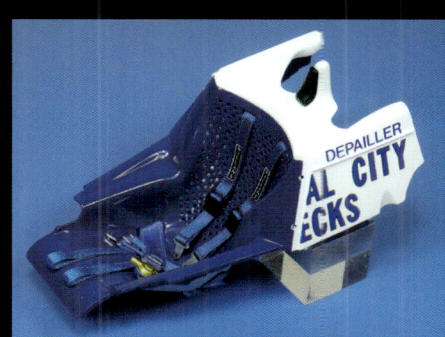
▲뒤쪽 카울은 헤드레스트와 시트 벨트도 일단 떼어내고 다시 만들었다.

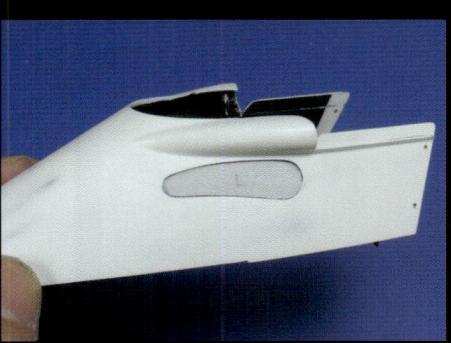
▲다시 도색하면서 창도 새로 제작. PVC판을 자르기 위한 가이드로, 구멍에 맞도록 프라판을 다듬는다.

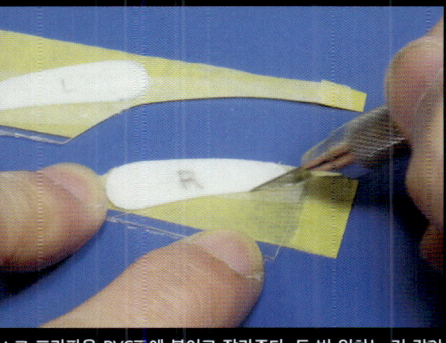
▲그 프라판을 PVC판에 붙이고 잘라준다. 두 번 일하는 것 같아 보이지만 이러면 PVC판을 깔끔하게 자를 수 있다.

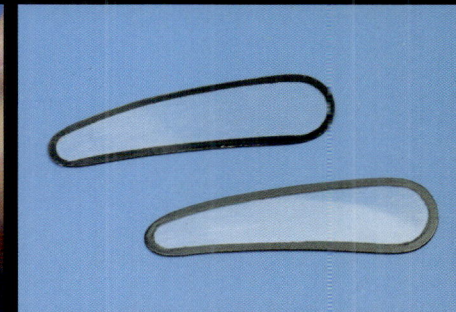
▲PVC판 뒷면에 검은 테두리를 도색. 800번 사포로 문질러서 도색이 잘 먹히게 했다. 접착은 도색이 녹지 않는 클리어 타입으로.

■ 부분 도색과 광택 향상

▲롤바 끝의 색이 벗겨졌다. 분해할 수 없으니 조립한 채로 덧칠.

▲마스킹 자국이 남지 않도록 끝을 띄워서 덮고, 구경이 작은 에어브러시로 주위에 닿지는 느낌으로 칠해줬다.

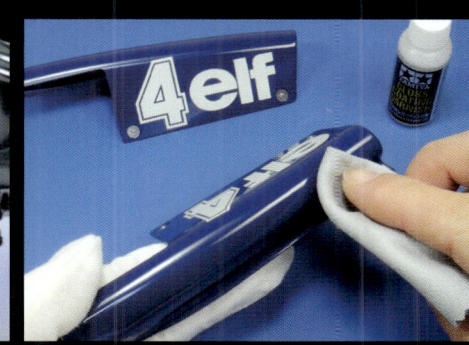
▲낡은 도색면은 광택 코팅제로 연마하면 깔끔한 광택이 부활.

윙 재조립

▲접착이 떨어진 리어 윙. 접속 핀이 부러져서 침핀으로 고정하기로.

▲핀 위치에 0.5mm 구멍을 뚫는다. 기울지 않도록 신중하게.

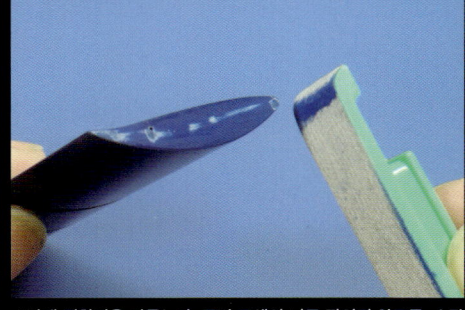
▲날개 접착면을 다듬는다. 주변 도색이 너무 깎이지 않도록, 손잡이의 곡면 부분을 이용해서 사포가 부분적으로 닿게.

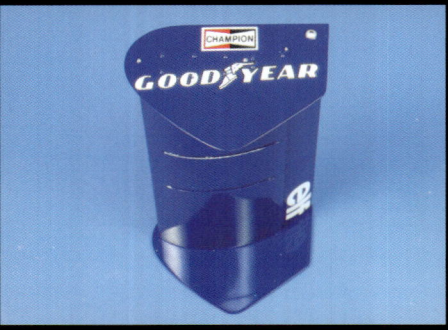
▲날개 끝판 쪽에서 핀을 끼운 상태. 핀의 위치는 실제 차량의 리벳 위치와 거의 같게 만들었다(1개는 여분).

▲판을 붙일 때는 접착이 아니라 아주 얇은 양면 접착 시트를 사용. 접착제가 삐져나오는 걸 막기 위한 노력.

▲하세가와의 양면 접착 시트는 두께가 50미크론 정도로 얇고, 부품 사이에 붙여도 피팅에 대한 영향이 적으며 주위를 더럽힐 위험도 없다.

캠 커버의 로고 수정

▲여기서부터는 디테일업. 캠 커버의 FORD 로고를 수정하고 싶어서 부품을 벗겼다.

▲FORD 로고의 조각이 깔끔한 1/12 티렐 003의 구 키트용 부품을 원형으로 실리콘 틀을 만든다.

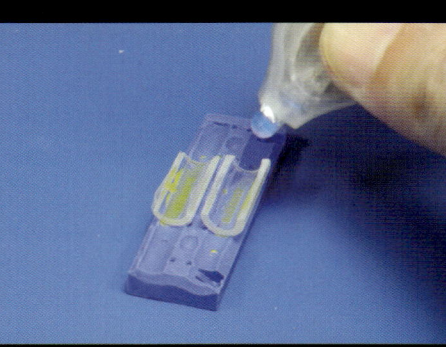
▲로고의 몰드에 광경화 퍼티를 바르고, 여백을 없애기 위해 투명 파이프를 얹은 뒤에 경화.

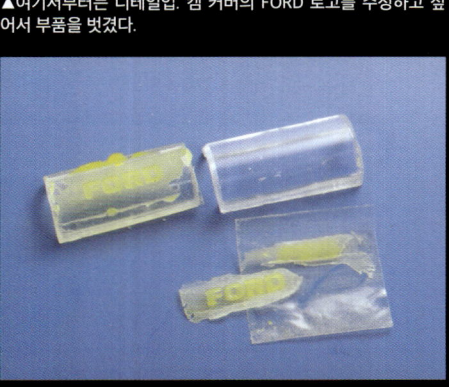
▲FORD 로고가 복제됐다. 파이프 표면에 스카치테이프를 붙여서 퍼티가 잘 떨어지게 했다.

▲P34의 캠 커버에 붙여준다. 글자 사이의 여백은 붙인 뒤에 잘라냈다.

▲도색은 「008」 작례와 같다. 이걸로 수긍이 가는 완성도가 됐다.

타이어와 휠

▲휠과 타이어는 새로 만들었다. 구작(왼쪽)은 타이어 로고가 붓칠. 신작(오른쪽)은 에어 도색이며 휠도 디테일업.

▲타이어는 파팅 라인과 단차를 없애기 위해 중심부에 검은색 순간 접착제를 바르고 다듬었다.

▲트레드면을 180번 종이 사포로 다듬은 것이 왼쪽. 그 뒤에 프라이머를 뿌리고 블랙과 그레이로 도색한 것이 오른쪽.

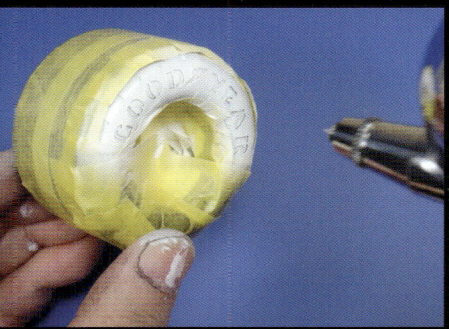
▲타이어 로고는 「008」과 마찬가지로 템플릿을 이용해 도색. 몰드와 맞추는 데 신경을 썼지만, 실제 차량에서도 어긋난 경우가 보인다.

▲휠 림의 나사를 알루미늄 리벳으로 추가. 에어 밸브와 밸런스 웨이트도.

각형 미터 패널

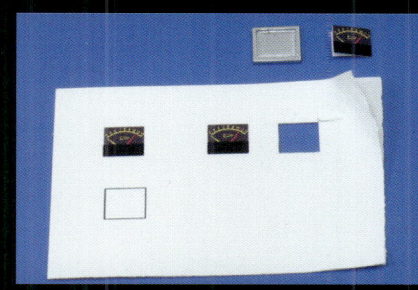
▲1977년형 P34의 특징이기도 한 각형 회전계를 추가. 프라판으로 틀을 만들고, 계기는 라벨 용지에 인쇄해서 붙였다.

리페어 완료!

▲휠 주변의 파손을 막기 위해 베이스에 고정. 차체에 너트를 넣고 스페이서도 적절히 조정. 베이스는 아크릴 케이스 받침대.

▲수복된 리어 부분. 휠 너트도 「003」처럼 플런지가 달린 너트로 변경.

▼두 번째로 완성한 1/12 티렐 P34. 이번엔 오래도록 이 모습을 유지했으면 좋겠습니다.

◀각형 계기판을 추가하고 시트 벨트도 새로 만든 콕피트.

궁극의 자동차 모델 제작법

노모켄 특별편

후기

정말 감사하게도 많은 분들께 호평을 받고 있는 「NOMOKEN」 시리즈. 그 특별편으로, 아주 개인적인 야망을 구현한 작품들만 게재한 이 책을 구입해주신 여러분께 진심으로 감사드립니다.

염원하던 작품을 완성했다는 만족을 느끼며 새삼 프라모델이 나와있다는 사실에 감사하게 되었습니다. 부품의 모양이 잡혀 있고, 데칼도 있고, 자세한 조립 설명서도 있습니다. 정말 대단하지 않습니까! 지금까지보다 더, 다양한 키트를 사고 싶어졌습니다.

이 책에서는 모형 제작의 기초적인 내용에 대한 설명은 일부러 생략했습니다. 이 부분은 「NOMOKEN [최신개정판]」, 「NOMOKEN2 프라모델을 만들자!」를 참고해주시면 감사하겠습니다.

노모토 켄이치

저자	노모토 켄이치
디자인	코바야시 아유무(ADARTS)
촬영	노모토 켄이치 혼마츠 아키시게(스튜디오R) 카와하시 마사타카(스튜디오R)
편집담당	후나토 야스노리
협력	주식회사 타미야
번역	김정규 중앙대학교 일어학과 졸업. 반다이코리아 디지털 사업부에 재직하며 건담 시리즈를 비롯한 게임 소프트웨어 수십 편의 로컬라이즈를 담당. 현재는 전업 프리랜서 번역가로 활동 중. 모형 만들기를 좋아하지만 만들 시간이 없어서 키트와 도료만 쌓여가고 있다.

노모켄 특별편
궁극의 자동차 모델 제작법

초판 1쇄 인쇄 2019년 1월 10일
초판 1쇄 발행 2019년 1월 15일

저자 : 노모토 켄이치
번역 : 김정규

펴낸이 : 이동섭
편집 : 이민규, 서찬웅, 탁승규
디자인 : 조세연, 백승주, 김현승
영업·마케팅 : 송정환
e-BOOK : 홍인표, 김영빈, 유재학, 최정수
관리 : 이윤미

㈜에이케이커뮤니케이션즈
등록 1996년 7월 9일(제302-1996-00026호)
주소 : 04002 서울 마포구 동교로 17안길 28, 2층
TEL : 02-702-7963~5 FAX : 02-702-7988
http://www.amusementkorea.co.kr

ISBN 979-11-274-2162-5 17630

NOMOKEN extra edition
GOKUJYO CAR MODEL NO TSUKURIKATA
©2018 Ken-ichi Nomoto · HOBBY JAPAN
©2018 HOBBY JAPAN
Originally Published in Japan in 2018 by HOBBY JAPAN Co., Ltd.
Korea translation Copyright©2019 by AK Communications, Inc.

이 책의 한국어판 저작권은 일본 ㈜HOBBY JAPAN과의 독점 계약으로
㈜에이케이커뮤니케이션즈에 있습니다.
저작권법에 의해 한국에서 보호를 받는 저작물이므로 무단전재와 무단복제를 금합니다.

이 도서의 국립중앙도서관 출판예정도서목록(CIP)은
서지정보유통지원시스템 홈페이지(http://seoji.nl.go.kr)와
국가자료공동목록시스템(http://www.nl.go.kr/kolisnet)에서 이용하실 수 있습니다.
(CIP제어번호: CIP2018041278)

*잘못된 책은 구입한 곳에서 무료로 바꿔드립니다.